Uni-Taschenbücher 898

UTB

Eine Arbeitsgemeinschaft der Verlage

Birkhäuser Verlag Basel und Stuttgart
Wilhelm Fink Verlag München
Gustav Fischer Verlag Stuttgart
Francke Verlag München
Paul Haupt Verlag Bern und Stuttgart
Dr. Alfred Hüthig Verlag Heidelberg
Leske Verlag + Budrich GmbH Opladen
J. C. B. Mohr (Paul Siebeck) Tübingen
C. F. Müller Juristischer Verlag – R. v. Decker's Verlag Heidelberg
Quelle & Meyer Heidelberg
Ernst Reinhardt Verlag München und Basel
K. G. Saur München · New York · London · Paris
F. K. Schattauer Verlag Stuttgart · New York
Ferdinand Schöningh Verlag Paderborn
Dr. Dietrich Steinkopff Verlag Darmstadt
Eugen Ulmer Verlag Stuttgart
Vandenhoeck & Ruprecht in Göttingen und Zürich

Georg Baudler

Religiöse Erziehung heute

Grundelemente einer Didaktik religiösen Lernens in der weltanschaulich pluralen Gesellschaft

Ferdinand Schöningh
Paderborn · München · Wien · Zürich

Prof. Dr. GEORG BAUDLER, geb. 1936, Professor für Katholische Theologie und ihre Didaktik an der Pädagogischen Hochschule Rheinland, Abteilung Aachen.

CIP-Kurztitelaufnahme der Deutschen Bibliothek

Baudler, Georg:
Religiöse Erziehung heute : Grundelemente e. Didaktik religiösen Lernens in d. weltanschaul. pluralen Gesellschaft / Georg Baudler. – Paderborn, München, Wien, Zürich : Schöningh, 1979.
(Uni-Taschenbücher; 898)
ISBN 3-506-99277-5

Printed in Germany

Filmsatz und Druck: Ernst Knoth, Melle

Herstellung: Ferdinand Schöningh, Paderborn

Einbandgestaltung: Alfred Krugmann, Stuttgart

Inhaltsverzeichnis

Vorwort

Die zum Teil heftigen und weit gestreuten Auseinandersetzungen um die heute richtige und notwendige Konzeption des Religionsunterrichts sind durch den Synodenbeschluß „Der Religionsunterricht an der Schule“ zu einem gewissen Abschluß gelangt. Es gibt heute in der religionspädagogischen Diskussion keine einander völlig ausschließenden Positionen mehr. Nirgendwo wird mehr bestritten, daß sowohl die konkreten gegenwärtigen Erfahrungen und Probleme der Schüler als auch die christliche Überlieferung eine wichtige Rolle in diesem Unterricht spielen müsse; kaum jemand verlangt mehr, daß der Religionsunterricht allein eine religionskundliche „Information“ geben oder allein als „Verkündigung“, als „Kirche in der Schule“, betrieben werden müsse. Wenn auch einige den Akzent noch stärker auf die Gegenwartsprobleme legen und einige stärker auf die kirchlich-theologische Komponente dieses Unterrichts, allgemein ist doch bewußt geworden, daß religiöses Lernen in der weltanschaulich pluralen Gesellschaft nur gelingen kann, wenn es zu einer möglichst harmonischen und gegenseitig sich stützenden Verbindung und Verflechtung dieser verschiedenen Elemente kommt.

Auf diesem Weg sucht die vorliegende Arbeit ein Stück weiterzugehen. Sie greift jene Fragen und Themen auf, die sich in der vergangenen Auseinandersetzung um die heute notwendige Konzeption des Religionsunterrichts als so grundsätzlich erwiesen haben, daß sie über diesen schulischen Bereich hinausweisen und für die gesamte religiöse Erziehung heute bedeutsam sind. Sie untersucht die Elemente, Bedingungen und Unterscheidungen, die für jegliches religiöses Lernen in der pluralen Gesellschaft, sei es in Kirche und Gemeinde oder in weltanschaulich pluraler Öffentlichkeit und Schule, wichtig und notwendig sind. Ziel dieser Untersuchungen ist es, Grundelemente und Grundprinzipien für eine Didaktik der Korrelation von überliefertem Glauben und gegenwärtiger Lebenssituation zu erarbeiten; denn diese unmittelbare Korrelation erscheint als konstitutiv für das religiöse Lernen in der weltanschaulich pluralen Gesellschaft.

Das Buch ist nicht allein am Schreibtisch entstanden. Ich danke den Schülern, Studenten, Lehrern, Freunden und Bekannten, die in Schule, Hochschule oder kirchlichen Veranstaltungen auf der Suche nach einer Verlebendigung des christlichen Glaubens in der weltanschaulich pluralen Gesellschaft ein kleineres oder größeres Stück gemeinsamen Weges mit mir gegangen sind und mir dadurch direkt oder indirekt Anregungen, Hilfen und Materialien zu dieser Arbeit gegeben haben. Für den schulischen Bereich gilt dieser Dank besonders den Lehrern Monika Walbrecht (Grundschule), Günter Goebbels (Hauptschule), Dr. Hans Latour (Realschule) und Adelheid Nießen (Gymnasium).

Aachen, Januar 1979 *Georg Baudler*

Einführungsteil

Die neue Ausgangslage: Weltanschauliche Pluralität und Religiöses Lernen.

1. Weltanschauliche Pluralität und ihre religionspädagogische Bedeutung.

1.1. Das Phänomen.

In vielen Gegenden mit alter katholischer Tradition werden Erstkommunion und Firmung noch als großes Familienfest gefeiert. Ähnlich wie bei einer Hochzeit werden die Verwandten eingeladen, damit sie den Tag zusammen mit dem Kind und seinen Eltern unter oft großem Aufwand festlich begehen. Fragt man jedoch die Festgäste, welche offenbar einschneidende Veränderung im Leben des Kindes auf diese Weise gefeiert wird, herrscht ein betretenes Schweigen. Man nennt zwar Firmung und Erstkommunion, kann aber nicht, wie im Falle der Eheschließung, sagen, worin die Bedeutung dieser Größen für das Leben des Kindes oder Jugendlichen besteht.

Die Befähigung eines Kindes zur vollen Mitfeier der Eucharistie und die volle Eingliederung eines Jugendlichen in die Kirchengemeinde war in *jenen* Zeiten ein wichtiges und einschneidendes Ereignis, als die Kirche noch die religiös-sittliche Grundüberzeugung des öffentlichen Gemeinwesens repräsentierte. Solche Eingliederung bedeutete dann, sein Handeln selbst aus diesen in Gottesdienst und Gemeinde repräsentierten Grundüberzeugungen heraus gestalten zu können und nicht mehr darauf angewiesen zu sein, diesen Sinngrund des Lebens durch die Eltern vermittelt zu bekommen. Eucharistiefähigkeit und später Firmung bedeuteten die Mündigerklärung eines Menschen.

Religionssoziologisch ist der Vorgang zu vergleichen mit der Initiation von jungen Erwachsenen zu Vollmitgliedern einer bestehenden Stammesgemeinschaft. An diesem archaisch-anthropologischen Vorgang lassen sich die typischen Elemente des Phänomens veranschaulichen. Wenn ein heranwachsender Anhöriger eines südamerikanischen Indianerstammes in das Alter gekommen ist, in dem er zum Vollmitglied des Stammes werden soll, muß er sich einer sogenannten „Initiation" unterziehen. Für diese sind folgende Schritte kennzeichnend:

1. Die Jugendlichen werden eine Zeit lang von ihren Eltern und sonstigen Familienangehörigen abgetrennt, was zum Ausdruck bringen soll, daß sie sich von ihrem bisherigen Leben in kindlicher Unwissenheit loslösen.
2. In der Abgeschiedenheit werden sie eingeweiht in die alten Stammessagen und werden verschiedenen Weiheriten unterzogen, in denen ihnen ein neues Leben durch die Geisterwelt (Ahnen) und deren Kräfte vermittelt wird.
3. Es werden ihnen die Stammessatzungen und die religiösen Stammesriten eingeschärft und ihnen die religiösen Stammessymbole übergeben.
4. Dann erfolgt die Rückführung der Jugendlichen in das profane Leben des Stammes, an dessen Rechten und Pflichten sie nun vollen Anteil haben[1].

In dem geschilderten Vorgang liegt das Grundmuster für die religiöse Erziehung in weltanschaulich homogenen Kulturen und Gesellschaften. Ihre Aufgabe besteht darin, den Heranwachsenden mit den Worten und sinngebenden Traditionen der betreffenden Kultur und Gesellschaft vertraut zu machen und ihnen die Befähigung zur mündigen Teilnahme an den Riten zu vermitteln, in denen ihnen immer neu die lebenserhaltenden Kräfte der jeweiligen Kultur mitgeteilt werden. Religiöse und politisch-soziale Erziehung sind dabei weitgehend identisch, weil das gesamte öffentliche Leben von religiösen Sinngebungen und Riten geprägt ist.

1.2. Historischer Rückblick

Auch in unserem Land bestand viele Jahrhunderte lang eine solche weltanschaulich homogene Gesellschaft. Ihre prägende Religion war

[1] Vgl. Anton Anwander, Wörterbuch der Religion, 2. Aufl. Würzburg 1962, S. 357.

das Christentum. Alle Lebensbereiche der Gesellschaft, wie Politik, Kunst und Wissenschaft, Freizeitgestaltung (Feste, Feiern), Arbeitswelt, Schule und Erziehung, begründeten sich (sei es zu Recht oder zu Unrecht) in dieser religiösen Tradition: Der König verstand seine Herrschermacht als ihm „von Gottes Gnaden" gegeben; die Theologie war die Krönung aller Wissenschaften, der etwa die Philosophie nur als „ancilla", als Magd, zu dienen hatte; Maler, Bildhauer, Musiker nahmen ihre Gegenstände fast ausschließlich aus der Welt der religiösen Überlieferungen; Arbeit wurde verstanden und begründet als Erfüllung des Schöpfungsauftrags „Macht euch die Erde untertan"; die arbeitsfreien Tage waren bestimmt durch den Ablauf des Kirchenjahres und geprägt durch die religiösen Feste und Feiern.
Dasselbe Verhältnis bestand auf dem Gebiet der Erziehung: Religiöse Erziehung prägte die Erziehung im ganzen. Die ersten Schulen in Deutschland, wie überhaupt im westeuropäischen Raum, waren Klosterschulen. Ursprünglich darauf ausgerichtet, sogenannte „pueri oblati" auf ihr zukünftiges Leben in der Mönchsgemeinschaft vorzubereiten, nahmen diese Schulen früh auch schon solche Schüler auf, die nach ihrer Erziehung keine Gelübde ablegten, sondern in die Welt zurückkehrten[2]. So wurden die Klosterschulen rasch zu allgemeinen und wichtigen Erziehungsanstalten, von denen aus sich das deutsche Schulwesen im Mittelalter entwickelte. Nach ihrem Muster entstanden wenig später die Domschulen, in denen das Domkapitel analog zur Mönchsgemeinschaft seinen Nachwuchs heranbildete und dabei auch weltlichen Studenten Ausbildung gewährte. Auch die später in den reicher werdenden Städten von den Bürgern gegründeten Lateinschulen – der erste Typ einer „weltlichen", „öffentlichen" Schule – waren von den genannten kirchlichen Schulen abhängig; die zuständige kirchliche Stelle mußte eine solche Schulgründung ausdrücklich genehmigen, sie hatte das Aufsichtsrecht und bekam durchschnittlich etwa ein Drittel der eingehenden Schulgelder; auch der Lehrplan entsprach dem der kirchlichen Schulen. Zwar waren schon die Klosterschulen der Benediktiner, die als Keimzellen des deutschen Schulwesens am Anfang standen, aufgeschlossen auch für

[2] Vgl. E. C. Helmreich, Religionsunterricht in Deutschland von den Klosterschulen bis heute, Hamburg-Düsseldorf 1959, S. 17.

das heute sogenannte „weltliche" Wissen – Grammatik, Dialektik, Rhetorik im Trivium; Arithmetik, Geometrie, Musik und Astronomie im Quadrivium – , aber diese Wissensbereiche, wie überhaupt alles Wissen schlechthin, galten damals nicht als eigenständige, „profane" Wissenschaften, sondern waren der Theologie untergeordnet, der alle anderen Wissenschaften letztlich zu dienen hatten.
Entsprechend war die Unterweisung der Kinder auf den Dörfern, die meistens durch den Kirchendiener erfolgte („Küsterschulen"), in erster Linie eine Einweisung der Kinder in den Lebensraum der Kirche und Gemeinde. Die hauptsächliche Aufgabe bestand darin, „die Kinder eines Kirchspiels mindestens einmal in der Woche zu versammeln, und sie die Zehn Gebote, das Glaubensbekenntnis, das Vaterunser und einige deutsche Kirchenlieder zu lehren, also das, was ein Gemeindemitglied brauchte, um das religiöse Leben sinnvoll mitvollziehen zu können. Lesen, Schreiben und Rechnen wurden ursprünglich nur nebenbei gelehrt und dienten der Einweisung in das religiös bestimmte Leben.
Auch die Erziehung in der Familie war religiös bestimmt. Eltern und besonders Paten galten das ganze Mittelalter hindurch als verpflichtet, in einer „Hauskatechese" ihre Kinder zu unterrichten und sie, was zu Hause besser als in der Schule möglich war, auch vom emotionalen Erlebnisbereich her in den Glauben einzuführen. Die Erwachsenen wurden durch die sonntägliche „Christenlehre" von den Priestern in ihrem eigenen Glaubenswissen und Glaubensverständnis gestärkt und für ihre Aufgabe in der Hauskatechese vorbereitet. Alle Erziehung war religiös geprägt, es gab keinen grundsätzlichen Unterschied zwischen „religiöser" und „profaner" Erziehung.
Erziehung war eo ipso religiöse Erziehung und diese verstand sich als kognitive, affektive und pragmatische Einweisung der Heranwachsenden in die Wertmuster, Sinntraditionen und religiösen Vollzüge der weltanschaulich homogenen Gesellschaft, in der alle Lebensbereiche von der christlichen Religion geprägt waren.

1.3. Die gegenwärtige Situation

Es ist im Zusammenhang dieser Arbeit nicht möglich und auch nicht notwendig, die Entwicklung im einzelnen zu verfolgen, die von der

weltanschaulich homogenen Gesellschaft des Mittelalters zur weltanschaulich pluralen Gesellschaft unserer Gegenwart geführt hat. Aber es ist wichtig, jene Unterschiede zu erfassen, die heute die religiöse Erziehung vor eine neue Ausgangssituation stellen: Heute sind die Lebensbereiche der Gesellschaft (Arbeitswelt, Politik, Freizeit, Kunst und Wissenschaft usw.) nicht mehr einheitlich durch den christlichen Glauben geprägt und von ihm durchtränkt: Der „Regierungschef" versteht seine politische Macht nicht mehr als ihm unmittelbar „von Gottes Gnaden" gegeben, sondern sie ist ihm in der Wahl vom Volk übertragen worden. Am Ende einer Arbeitswoche steht nicht mehr der religiös bestimmte „Sonntag" mit der Eucharistiefeier im Zentrum, sondern das von den Stichworten „Erholung", „Freizeit", „Vergnügen", geprägte „Wochenende"; die Theologie ist nicht mehr die Königin der Wissenschaften, sondern hat Mühe, innerhalb des von den Naturwissenschaften geprägten Wissenschaftsbetriebes unserer Zeit ihren Wissenschaftscharakter aufrecht zu erhalten; in der Kunst spielen religiöse Motive nur noch eine untergeordnete Rolle; die Gestaltung der Arbeitswelt wird von den Kategorien Leistung, soziale Gerechtigkeit, Möglichkeit einer humanen Selbstverwirklichung am Arbeitsplatz bestimmt und reflektiert nicht mehr auf religiöse Traditionen vom Ursprung und vom ursprünglichen Sinn der Arbeit; Schule und Erziehung begreifen sich nicht mehr als Unterweisung, die von der die Gesellschaft bestimmenden Religion getragen wird, sondern wollen den jungen Menschen dazu befähigen, daß er die Situationen, denen er als Erwachsener in den verschiedenen Lebensbereichen ausgesetzt ist, bewältigen und dadurch sinnvoll als Glied der Gesellschaft leben kann.
Dennoch wäre es falsch, die genannten Lebensbereiche vollkommen losgelöst vom Einfluß der in der Gesellschaft wirksamen Religionen und Weltanschauungen zu sehen. In der Politik, in der Arbeitswelt, in der Freizeitgestaltung, in Kunst und Wissenschaft wie in modernen Erziehungskonzeptionen spielen religiös und weltanschaulich geprägte Grundwerte eine bedeutsame Rolle. So sind z. B in den Diskussionen über die notwendige Gestaltung der Arbeitswelt deutlich marxistische (d. h. am Klassendenken orientierte), christlich-existentielle (an den Bedürfnissen des einzelnen Menschen orientierte) und materialistisch-positivistische (am „objektiven" Wirtschaft-

wachstum, an Leistung und Konsum orientierte) Standpunkte zu unterscheiden. Ähnliches gilt für den Streit um die heute notwendigen politischen Richtlinien, für die Auseinandersetzungen in Kunst und Wissenschaft und für die gegenwärtige Abgrenzung der verschiedenen Erziehungskonzepte der Gegenwart.

Zusammenfassung

Trotzdem ist der Unterschied zu der oben geschilderten weltanschaulich homogenen Gesellschaft vor allem in zwei Punkten deutlich:
1. Die einzelnen Lebensbereiche werden nicht mehr global sondern nur noch partiell (vor allem in den Grundlagenfragen) durch religiöse und weltanschauliche Standpunkte beeinflußt.
2. Die Beeinflussung geschieht nicht mehr homogen (durch eine einzige Religion oder Weltanschauung), vielmehr kämpfen mehrere weltanschauliche Standpunkte um Einfluß.

2. Die Notwendigkeit und Bedeutung des religiösen Lernens in der weltanschaulich pluralen Gesellschaft.

2.1. Der gesellschaftliche Aspekt.

Diese gegenwärtige gesellschaftliche Situation verlangt ein neues Konzept von religiöser Erziehung. Da es keine einzige, alles übergreifende Religion oder Weltanschauung mehr gibt, welche die Lebensbereiche unserer Gesellschaft prägt und bestimmt, kann die Einweisung in die Lebensbereiche der Gesellschaft nicht mehr durch eine Einweisung in die Überlieferungen und Riten einer einzelnen Religion oder Weltanschauung grundgelegt werden. Erziehung muß sich zumindest prinzipiell unabhängig von den miteinander konkurrierenden Religionen und Weltanschauungen begreifen und neue Wege zu erschließen versuchen, die dem heranwachsenden Menschen das Leben in der Gesellschaft ermöglichen. Dadurch entsteht von diesem Ansatz her eine Abtrennung religiöser Erziehung von der profanen Erziehung. Profane Erziehung zentriert sich um das Erlernen jener Kulturtechniken (Lesen, Schreiben, Rechnen, Verkehrsverhalten usw.) und Grundkenntnisse (Sprachen, naturwissenschaftliche Grundeinsichten, Sinn für sprachliches und künstlerisches Gestalten), die den Menschen zur Kommunikation und zur Erlangung einer möglichst starken Position in dieser unserer Gesellschaft befähigen; und es gibt heute viele Menschen, die der Ansicht zuneigen, daß mit diesem Ziel überhaupt die Erziehungsaufgabe in unserer heutigen Gesellschaft gelöst ist und es keiner darüber hinausgehenden ausdrücklichen religiösen Erziehung mehr bedarf.
Dieser Ansatz bedenkt jedoch nicht, daß, wie oben ausgeführt, die Lebensbereiche unserer Gesellschaft gerade in ihren Grundlagenfragen von religiös-weltanschaulichen Standpunkten bestimmt sind. Eine Erziehung, die diesen Bereich grundsätzlich ausklammern wollte, würde damit dem heranwachsenden Menschen die Fähigkeit vorenthalten, in der Auseinandersetzung um die Richtlinien und Grundlagen der einzelnen Lebensbereiche der Gesellschaft verständnisvoll und verantwortlich mitzusprechen. Erziehung würde sich als reiner Anpassungsprozeß verstehen, der nur ein äußerliches, auf Gegenwart fixiertes *Funktionieren* der Gesellschaft bewerkstelligen

könnte, aber den Menschen unfähig machte, zukünftige Aufgaben, die vielleicht eine grundsätzliche Änderung des gegenwärtigen Funktionsmechanismus in einem gesellschaftlichen Lebensbereich notwendig machen, wahrzunehmen und in eine Auseinandersetzung darüber einzutreten. Es gibt heute eine nicht unbedeutende Gruppe von Religionspädagogen, die in dieser Befähigung zur Gesellschaftskritik und Gesellschaftsveränderung die wichtigste Aufgabe der religiösen Erziehung in der weltanschaulich pluralen Gesellschaft sehen. Dies wird folgendermaßen begründet: „Jede Frage nach der Gegenwart, Perspektive, die Auswahl und Beurteilungskriterien, das Verständnis des Betrachters und auch die möglichen Vorurteile sind durch religiös-weltanschauliche Traditionen bedingt und auf solche Traditionen bezogen. Dies überspringen und ausklammern zu wollen, würde einen Mangel an Reflexion des eigenen Standortes bezeichnen; es muß vielmehr bewußt und kritisch eingebracht und aufgearbeitet werden“[3]. Erst die Auseinandersetzung mit diesen Traditionen – in unserem Kulturraum vorwiegend mit der des Christentums – kann die Bedingungen aufdecken, die zu jener Struktur und Entfaltung der gesellschaftlichen Lebensbereiche geführt haben, die wir in der Gegenwart vorfinden, und nur in der Kenntnis dieser Bedingungen kann das gegenwärtige Leben sinnvoll kritisiert und auf mögliche und notwendige Veränderungen hin befragt werden.

Die Beschäftigung mit religiöser Tradition geschieht also nicht mehr wie in weltanschaulich homogenen Gesellschaften mit dem Ziel, die in der Gegenwart geltenden Wertmuster und Verhaltensweisen religiös zu legitimieren, sie dadruch zu überhöhen und in gewisser Weise unangreifbar zu machen, sondern sie geschieht umgekehrt in der Absicht, die Gegenwart zu kritisieren und nach möglichen und notwendigen Veränderungen zu fragen. Der Blick geht in die ursprünglich religiös geprägte Vergangenheit der gesellschaftlichen Lebensbereiche zurück, um von dort her eine Perspektive zu gewinnen, welche die Gegenwart kritisiert und auf Zukunft hin öffnet. Gerade die jüdisch-christliche Tradition, von der die gesellschaftliche

[3] G. Otto/H. J. Görger/J. Lott, Neues Handbuch für den Religionsunterricht, Hamburg, 4. Aufl. 1972, S. 335.

und kulturelle Entwicklung unseres Lebensraumes geprägt ist, birgt in sich ein großes Potential an Erinnerungen und Überlieferungen, das dazu auffordert, sich nie vollständig mit den vorfindbaren Verhältnisssen und Wertmustern zu identifizieren, sondern das Bewußtsein des „Auf -dem-Wege-Seins" wachzuhalten und nach einer immer neuen Zukunft Ausschau zu halten[4].

2.2. Der individuelle Aspekt

Ebenso bedarf es vom einzelnen Menschen her gesehen auch in der weltanschaulich pluralen Gesellschaft einer religiösen Bildung und Erziehung. Denn jeder Mensch erfährt sich, wenn auch in einem verschiedenen Grad der Bewußtheit, als endlich und begrenzt und ist von daher vor die Frage nach dem Sinn seines Lebens gestellt. Wo der Mensch, wie es heute weithin geschieht, diese Frage nach dem Sinn des Ganzen nicht in sein Bewußtsein kommen läßt, sie wegschiebt und zudeckt durch die Routine des täglichen Lebens, vollzieht er eine gefährliche Verdrängung. Diese kann sich, besonders wenn das Leben Belastungsproben ausgesetzt ist, in Depressionen, Ängsten, Kommunikationsstörungen und psychisch bedingten Erkrankungen äußern. Dies sind Phänomene, die sich gegenwärtig, da noch keine allseits anerkannte Konzeption und Praxis einer religiösen Erziehung in der weltanschaulich pluralen Gesellschaft gefunden ist, stark ausbreiten und durch Gruppendynamik, Autogenes Training, Meditation und Psychoanalyse bekämpft werden. Dabei zeigen gerade neuere Richtungen der Tiefenpsychologie[5], daß der „Wille zum Sinn" ein noch stärkeres Antriebspotential im menschlichen Leben bildet, als etwa der Sexualtrieb und daß die meisten der obengenannten Konflikte dadurch hervorgerufen sind, daß dieses Bemühen um eine Sinngebung des eigenen Lebens zu wenig gefördert und

[4] Bei A. Exeler fungiert dieses Motiv als Leitmotiv für Pastoral und Religionspädagogik heute: Vgl. A. Exeler, Exodus. Ein Leitmotiv für Pastoral und Religionspädagogik, als Manuskript gedruckt im Dkv, 8 München 80, Preysingstr. 83 c, o. J. (1975).

[5] Vgl. Viktor E. Frankl, Der unbewußte Gott, Psychotherapie und Religion, München 1974.

gepflegt, ja häufig abgeschnitten und verschüttet worden ist.
Diese Fragen nach Sinn und Zukunft sowohl des einzelnen Lebens als auch der Gesellschaft und ihrer Lebensbereiche waren in der weltanschaulich homogenen Gesellschaft schon je im voraus durch das System der – allgemeine Geltung beanspruchenden – Grundwerte und Grundüberzeugungen beantwortet; Sinnkrisen eröffneten sich in dieser Gesellschaft nur dort, wo entweder diese Grundwerte und Grundüberzeugungen von außen (etwa durch die Begegnung mit einer fremden Kultur) infrage gestellt wurden oder wo der einzelne in der individuellen Entwicklung seiner Überzeugungen im Laufe seines Lebens in Konflikt mit den die Gesamtgesellschaft tragenden Überzeugungen und Werten geriet. In der weltanschaulich pluralen Gesellschaft dagegen fehlt sowohl dem einzelnen als auch den gesellschaftlichen Lebensbereichen ein solcher *vorgegebener* Sinn und Zukunft erschließender Kosmos, der dem Leben des einzelnen wie den Lebensvollzügen der Gesellschaft einen transzendenten Sinn vermitteln könnte. Es fehlt eine alles umfassende Sinnkonstruktion, die das Leben überwölbt und sich in allgemein anerkannten Erzählungen, Weltdeutungen und Riten artikuliert. Religiöse Erziehung kann deshalb nicht mehr in einer Erschließung und Einübung solcher vorgegebener Sinnstrukturen bestehen.
Freilich ist eine funktionierende Gesellschaft niemals derart weltanschaulich plural strukturiert, daß es in ihr überhaupt keine allgemein geltenden Grundwerte und Grundüberzeugungen gibt. Ohne eine solche Basis wäre ja keine gemeinsame Sprache und Verständigung der Menschen und also kein Zusammenleben mehr möglich. Das Kennzeichnende der weltanschaulich pluralen Gesellschaft besteht jedoch darin, daß diese als Gesprächs- und Verständigungsbasis fungierenden Grundüberzeugungen nicht mehr statisch durch ein vorgegebenes, alles umgreifendes Sinn-Konstrukt, sondern dynamisch durch ihre je neu zur Wirkung kommende Funktion legitimiert werden: eben indem sie je aktuell Gespräch, Verständigung und Lebensgestaltung ermöglichen. Die Basis menschlicher Verständigung und menschlichen Lebens ist nicht mehr transzendental-statisch legitimiert und begründet und deshalb für die subjektive Lebenserfahrung stets in der Gefahr, zu zerbrechen und dadurch jene Verständigung mit anderen, die dem Leben erst Halt gibt, zu zerstören.

Die Religionssoziologie nennt diesen Zustand „Anomie“[6], Der Ausdruck besagt, daß der Mensch einen sinngebenden und Kommunikation ermöglichenden „Nomos“ verloren hat (A-Nomos) und dadurch mitmenschliche Bande, die dem Gefühlsleben Halt geben, zerreißen können. „Es kommt zu einem Orientierungsverlust im Alltagsleben. In extremen Fällen verliert das Individuum den Sinn für Wirklichkeit und Identität. Es wird ‚anomisch‘, d. h. es erleidet einen ‚Weltverlust‘ ... Anomie kann so unerträglich sein, daß man ihr den Tod vorzieht. Umgekehrt bezahlt mancher sein Bleiben in einer nomischen Welt mit Leiden und Opfern und, wenn er glaubt, dem Nomos diesen äußersten Preis schuldig zu sein, sogar mit dem Leben“[7]. In archaischen Kulturen zahlte man diesen Preis in der Form von Enthaltungen und Opfern verschiedenster Art bis hin zum Menschenopfer.

2.3. Der pädagogische Aspekt

Man hat in Indien und Afrika immer wieder sogenannte „wilde Kinder“ entdeckt, die ohne menschliche Beeinflussung, meist unter Tieren (z. B. in einer Affenherde) aufgewachsen sind, so z. B. erst 1965 in Burundi. Es gelang trotz großer ärztlicher und pädagogischer Bemühungen nicht, solche Menschen zur vollen Sprachfähigkeit und damit zu einem mündigen und selbständigen menschlichen Verhalten zu befähigen. Meistens sind sie wenige Jahre nach ihrer Entdeckung gestorben.

Diese Beobachtung berührt sich mit der Tatsache, daß Kinder, die schon von den ersten Lebensmonaten an in einem Heim aufwachsen, häufig unter „Hospitalismus“ leiden: Sie erlernen nur sehr schwer und sehr spät das aufrechte Gehen und gelangen vielfach nicht zur vollen Sprachfähigkeit und Selbständigkeit[8].

[6] P. L. Berger, Zur Dialektik von Religion und Gesellschaft, Tübingen 1973, S. 22.

[7] Ebenda S. 22/23.

[8] Vgl. R. Spitz, Vom Säugling zum Kleinkind, Stuttgart, 2. Aufl. 1969,bes. S. 279ff. u. 289ff., wo einzelne Fälle eines solchen Hospitalismus beschrieben werden.

Beobachtungen dieser Art haben zu der These geführt, daß der Mensch zu seiner Entwicklung offenbar mehr braucht als bloß körperliche Nahrung und Pflege. Er bedarf darüber hinaus menschlicher Bezugspersonen, deren gleichbleibende Zuwendung dem Kind eine Art „Urvertrauen"[9] zu Leben und Wirklichkeit vermittelt. Dieses Urvertrauen muß dem Kind zu einer „fast körperlichen Gewißheit" (Erikson) werden, damit es sich zu einem mündigen und selbständigen Menschen entwickeln kann. Solche menschliche Zuwendung und Kommunikation muß deshalb die gesamte Erziehung begleiten und prägen. Nur aus ihr heraus gewinnt der Mensch die Kraft zur Mündigkeit.

Erziehung kann und konnte sich deshalb niemals bloß als Vermittlung technischer Fertigkeiten und gesellschaftlich vorgegebener Verhaltensweisen, also als bloße Einführung und Anpassung in bestehende Verhältnisse verstehen. Eine Erziehung in diesem Sinne, also im Sinne des Reiz-Reaktions-Schemas, wäre letzlich eine blinde „Dressur", die Marionetten, aber nicht Menschen heranbilden würde. Der Mensch, der über keinen präzisen, seine Lebensvollzüge mechanisch regelnden Instinktmechanismus verfügt, ist darauf angewiesen, sich in Kommunikation mit anderen seine Welt aufzubauen und aus diesem fortdauernden Gespräch die notwendigen Orientierungen zu finden, die ihm ein Leben in der Welt ermöglichen.

Erziehung ist und war immer schon „Hilfe zum Selbständigwerden"[10]. Je mehr jedoch die Lebensbereiche und Lebensvollzüge einer Gesellschaft nicht mehr durch eine statische, alles übergreifende, transzendente Sinnkonstruktion legitimiert sind und je mehr deshalb eine solche Gesellschaft der inneren Auseinandersetzung und der ständigen und rapide fortschreitenden Veränderung ausgesetzt ist, desto weniger kann sich Erziehung auf vorgegebene gesellschaftlich vermittelte Verhaltensmuster beziehen und zu ihnen hinführen und desto mehr muß sie den Akzent darauf legen, daß der

[9] Die Bedeutung des Urvertrauens für das Selbständigwerden des Menschen herauszuarbeiten, war vor allem das Verdienst des amerikanischen Psychologen Erik H. Erikson, vgl. E. H. Erikson, Kindheit und Gesellschaft, Stuttgart 2. Aufl. 1965.

[10] G. Biemer, in: Handbuch der Religionspädagogik, Bd. 2, Zürich–Einsiedeln–Köln–Gütersloh 1974, S. 288.

Mensch dazu befähigt wird, in den Auseinandersetzungen und ständigen Veränderungen des gesellschaftlichen und individuellen Lebens selbstverantwortlich mitzusprechen und mitzuwirken.

Es muß nicht mehr in erster Linie ein *bestimmtes Verhalten* erlernt werden; was vielmehr gelernt werden muß, ist *das Lernen selbst:* „Lernen des Lernens" ist deshalb das immer wiederkehrende Stichwort im Strukturplan für das deutsche Bildungswesen, das die globale Zielsetzung heute notwendiger Bildung und Erziehung umschreibt[11]. Der Mensch in der weltanschaulich pluralen Gesellschaft kann nur bestehen und sinnvoll leben, wenn er bereit und fähig ist, immer wieder und immer neu zu lernen, sich zu wandeln, wenn die Situation es fordert, seine Arbeit und sein Leben in kritischer Prüfung und Reflexion auf die jeweils neu auf ihn zukommenden Erkenntnisse und Verhaltensweisen einzustellen. Die Erziehung kann ihre Leitlinien nicht mehr aus vorgegebenen inhaltlichen Werten statisch gewinnen, sondern muß sich orientieren am offenen, inhaltlich noch nicht strukturierten Leitbild des Menschen, der nie mit sich am Ende, nie fertig ist, sondern stets bereit, das Neue, das auf ihn zukommt, zu sehen, zu prüfen und sich selbst zu verändern, wenn das Neue der Prüfung standhält und die Veränderung fordert – der Mensch, der bereit ist zum immer neuen ‚Exodus' in eine andere, je offenere Zukunft. Erziehung ist das Geschehen zwischen zwei oder mehreren Personen, das eine Änderung des Verhaltens und Erlebens in Richtung auf dieses Selbständigwerden zu bewirken sucht[12].

Woher aber können Menschen die Kraft zu einer solchen Lebenshaltung finden? Wie können sie die Gewißheit haben, daß sie in den notwendigen Veränderungen doch sie selbst, mit sich selbst identisch bleiben und nicht einfach als verlorenes Blatt im Winde des je Neuen treiben? Woher gewinnen sie die Zuversicht, daß ihre oft mühsame und ungesicherte Wanderung in die noch offene Zukunft hinein sinnvoll ist und nicht im individuellen und allgemeinen Chaos endet? Immer wieder stoßen wir auf diesen Punkt in der Erziehung und im Leben des Menschen, der in einer weltanschaulich homogenen Ge-

[11] Strukturplan für das Bildungswesen, Stuttgart 1970, S. 78.

[12] Vgl. M. Wasna, Psychologische Grundlagen religiöser Erziehung, in: Katechetische Blätter Heft 12/1973, S. 735.

sellschaft durch eine transzendente Sinnkonstruktion abgesichert ist, heute aber, da es keine solche allgemein gültige transzendente Sinnkonstruktion mehr gibt, die Stelle kennzeichnet, an der der Mensch am meisten verwundbar und gefährdet ist. Gegenwärtige Erziehung stößt ins Leere, wenn sie sich nicht auch diesem Punkt zuwendet und nach möglichen Lösungen sucht, ihn erzieherisch zu bewältigen.

Dabei ist von vornherein klar, daß eine solche Lösung nicht mehr darin bestehen kann, der einen oder anderen Religion wieder zu einer globalen Geltung in der Gesellschaft zu verhelfen und so eine neue globale Sinnkonstruktion zu errichten. Ebenso wenig bedeutet es eine Lösung des Problems, etwa den kleinsten gemeinsamen Nenner der heute vertretenen und geltenden Wertmuster und Verhaltensimpulse zu eruieren und diesen Minimalkatalog von Werten und Grundüberzeugungen (z. B. die menschlichen Grundrechte oder Werte wie „Demokratie“, „Freiheit“, „Selbstbestimmung“ usw.) als inhaltlich unüberholbar definiert festzuschreiben, um daraus die Funktion eines transzendenten Sinnes zu gewinnen. Das würde eine neue, wenn auch minimale, umgreifende und fraglos feststehende Sinnkonstruktion sein; die weltanschaulich plurale Gesellschaft jedoch ist gerade dadurch gekennzeichnet, daß in ihr grundsätzlich *kein* Wert davor gefeit ist und davor abgeschirmt werden kann, je neu auf seine genauere Bedeutung hin befragt und ggf. in einem neuen Sinne verstanden zu werden. Gemeinsame Überzeugungen und Werte, wie sie immer notwendig sind, können in dieser Gesellschaft nur im je aktuellen *Vollzug* (eben indem sie die Funktion einer Verständigungsbasis faktisch ausüben) legitimiert und inhaltlich bestimmt werden; dies aber ist keine transzendent-statische, sondern eine situativ-dynamische und so fluktuierende Legitimation.

Die gegenwärtige Religionspädagogik ist dabei, nach einem Weg zu suchen, den Menschen in der weltanschaulich pluralen Gesellschaft Hilfestellung bei seiner Suche nach Sinn und Identität im individuellen wie im gesellschaftlichen Leben zu geben.

Allgemein und formal ausgedrückt besteht dieser Weg darin, den „Ort“ ins Auge zu fassen und erzieherisch zu beeinflussen, von dem aus geschichtlich die Motivation zu den globalen religiösen und weltanschaulichen Sinnkonstruktionen ausgegangen ist und von dem aus sich heute dem Menschen in seiner individuellen und gesellschaftlichen Lebenspraxis die Sinnfrage immer neu stellt. Diesen Vorgang und seinen „Ort" im Leben zu verstehen, ihn dem Menschen bewußt zu machen und ihm Hilfestellungen in der Bewältigung dieses Lebensbereiches zu geben, ist, formal ausgedrückt, das globale und gleichzeitig zentrale Anliegen des religiösen Lernens in einer weltanschaulich pluralen Gesellschaft.

Zusammenfassung: Grundfragen der religiösen Erziehung in der weltanschaulich pluralen Gesellschaft.

Erziehung als Hilfe zur Selbstverwirklichung und Menschwerdung und zu einer sinnvollen Gestaltung des Lebens in der Gesellschaft gibt sich selbst auf und wird zu einer blinden Dressur „brauchbarer" Verhaltensweisen, wenn sie den oben beschriebenen Basis-Bereich des Lebens ausklammert. Wie aber soll dieser Bereich erzieherisch bewältigt werden, wenn in einer Gesellschaft das Christentum oder eine andere Religion oder Weltanschauung nicht mehr als umgreifende Sinnkonstruktion, als statisch vorgegebene Verständigungsbasis, fungiert und deshalb die Aufgabe der transzendenten Sinnfindung nicht mehr einfach durch Einweisung in diese Religion oder Weltanschauung erfolgen kann?
Diese Grundfrage des religiösen Lernens in der weltanschaulich pluralen Gesellschaft umfaßt zwei größere Teilkomplexe:
1. Der erste Komplex (erster Hauptteil des Buches) umfaßt die Fragen nach den notwendigen Kategorien und Unterscheidungen, deren religiöses Lernen in der weltanschaulich pluralen Gesellschaft bedarf: In welchem Verständnis des Begriffs kann eine Erziehung und ein Lernen, dem es in der Auseinandersetzung mit religiöser Tradition nicht mehr um die Einführung in eine gesamtgesellschaftlich sanktionierte und approbierte, konkrete Religion geht, noch als *„religiöse"* Erziehung und als *„religiöses"* Lernen bezeichnet werden? (Entfaltung der Frage in Kap. 1.1. und 1.2.). Wie verhält sich der genuine christliche Glaube zu einer so verstandenen Religion und Religiosität (Kap. 1.3.)? In welchem Verhältnis stehen religiöses Lernen für alle (typisch ausgeprägt im schulischen Religionsunterricht) und Aufbau des Glaubens in der Gemeinde durch eine gemeindliche Katechese (Kap. 2)?

2. Der zweite Komplex (zweiter Hauptteil des Buches) wendet sich nach diesen Erörterungen der notwendigen Elemente und Unterscheidungen dem Grundproblem des religiösen Lernprozesses in der weltanschaulich pluralen Gesellschaft zu. Es besteht in der Frage, wie die religiöse Tradition eines Kulturkreises (in unserem Falle also die christliche Überlieferung) noch sinnvoll weitervermittelt werden kann, obwohl sie nicht mehr wie in weltanschaulich homogenen Gesellschaften als vorgegebene gesellschaftlich sanktionierte allgemeine Norm des Denkens und Handelns fungiert? Wie ist es möglich, den Prozeß der Sinnsuche und Sinnfindung, den in weltanschaulich homogenen Kulturen die Gesellschaft als ganze stellvertretend für den einzelnen vollzieht (indem sie eine umgreifende Sinnkonstruktion aufbaut, der sich der einzelne nur einzufügen braucht) auf den einzelnen Menschen zu verlagern und ihn zum Vollzug dieses Prozesses zu befähigen? Welche grundsätzlichen didaktischen Prinzipien sind denkbar, mit deren Hilfe der einzelne selbständig-kreativ den Weg von der Überlieferung zur konkreten Lebenssituation (Kap. 1) und von der konkreten Lebenssituation zur Überlieferung (Kapl . 2) gehen kann, um auf diese Weise eine je eigene, aber durch eine zielgerichtete Auseinandersetzung mit der prägenden religiösen Tradition seines Kulturkreises gewonnene tragfähige Lebensorientierung und Lebenssinngebung zu finden?
Schließlich ist dann in einem letzten Teil (Schlußteil des Buches) noch danach zu fragen, ob und wie sich ein so verstandenes religiöses Lernen in der weltanschaulich pluralen Gesellschaft noch in die Grundkategorien der herkömmlichen Theologie (Gnade, Offenbarung) und in ein Gesamtkonzept des kirchlichen Handelns (erfolgend aufgrund von Offenbarung) einordnen läßt; dabei gilt es auch die möglichen weiterführenden Impulse und Rückfragen zu bedenken, die ein solchermaßen heute notwendiges religiöses Lernen ihrerseits an Theologie und Kirche richtet.

Erster Hauptteil

Notwendige Elemente und Unterscheidungen des religiösen Lernprozesses in der weltanschaulich pluralen Gesellschaft.

1. Religion und Religiosität aus christlicher Sicht.

Aus dem ersten Kapitel hat sich ergeben, daß der Mensch auch in einer religiös und weltanschaulich pluralen Gesellschaft auf religiöse Erziehung angewiesen ist, sofern sonst jener Bereich erzieherisch nicht bewältigt ist, in dem sich gesellschaftlich wie individuell die Sinnfrage stellt und aus dem heraus jene Motive für die Lebensbewältigung zu gewinnen sind, die dem individuellen und gesellschaftlichen Leben einen Halt und eine Richtung geben; Motive, die dem einzelnen Menschen wie der Gesellschaft im Fortgang der Geschichte Identität verbürgen.
Es ist jedoch bisher unklar, wie sich eine solche Erziehung vom Ziel und Inhalt her konzipieren kann und vor allem bleibt fraglich, ob und in welchem Sinn sie sich noch als „religiöse“ Erziehung bezeichnen kann.

1.1. Zum Inhalt der Begriffe Religion und Religiosität

1.1.1. Religion als „das, was unbedingt angeht“

Wenn Jugendlichen die Aufgabe gestellt wird, Assoziationen zu dem Satz zu suchen „Herr Meier ist religiös“, antwortete die überwiegende Mehrheit mit Sätzen wie „Herr Meier geht oft in die Kirche“, „er ist kirchlich gebunden“, „er arbeitet in der Pfarrgemeinde mit“, „er glaubt an Gott“, „er betet regelmäßig“, „er ist ein überzeugter Christ“ usw. Nur sehr wenige Studenten assoziierten Sätze wie „er macht sich Gedanken über den tieferen Lebenssinn“, „er fragt nach einem Weiterleben über den Tod hinaus“, „er meditiert“, „er lebt aus einer letzten Überzeugung heraus“ u. ä.

Die meisten setzen also „religiös“ weitgehend gleich mit „kirchlich“ oder „gläubig“. „Religiöse“ Erziehung ist für sie Erziehung zu christlichem Glauben und zu kirchlicher Praxis. Ist von daher eine erzieherische Hilfestellung, der es in erster Linie um eine Hilfe zum Menschsein und nicht mehr um eine Hilfe bei der Eingliederung in eine konkrete Religionsgemeinschaft geht, noch sinnvoll als „religiöse“ Erziehung zu bezeichnen?

Um diese Frage zu beantworten, griff eine große Gruppe von Religionspädagogen, angefangen von Hubertus Halbfas in seiner „Fundamentalkatechetik“ (1968) bis zu Erich Feifel und den anderen Herausgebern und Mitarbeitern des umfangreichen „Handbuchs der Religionspädagogik“ (1973–1975) und den Verfassern des Synodenbeschlusses „Der Religionsunterricht in der Schule“ (1974) zu einem Verständnis von Religion wie es vor allem der evangelische Theologe und Religionsphilosoph Paul Tillich erarbeitet hat. Danach bezeichnet das Wort „Religion“ in erster Linie nicht den Komplex von Riten, Lehren, Überlieferungen und Verhaltensweisen, in denen eine konkrete Religionsgemeinschaft die Beziehung zum Göttlichen auszudrücken und herzustellen versucht, sondern jene Dimension der *Tiefe* im menschlichen Leben, aus der immer neu, den Menschen in seiner psychischen und physischen Gesundheit gefährdend oder ihm eine neue, verheißungsvolle Zukunft eröffnend, die Frage nach dem Sinn des Lebens aufbricht.

> *„Religiös sein bedeutet, leidenschaftlich nach dem Sinn unseres Lebens zu fragen und für Antworten offen zu sein, auch wenn sie uns tief erschüttern. Eine solche Auffassung macht die Religion zu etwas universal Menschlichem, wenn sie auch von dem abweicht, was man gewöhnlich unter Religion versteht. Religion als Tiefendimension ist nicht der Glaube an die Existenz von Göttern, auch nicht an die Existenz eines einzigen Gottes. Sie besteht nicht in Handlungen und Einrichtungen, in denen sich die Verbindung des Menschen mit seinem Gott darstellt. Niemand kann bestreiten, daß die geschichtlichen Religionen „Religion“ in diesem Sinne sind. Aber Religion in ihrem wahren Wesen ist mehr als Religion in diesem Sinne: Sie ist das Sein des Menschen, sofern es ihm um den Sinn seines Lebens und Daseins überhaupt geht. Viele Menschen sind von etwas ergriffen, was sie unbedingt angeht; aber sie fühlen sich jeder konkreten Religion fern, gerade weil sie die Frage nach dem Sinn ihres Lebens ernstnehmen. Sie glauben, daß ihr tiefstes Anliegen in den vorhandenen Religionen nicht zum Ausdruck gebracht wird und so lehnen sie Religion ab ‚aus Religion‘. Diese Erfahrung lehrt uns, zu unterscheiden zwischen Religion als Leben in der Dimension der Tiefe und*

den konkreten Religionen, in deren Symbolen und Einrichtungen das religiöse Anliegen des Menschen Gestalt gewonnen hat. Wenn wir die Situation des heutigen Menschen verstehen wollen, müssen wir von dem Wesensbegriff der Religion ausgehen und nicht von einer spezifischen Religion, auch nicht dem Christentum"[1].

So entsteht ein weiter und allgemeiner Begriff von Religion, der – freilich nur seinem ersten Eindruck nach (siehe unten das Kap. 1.2.2.) – nicht mehr abhängig ist von einer konkreten geschichtlichen Religionsgemeinschaft und deren „Sinnkonstruktionen", die heute ihre globale gesellschaftliche Gültigkeit verloren haben. Religion in diesem Sinne ist das „Ergriffensein von einem letzten, unbedingten Anliegen"[2], das Ergriffensein von dem, was unbedingt angeht[3]. Vor allem diese letztgenannte Kennzeichnung der Religion ist fast schlagwortartig in sehr vielen religionspädagogischen Veröffentlichungen der letzten Jahre anzutreffen.

1.1.2. Religion und Religiosität als Funktion des menschlichen Geistes.

Religion in diesem Sinne verstanden, hat eine unmittelbare Beziehung zur Bildung und Erziehung, denn sie erscheint „als eine Funktion des menschlichen Geistes"[4]. Der menschliche Geist stellt sich, auf solche Weise in seiner Tiefendimension betrachtet, als von sich aus religiös dar.

Dabei fällt es dieser Religiosität als der Tiefendimension des menschlichen Geistes schwer, in den verschiedenen Bereichen heutigen geistigen Lebens eine Heimat zu finden. Im Bereich des Ethischen wird sie nur so lange geduldet, als sie die geltenden Anschauungen verstärkt. „Solange sie mithilft, gute Bürger, gute Ehegatten und Kinder, gute Angestellte, Beamte und Soldaten zu schaffen, wird sie

[1] P. Tillich, Die verlorene Dimension, 3. Aufl., Stuttgart 1969, S. 9.
[2] P. Tillich, Die verlorene Dimension, S. 9.
[3] P. Tillich, Systematische Theologie, Bd. I, S. 15ff.
[4] P. Tillich, Die verlorene Dimension, a.a.O., S. 20–29.

geduldet. In dem Augenblick aber, in dem die Religion einen eigenen Anspruch stellt, bringt man sie entweder zum Schweigen oder wirft sie als überflüssig oder gefährlich für die Moral hinaus"[5]. Auch im Reich der Erkenntnis ist im Zuge des ungeheuren Voranschreitens der Naturwissenschaften die eigentümliche Art der Erkenntnis, wie sie die Religion beinhaltet („Mythologische Phantasie oder mystische Schau"), verdrängt worden. Im Bereich der künstlerisch-schöpferischen Produktivität des Menschen läuft sie Gefahr, in Traum, Phantasie und Wirklichkeitsferne, die keinen konkreten Anspruch mehr kennt, aufgelöst zu werden. Ebensowenig kann sich Religion im Gebiet des menschlichen Fühlens niederlassen. „Ist die Religion erst in das Reich des bloßen Gefühls verbannt, dann hört sie auf, dem Denken und Handeln des Menschen gefährlich zu sein. Aber, muß ergänzt werden, sie verliert auch ihren Ernst, ihre Wahrheit und ihren letzten Sinn. In der Atmosphäre der reinen Subjektivität des Gefühls, ohne ein bestimmtes Objekt der Emotion, ohne einen letzten Inhalt, geht die Religion zugrunde"[6].
Aber Religion bedarf nach Tillich keiner solchen Heimat, denn sie ist überall zu Hause, nämlich in der Tiefe *aller* Funktionen des menschlichen Geisteslebens. Eine Bildung und Erziehung, die nicht bloß im Oberflächlichen bleiben, sondern in die Tiefe dringen und den Menschen so bilden und erziehen will, daß er auch den alles in Frage stellenden Belastungsproben des Lebens standhalten kann, darf diese Dimension nicht ausklammern und überspringen.

An dieser Stelle setzt sich Paul Tillich mit einer möglichen theologischen Kritik seines Religionsbegriffs auseinander, die später auch auf dessen Verwendung in der Religionspädagogik angewandt wurde. „Gewisse christliche Theologen werden fragen", sagt er, „ob Religion hier nicht aufgefaßt ist als ein schöpferisches Element des menschlichen Geistes" statt als göttliche Offenbarung. Nach der Auffassung dieser Theologen „ist Religion etwas, das der Mensch empfängt, etwas, das nicht von ihm selbst stammt, sondern ihm gegeben ist und das gegen ihn stehen kann. Diese Theologen betonen

[5] P. Tillich, Die verlorene Dimension, a.a.O., S. 24.
[6] Ebenda, S. 26.

ausdrücklich, daß die Beziehung des Menschen zu Gott keine *menschliche* Möglichkeit ist, sondern daß *Gott* sich zuerst mit den Menschen in Beziehung setzen müsse. Diese theologische Ansicht ließe sich in den Satz zusammenfassen, daß die Religion keine Schöpfung des *menschlichen,* sondern eine Gabe des *Heiligen* Geistes sei. Der Geist des Menschen kann zwar in Beziehung zu sich selbst und seiner Welt schöpferisch sein, aber nicht in Beziehung zu Gott. In Beziehung zu Gott ist der Mensch ein Empfangender und nur Empfangender. Er hat nicht die Freiheit, sich von sich aus Gott zuzuwenden“[7]. Deshalb sei es, zumindest in einem jüdisch-christlichen Verständnis von Religion, unsinnig und falsch, von Religion als einer Tiefendimension im menschlichen Geistesleben, also einer Funktion des menschlichen Geistes zu sprechen.

Tillich antwortet auf diesen Einwand, indem er darauf hinweist, daß diese theologischen Kritiker seines Religionsbegriffs ihre Verkündigung beginnen „mit der Behauptung von der Existenz eines höchsten Wesens, Gott genannt, dessen autoritäre Offenbarungen ihnen zuteil geworden seien“[8]. Dabei werde Gott, eben indem um seine Existenz oder Nichtexistenz gestritten wird, zu einem im Universum existierenden Ding neben anderen Dingen. In diese rein „horizontale“ Ebene gebracht, kann jedoch Religion sich nicht sinnvoll entfalten. Denn Gott als Seiendes neben anderem Seienden, wie es die Wissenschaften erforschen, muß der wissenschaftlichen Kritik zum Opfer fallen. In Wirklichkeit aber erweist diese Widerlegung der Existenz eines Seienden namens „Gott“ der Religion einen großen Dienst, weil sie dazu zwingt, „die überwältigende Macht des Wortes ‚Gott‘ neu zu verstehen und zu formulieren“[9]. Die Theologen, welche von der Existenz Gottes als eines „höchsten Wesens“ ausgehen, sind indes für die Religion gefährlicher als die sogenannten atheistischen Wissenschaftler, welche die Existenz dieses Wesens leugnen. Denn diese Theologen „tun den ersten Schritt auf dem Weg, der zwangsläufig zu dem führt, was man Atheismus nennt. Sobald Gott von den Theologen zu einem ‚höchsten Wesen‘ gemacht wird, das einigen

[7] Ebenda, S. 20/21. (Hervorhebungen vom Verfasser)
[8] Ebenda, S. 23.
[9] Ebenda, S. 22.

Menschen Mitteilung über sich zukommen ließ, ruft das zwangsläufig den Widerstand derer hervor, die sich der Autorität dieser Mitteilung beugen sollen“[10]. Ein Begriff von Religion, der diese als Funktion des menschlichen Geistes versteht, lehnt also nicht die Transzendenz Gottes ab, sondern nur seine Verdinglichung. Gott kann auch als im Menschen wirksames Existential, das sich in seinem Geistesleben ausdrückt, transzendent sein.

An dieser Stelle wird deutlich, daß der heute in der Religionspädagogik verwendete weite Religionsbegriff nicht allein durch die Religionsphilosophie Paul Tillichs grundgelegt ist. Es ist nämlich durchaus möglich, ihn auch auf die hauptsächlich mit dem Namen Karl Rahners verbundene anthropologische Wende der Theologie zurückzubeziehen. Wenn viele, auch katholische Religionspädagogen die in der Diskussion häufig verwendeten Tillichschen Formulierungen aufgegriffen und mit ihnen gearbeitet haben, so wußten sie sich dabei im Anschluß an die theologische Anthropologie Karl Rahners durchaus auch in der katholischen Tradition theologischen und philosophischen Denkens. Die Rahnersche Theologie erschloß ihnen die Möglichkeit eines solchen weiten Religionsbegriffs.

Karl Rahner hat nämlich in seiner Theologie ein Denken überwunden, das Gnade und Offenbarung mehr oder weniger additiv auf die Natur des Menschen aufgesetzt dachte. In seinem theologisch begründeten Verständnis des Menschen ist die „reine Natur“ ein bloß theoretischer Begriff. Wo immer der Mensch sich selbst oder den Mitmenschen als existierend in der Welt vorfindet, ist er schon umgriffen vom alles umfassenden Heilswillen Gottes. Wenn diese Aussage jedoch nicht bloß eine gedankliche Konstruktion sein soll, dann bedeutet sie, daß der Mensch in seiner Art zu denken, zu fühlen und zu handeln als einer erscheint, der, auch wenn er darüber nicht nachdenkt, von dieser seiner gnadenhaften Bestimmung erfüllt und geprägt ist. Soll diese Berufung zum ewigen Heil, die jedem Menschen gilt, nicht bloß als abstrakte These über dem menschlichen Leben schweben (und das kann sie nicht, wenn sie vom lebendigen Gott stammt), dann muß sie sich ausdrücken in einem menschlichen Exi-

[10] Ebenda, S. 23.

stential, das von dieser seiner Herkunft her als „übernatürlich" (d. h. als Selbsterschließung des biblischen Gottes im hier und heute gegebenen Menschenleben) zu qualifizieren ist.
Das aber bedeutet: Wo immer der Mensch als Mensch lebt, wo er sich wagend auf einen anderen Menschen einläßt, sich ihm als Person zuwendet, wo er verzeiht, ohne dazu aus äußeren Gründen gedrängt zu sein, wo er sich einsam fühlt, wo er sich frei und aus seinem Gewissen heraus entscheidet, steckt ein Stück Ewigkeit, ein Stück Transzendenz in seinem Leben und wenn der Mensch sich besinnt und sich ganz diesen Erfahrungen öffnet, erfährt er diese Ewigkeit im Endlichen als einen unbedingten Anspruch. In solchen Erfahrungen unseres Lebens „haben wir die Erfahrung des Geistes gemacht, ... die Erfahrung der Ewigkeit, die Erfahrung, daß der Mensch mehr ist als ein Stück dieser zeitlichen Welt, die Erfahrung, daß der Sinn des Menschen nicht im Sinn und Glück dieser Welt aufgeht, die Erfahrung des Wagnisses und des abspringenden Vertrauens, das eigentlich keine ausweisbare, dem Erfolg dieser Welt entnommene Begründung mehr hat ... und wenn wir diese Erfahrung des Geistes machen, dann haben wir (wir als Christen mindestens, die im Glauben leben) auch schon *faktisch* die Erfahrung des „Übernatürlichen gemacht"[11].
Diese Sicht des Verhältnisses von Natur und Gnade ist die Grundlage für die sogenannte anthropologische Wende der Theologie, die das Zweite Vatikanische Konzil für die Gesamtkirche verpflichtend vollzogen hat. Eine Religionspädagogik, die in der Erschließung dieser Tiefendimension menschlichen Lebens das primäre Ziel religiöser Erziehung erblickt, muß sich also nicht allein auf die Religionsphilosophie Paul Tillichs beziehen, sondern steht auch in einer genuinen Tradition katholischer Theologie. Davon wird im Schlußteil des Buches genauer zu sprechen sein.

[11] K. Rahner, Über die Erfahrung der Gnade, S. 107/108, in: Schriften zur Theologie III, 2. Aufl. Einsiedeln 1957, S. 105–109. Vgl. dazu den Schlußteil des Buches, wo auf das für das religiöse Lernen in der weltanschaulich pluralen Gesellschaft notwendige Offenbarungsverständnis reflektiert wird.

1.1.3. Religion und Religiosität – eine „objektive" (neutrale) Gegebenheit?

Die Rede vom allgemeinen und weiten Religionsbegriff erweckt vielfach den Eindruck, als sei dieser Begriff „allgemein-gültig", „objektiv", unabhängig von einer bestimmten geschichtlichen Religion und ihrer Tradition gebildet. Die Tillichschen Formulierungen erwecken tatsächlich bisweilen diesen Eindruck. Sein Religionsbegriff erscheint bisweilen als eine Kategorie, die sich mehr auf eine allgemeine Religionswissenschaft und Religionsphilosophie bezieht, als auf die Theologie und die christlichen Traditionen.

Tatsächlich ist, wie noch näher zu zeigen sein wird, von einigen Religionspädagogen der weite Religionsbegriff gerade in dieser Tendenz verstanden und aufgegriffen worden, eben aus dem Bemühen heraus, in der weltanschaulich pluralen Gesellschaft einen Standpunkt zu finden, von dem aus eine Theorie religiöser Erziehung entworfen werden kann, die nicht mehr an eine der konkreten, in unserer Gesellschaft miteinander konkurrierenden Religionen und Weltanschauungen und deren Traditionen (die ihre globale allgemeine Geltung verloren haben) gebunden ist. Damit wäre eine religiöse Erziehung dieser Art leichter als für jeden notwendig und verbindlich einzusehen. Ihre unterrichtliche Erschließung in öffentlich-staatlichen Schulen wäre dann als Schulfach unabhängig von den christlichen Kirchen, unabhängig auch von der Konfessionalität der Schüler und gleichermaßen für alle verpflichtend.

Es ist jedoch fraglich, ob der weite Religionsbegriff, selbst dann, wenn man ihn (was ebenso gut möglich wäre) nicht von K. Rahner, sondern von P. Tillich ableitet, tatsächlich eine solche überparteiliche Geltung beanspruchen kann und überhaupt von sich aus beanspruchen möchte. In dieser Frage ist auf jene Aussagen Tillichs zu achten, in denen er davor warnt, Religion und Religiosität rein formal als abstraktes Existential zu verstehen und dem Bereich des subjektiven Gefühls zuzuordnen: „Ohne einen letzten Inhalt geht die Religion zugrunde"[12]. Am Anfang seines Aufsatzes über „Religion und Kul-

[12] P. Tillich, Verlorene Dimension, a.a.O., S. 26.

tur"[13] sagt Tillich sehr eindeutig, worin für ihn dieser notwendige Inhalt der Religion besteht: „Gott ist der Name für den Inhalt dessen, was uns unbedingt angeht ... Das Christentum stellt den Anspruch, daß Gott, der in Jesus, dem Christus, offenbar wurde, der wahre Gott sei, und daher der wahre Gegenstand eines letzten und unbedingten Anliegens. Er ist der Maßstab für alle anderen Götter, die an ihm gemessen nicht Gegenstand des letzten und unbedingten Anliegens sein können. Werden sie doch dazu gemacht, werden sie zu Götzen"[14].

Diese Rede von dem in Jesus Christus offenbar gewordenen Gott als dem „wahren Gegenstand" des unbedingten Anliegens des Menschen und damit der Religion steht in einem gewissen Widerspruch zu der obengenannten Kritik Tillichs an der Rede von Gott als einem existierenden „höchstenWesen", das so zum Ding unter anderen Dingen wird. Ist hier der in Christus geoffenbarte Gott nicht auch „Gegenstand"?

Bezeichnenderweise sucht Tillich diesem Widerspruch dadurch zu begegnen, daß er auf die Überlieferungen einer bestimmten Religion, nämlich der jüdisch-christlichen, zurückgreift. Er sieht in dem Grundgebot des Alten und Neuen Testaments „Du sollst den Herrn, Deinen Gott liebhaben von ganzem Herzen, von ganzer Seele, von allem Vermögen" (5 Mose 6,5) einen Hinweis darauf, daß der Gott dieser Tradition eben nicht ein „Gegenstand" unter anderen Gegenständen sein kann, den ich in Distanz zu mir halten und über dessen Existenz oder Nicht-Existenz ich rationale Erörterungen anstellen könnte, sondern „das, was unbedingt angeht und was uns allein unbedingt angehen sollte"[15]. Dieses Paradox, daß Gott einmal als „Gegenstand" gedacht und einmal nicht als Gegenstand gedacht werden kann, ist begründet in der symbolischen Redeweise, in der die Bibel von Gott spricht: „Er ist einmal das, was unsere Erfahrung des Person-Seins unendlich transzendiert und zugleich das, was unserem Person-Sein so adäquat ist, daß wir ‚Du' zu ihm sagen und zu ihm beten können. Beide Elemente müssen erhalten bleiben.

[13] Ebenda, S. 56–71.
[14] Ebenda, S. 56.
[15] Ebenda, S. 56.

Haben wir nur das Element des Unbedingten, so ist keine Beziehung zu Gott möglich. Bleibt nur die Ich-Du-Beziehung, wie wir heute sagen, so verlieren wir das Element des Göttlichen, des Unbedingten, welches Subjekt und Objekt und alle anderen Polaritäten transzendiert"[16].

In dem „prophetischen Prinzip" der jüdisch-christlichen Tradition sieht Tillich sein Anliegen begründet, Religion und Religiosität nicht mit den Institutionen, Riten und Lehrsätzen einer konkreten geschichtlichen Religionsgemeinschaft zu identifizieren. „Es ist das Wort der alten jüdischen Propheten gegen die Priester, Könige und falschen Propheten, die Hüter ihrer nationalen Religion, die verderbte Institutionen und Politik weihten, ohne sie unter das göttliche Gericht zu stellen. Dasselbe richtende Wort muß heute über unsere religiösen Institutionen und über unser politisches Handeln gesprochen werden"[17]. Tillich sieht also in der jüdisch-christlichen Tradition eine durchgehende Tendenz (eben das „prophetische Prinzip"), die jeweiligen konkreten geschichtlichen Formen von Religion, die institutionalisierten Riten und Verhaltensweisen zu durchstoßen und sie von der Erfahrung des Unbedingten her zu relativieren. Für Tillich ist diese religionskritische Tendenz im Christentum (und Judentum) so zentral, daß er erklärt, das Christentum sei gar keine Religion und man müsse gegen alles ankämpfen, wodurch es zu einer Religion würde[18].

Die Diskrepanz zwischen einem weiten, ontologisch abgesicherten Begriff von Religion, der die konkreten geschichtlichen Religionen und auch die geschichtlich herausgewachsenen Institutionen christlicher Überlieferung übergreift und von ihnen unabhängig ist und einer Begründung eben dieses Religionsbegriffs aus der prophetischen Tradition innerhalb der jüdisch-christlichen Überlieferung ist in Tillichs Werk nicht geklärt. Es ist also nicht möglich, unter Berufung auf Paul Tillich einen eindeutig traditions*unabhängigen* Reli-

[16] Ebenda, S. 48/49.

[17] Ebenda, S. 31; vgl. auch S. 70, wo Tillich von der prophetischen Rolle der Kirche in unserer Gesellschaft spricht.

[18] Das Christentum und die Begegnung der Weltreligionen, Stuttgart 1964, S. 53.

gionsbegriff in die Religionspädagogik einzuführen und religiöse Erziehung von da aus zu begründen.
Angesichts des ungeklärten Verhältnisses von Religiosität als einem allgemeinen menschlichen Existential und der geschichtlichen religiösen Überlieferung in der Religionsphilosophie Paul Tillichs stellt sich die Frage, ob ein ungeschichtlicher, traditionsunabhängiger, rein anthropologisch grundgelegter Religionsbegriff überhaupt möglich und vollziehbar ist. Ist es nicht vielmehr so, daß ein Mensch, der sich der Tiefendimension seines Lebens zuwendet, sich der Frage nach dem Sinn seines Lebens und der Gesellschaft konfrontiert, dies gar nicht anders *kann,* als daß er dabei geführt und geleitet wird von einer bestimmten geschichtlichen Tradition solchen Fragens (so wie eben Paul Tillich von der jüdisch-christlichen Tradition in seinem Denken geleitet wurde)?
Hier kommt der sogenannte „hermeneutische Zirkel", die typische Figur menschlichen Verstehens, zum Tragen: Ich kann mich einer Sache nur dann verstehend nähern, wenn ich schon ein Vorverständnis dieser selben Sache besitze. Je konkreter und gegenständlicher mir dann das zu erkennende Objekt gegenübersteht, desto eher ist es möglich, dieses mein vorausgesetztes Vorverständnis in der Konfrontation mit dem Gegenstand selbst (z.B. durch empirische Untersuchungen) zu revidieren und abzubauen und so zu einer möglichst „objektiven" Erkenntnis zu kommen. Da indes das „Objekt" religiösen Erkennens und Verstehens, wie oben gezeigt, kein Ding unter anderen Dingen dieser Welt ist und nur in einem sehr eingeschränkten Sinne als „Gegenstand" angesprochen werden kann, ist es auf diesem Gebiet nicht möglich, vollständig von dem mitgebrachten und vorausgesetzten Vorverständnis zu abstrahieren und sich letztlich von ihm unabhängig zu machen. Solche Unabhängigkeit von einer geschichtlichen religiösen Tradition würde vielmehr den religiösen Verstehensvorgang unmöglich machen und eben das tun, was Tillich vermeiden möchte: nämlich das, was uns in der Tiefe des Daseins angeht, zu einem Gegenstand unter anderen Gegenständen degradieren. Das Unbedingte wäre dann nicht mehr unbedingt. Das Unbedingte erweist die Unbedingtheit seines Anspruchs gerade darin, daß es von dem, der sich ihm verstehend nähern will, fordert, daß er sich vorher als Bedingung dieses Verstehens auf eine geschichtliche

religiöse Tradition einläßt und zwar so, daß er im Erkenntnisvorgang selbst nie mehr ganz davon abstrahieren kann.
Eine solche hermeneutische Einengung des weiten Religionsbegriffs ist religionspädagogisch weittragender als seine ebenfalls mögliche Einengung durch eine phänomenologische Sichtweise, wonach Religion bestimmt ist als „die Gesamtheit der Erscheinungen, in denen Menschen das Bewußtsein der radikalen Endlichkeit ihrer Existenz und deren realen Überwindung ausdrücken"[18a]. Diese Ausrichtung auf religiöse Phänomene und Institutionen („Erscheinungen") hat zwar den Vorteil, daß nach einem solchen Religionsverständnis ein dezidiert atheistisches Lebensverständnis (etwa existentialistischer Prägung) nicht auch noch als „religiös" bezeichnet werden muß; sie bezahlt aber diesen „Vorteil" damit, daß sie umgekehrt jenen heute sehr zahlreichen Menschen eine religiöse Lebenseinstellung absprechen muß, die sich in freier Anlehnung an christliche Traditionen aufgrund ihres radikalen Engagements für den Mitmenschen und vielleicht aufgrund einer tiefen Empfänglichkeit für die Welt der Natur und der Kunst selbst als religiös verstehen, ohne diesem Selbstverständnis in bestimmten, institutionalisierten Riten und Verhaltensweisen einen Ausdruck zu geben. Warum sollen diese Menschen sich nicht als religiös verstehen dürfen? Es gibt eben so viele Definitionen von Religion, als es Menschen gibt, die sich selbst religiös verstehen. Eine wie immer geartete *objektive* Definition von Religion kann es nicht geben. Jedes Religionsverständnis ist lediglich (da freilich zwingend notwendig) eingegrenzt durch die Tradition, von der das je eigene Selbstverständnis des Religiösen bestimmt ist. Dies gilt auch für den Tillichschen Religionsbegriff.
Diese Einsicht hat wichtige Konsequenzen für die Theorie einer religiösen Erziehung in der weltanschaulich pluralen Gesellschaft. Sie bedeutet, daß auch eine religiöse Erziehung, deren Ziel nicht mehr darin liegt, den Heranwachsenden in eine das individuelle und gesellschaftliche Leben umgreifende transzendente Sinnstruktur einzuwei-

[18a] H. Schrödter, Die Religion der Religionspädagogik, Zürich–Einsiedeln–Köln 1975, S. 83.

sen (und ihn dadurch in die dieser Sinnstruktur zugrunde liegende Religion zu sozialisieren), sondern ihn in einer freilassenden Weise mit der Sinndimension seines Lebens vertraut zu machen, sich nicht unabhängig von einer bestimmten religiösen Tradition entwerfen kann: Eine religiöse Erziehung, die nicht bloß eine warenhausähnliche Übersicht über religiöse Phänomene und Überzeugungen geben will, sondern Religion und Religiosität als Tiefendimension menschlichen Lebens, als das, was unbedingt angeht, zu erschließen sucht, kann sich nicht auf eine neutrale Religionswissenschaft als ihre Bezugswissenschaft rückbeziehen. Da der Begriff von Religion als der Tiefendimension menschlichen Lebens, wie gezeigt, wesentlich aus der jüdisch-christlichen Tradition religiösen Denkens gewonnen ist und da diese Tradition auch die Wertmuster und Basis-Überzeugungen geprägt hat, die bei aller weltanschaulicher Pluralität noch eine Verständigung in unserer Gesellschaft ermöglichen, besteht diese notwendige Bezugswissenschaft vielmehr in den christlichen Theologien. Da diese Theologien aber ihrerseits wieder rückgebunden sind an konkrete Religionsgemeinschaften , in denen diese Tradition lebendig erhalten wird, also auf die katholischen bzw. evangelischen Kirchengemeinden, bedeutet dies, daß religiöse Erziehung auch in der weltanschaulich-pluralen Gesellschaft nicht ohne konstitutive Mitwirkung dieser Religionsgemeinschaften auskommen kann.

1.2. Die Auseinandersetzung um den sogenannten „weiten Religionsbegriff" in der neueren Religionspädagogik.

Die aufgezeigte Problematik, die eine religionspädagogische Verwendung des weiten Religionsbegriffs beinhaltet, drückt sich in der Art der religionspädagogischen Theoriebildung aus, die an dieses Religionsverständnis anknüpft. Ein erster Ansatz verbindet mit der Weite und Allgemeinheit dieses Begriffes von Religion gleichzeitig auch seine Unabhängigkeit von christlicher Tradition, Theologie und Kirche und versucht eine entsprechende, nicht mehr kirchlich und theologisch vermittelte religiöse Erziehung zu begründen. Hauptsächlich katholische Religionspädagogen greifen zwar in ihrer Theoriebildung den weiten Religionsbegriff auf, sehen diesen jedoch

rückverwiesen auf die christliche Tradition und konzipieren deshalb eine religiöse Erziehung, die zwar „weit" ist (d. h. alle angeht und Hilfe zur Sinnfindung bedeutet), dabei aber doch an christliche Tradition, Kirche und Theologie rückgebunden bleibt. Im Fortgang der Rezeption des weiten Religionsbegriffs wird dann vor allem unter geistesgeschichtlichem Aspekt die mögliche Verwendung dieses Begriffes grundsätzlich in Frage gestellt. Dennoch setzt sich schließlich eine zwar weite, aber an Tradition rückgebundene Verwendung des weiten Religionsverständnisses im Synodenbeschluß zum schulischen Religionsunterricht und damit zumindest in der katholischen Religionspädagogik durch.
Diese Grundlinien der Rezeption des weiten Religionsbegriffs in der neueren Religionspädagogik sollen im vorliegenden Kapitel in den wichtigsten Zügen verfolgt und bewertet werden.

1.2.1. Religion unabhängig von Tradition, Theologie und Kirche

In seinem Aufsatz „Der Einfluß Tillichs auf die Religionspädagogik" hat Werner Jentsch[19] schon eine frühere, noch von der Curriculumforschung unabhängige religionspädagogische Beschäftigung mit dem Religionsbegriff Paul Tillichs nachgewiesen. Den eigentlichen Anstoß zur Erkenntnis der Notwendigkeit, religiöse Erziehung in der weltanschaulich pluralen Gesellschaft auf eine neue Grundlage zu stellen, gab jedoch das Buch von Hubertus Halbfas „Fundamentalkatechetik" aus dem Jahre 1968. Schon vorher hatte Halbfas unter Berufung auf Tillich den Religionsbegriff zu rehabilitieren versucht[20]. Aber erst in der „Fundamentalkatechetik" geht er konsequent daran, die Religionspädagogik von einem fundamentalen Religionsbegriff im Sinne Paul Tillichs her grundzulegen. Auch wenn dabei der Bezug zu Tillich nicht jedesmal genannt wird, prägt und

[19] W. Jentsch, Der Einfluß Tillichs auf die Religionspädagogik, in: Der Evangelische Erzieher, 1970, S. 345–365.
[20] Vgl. H. Halbfas, Der Religionsunterrricht. Didaktische und psychologische Konturen, Düsseldorf, 2. Aufl. 1966, S. 19.

durchformt er doch das ganze Werk. Für Halbfas ist der Mensch immer dann „religiös", wenn er sich „einläßt auf die Unergründlichkeit des eigenen Wesens und sich in der erkannten Verfügtheit bejaht"[21]. Religiosität ist „Erschlossenheit für die Dimension der Tiefe im Menschen"[22].

Dabei unterscheidet Halbfas genauer als Tillich zwischen „Religiosität" und „Religion". Während er mit Religion stärker auf die geschichtlichen Verwirklichungen des menschlichen Angesprochenseins vom Unbedingten hinweist, bezieht er den Begriff „Religiosität" unbeschränkt auf eine ontologisch im Menschen angelegte Offenheit für diesen Anspruch. Religiosität ist eine Zeiten, Wandlungen und Geschichte überdauernde und ihnen vorgegebene Grundgegebenheit des Menschen. „Obwohl alles zurückgelassen werden mag, was die heutige Gestalt der Religion bestimmt, die neue, dem modernen Menschen und seiner Gesellschaft adäquate Säkularität des Glaubens ist in der dann je gegebenen Gestalthaftigkeit ebenfalls wieder Religion[23].

Religiöse Erziehung als Aufgabe der weltanschaulich pluralen Gesellschaft versteht Halbfas ausschließlich als Erziehung zu dieser so verstandenen Religiosität. Dabei schließt er ein, daß eine auf diese Weise im Menschen geweckte Religiosität diesen auch zu einer Ablehnung der in unserer Kultur vorgegebenen konkreten religiösen Lebensformen motivieren kann: „Die Distanz zu den geschichtlichen Religionen und der Auszug aus den religiösen Konventionen können Zeichen wacher und gewissenhafter Religiosität sein"[24]. Halbfas versteht eine solche Religiosität als Grundgegebenheit des Menschen, die *unabhänigig* von geschichtlichen religiösen Traditionen gewonnen und entfaltet werden kann. Konsequent zu diesem traditionsunabhängigen Verständnis von Religiosität entwickelt Halbfas die Konzeption einer religiösen Erziehung, die in ihrer Begründung unabhängig ist von der christlichen Überlieferung und von den christlichen Kirchen. Bezugswissenschaft einer solchen Religionspädago-

[21] Fundamentalkatechetik, 2. Aufl. Düsseldorf 1970, a.a.O., S. 25.
[22] Ebenda, S. 25.
[23] Ebenda, S. 44.
[24] Ebenda, S. 25.

gik ist nicht mehr die katholische oder evangelische Theologie, sondern eine allgemeine Religionswissenschaft[25].

Auf evangelischer Seite hat wenig später das Pädagogisch-Theologische Institut Kassel unter der Leitung von Siegfried Vierzig in ähnlicher Weise an das Tillichsche Religionsverständnis angeknüpft. Auch für ihn ist die Fähigkeit des Menschen, in den jeweiligen Entscheidungs- und Konfliktsituationen seines Lebens einen unbedingten Anspruch zu vernehmen, unabhängig von vorgegebenen religiösen Traditionen zu erheben und zu entfalten. Ja, er sieht umgekehrt in dieser Fähigkeit die Bedingung der Möglichkeit, konkrete Religionen und ihre geschichtlichen Traditionen zu verstehen. Von daher leitet er jenes bekannte „Globalziel" für den schulischen Religionsunterricht ab, das vielen Unterrichtsmodellen voransteht und später auch von H. Halbfas übernommen wurde[26]: Ziel der religiösen Erziehung in der weltanschaulich pluralen Schule ist die „Fähigkeit, die religiöse Frage in den jeweiligen Entscheidungs- und Konfliktsituationen zu stellen und in Auseinandersetzung mit vorgegebenen Antworten religiöser und weltanschaulicher Traditionen, vornehmlich der biblischen Botschaft, zu einer eigenen Antwort zu kommen"[27]. So bemüht sich Vierzig, eine unanfechtbare Begründung für den Religionsunterricht als schulisches Fach zu gewinnen, allerdings um den Preis, daß eine in seinem Sinne verstandene religiöse Erziehung nicht mehr der vorgegebenen Basis einer konkreten religiösen Tradition und Institution bedarf, sondern auf neutraler, anthropologischer Grundlage steht.

Am deutlichsten und ausgeprägtesten kommt diese Tendenz in den frühen Veröffentlichungen von Wolfgang G. Esser zum Ausdruck. Für ihn ist bei Halbfas und Vierzig die Loslösung von der geschichtlichen religiösen Tradition noch zu wenig durchgehalten[28]. Religiosität

[25] Vgl. H. Halbfas, Religionspädagogik und Katechetik, in: Kat. Bl. Heft 6/1972, S. 331–343.

[26] Vgl. H. Halbfas, Aufklärung und Widerstand, Düsseldorf 1971, S. 107.

[27] S. Vierzig/E. Kreis, Lernziele des Religionsunterrichts, in: Stachel/Esser (Hg.), Lernziele und Religionsunterricht, Einsiedeln–Zürich–Köln 1971, S. 57–72, hier S. 61.

[28] Vgl. W. G. Esser, Religionsunterricht, Düsseldorf 1973, S. 81.

ist für ihn eine „anthropologische Grundkategorie", ein „Grundphänomen menschlichen Daseins, die Grundverfaßtheit und Grundbefindlichkeit des Menschen"[29], die auch nicht (wie noch bei Vierzig und Halbfas) auf die neutral bleibende Auseinandersetzung mit den religiösen Antwortversuchen der konkreten geschichtlichen Religionen angewiesen ist[30]. Zwar lehnt Esser eine inhaltliche Einbeziehung und kritische Reflexion konkreter religiöser Traditionen und Lebensformen nicht ab, aber diese sind für ihn (weniger noch als für Halbfas und Vierzig) kein konstitutives Element einer religiösen Erziehung in der weltanschaulich pluralen Gesellschaft. Eine „fundamental-anthropologische Religionspädagogik" zielt letztlich allein „auf Erhellung des menschlich-geschichtlichen Daseins als bleibende Frage und bleibendes Gefragtsein"[31].
In jüngeren Veröffentlichungen stellt Esser dar, daß die „von und in einer Situation gestellte ‚radikale' Frage auf Antwort drängt" und daß deshalb schon auf der „fundamentalen Erschließungsebene" des Religionsunterrichts Religiosität auf Konfessionalität „hindrängt": „Die Er-Kenntnis der offenen Frage drängt auf Be-Kenntnis umgreifender Antwort"[32]. Er unterscheidet jedoch nicht zwischen der Ausgangs- und Verständnisebene des Schülers im Religionsunterricht und der Ausgangs- und Verständnisebene einer religionspädagogischen Theoriebildung und sieht deshalb nicht, daß letztere auch dann von einer konkreten religiösen Tradition ausgehen kann und muß, wenn späterhin die so gefundene Theorie die erstgenannte Erschließungsebene des konkreten Unterrichts als allgemein-anthropologisch charakterisiert.

[29] Ebenda, S. 93.
[30] So wirft er Halbfas und Vierzig einen „Traditionspositivismus" vor, ebenda, S. 81.
[31] Ebenda, S. 153.
[32] Vgl. W. G. Esser, Religiosität und Kofessionalität. Die Bekenntnisperspektive auf der fundamentalen Erschließungsebene des Religionsunterrichts, in: Ders. (Hg.), Religionsunterricht und Konfessionalität, München 1975, S. 254–278.

1.2.2. Religion weit gefaßt, aber gebunden an christliche Tradition, Theologie und Kirche.

Das Bemühen, religiöse Erziehung in der weltanschaulich pluralen Gesellschaft von jenem Punkt her zu konzipieren, der am Ursprung der geschichtlichen Religionen steht und als Sinndimension menschlichen Lebens umschrieben werden kann, durchzieht fast alle religionspädagogischen Veröffentlichungen der letzten Jahre. Bisweilen geschieht dies ohne ausdrückliche Anknüpfung an Paul Tillich oder Karl Rahner, aber doch so, daß der Sache nach wesentliche Elemente des Tillichschen Religionsverständnisses in die Erörterungen mit einfließen.

So hebt z. B. A. Exeler (ohne sich in der betreffenden Veröffentlichung ausdrücklich auf Tillich zu berufen), als wesentliche Elemente eines unverkürzten Begriffs von Religion hervor:

> „a) Die Betroffenheit des Menschen durch die Tatsache, daß er in der Tiefe seines Selbst und seiner Welt einem Geheimnis konfrontiert ist, das für menschliches Dasein Sinn erschließt und zugleich den Menschen in letzter Verbindlichkeit beansprucht. Solche Betroffenheit, die das gesamte Dasein betrifft, enthält zugleich die Momente des Erschrekkens und der Beseligung, des Empfangens und der Beanspruchung.
>
> b) Die Antwort des Menschen auf die genannte Betroffenheit besteht nicht nur in besonderen Zeichen der Verehrung des absoluten Geheimnisses, in individuellen und gemeinsamen, tradierten und spontanen Zeichen, sondern darüberhinaus im gesamten Lebensvollzug, im individuellen wie im sozialen Verhalten. – Religiöse Erziehung bedeutet dementsprechend: a) Die Hilfestellung dazu, solche Betroffenheit erfahren zu können; b) Die Anleitung dazu, in angemessener Weise auf diese Erfahrung antworten zu können“[33].

Ähnlich bestimmt Günter Stachel (ebenfalls an dieser Stelle ohne ausdrückliche Anknüpfung an Tillich) Religion als eine *„Ganzheits-*

[33] A. Exeler, Religiöse Erziehung in der säkularisierten Gesellschaft, in: Kat. Bl. Heft 12/1973, S. 726.

funktion" (und gerade nicht als einen „Überbau"), der es um die Zukunft des Menschen und um den Sinn des Menschenlebens geht[34]:

> „Die Fragen nach dem Menschen, seinem Leben, dem Sinn seines Lebens, der möglichen Zukunft seines Lebens wachzumachen und wachzuhalten ... ist Aufgabe der religiösen Erziehung. Insofern erzieht religiöse Erziehung zur intensivsten Form des Fragens"[35].

An anderer Stelle weist Stachel ausdrücklich darauf hin, daß eine so verstandene religiöse Erziehung mit Recht Anleihen bei Tillich und Schleiermacher, auf den er Tillich zurückbezieht, macht[36].
Auch das dreibändige „Handbuch der Religionspädagogik"[37] knüpft positiv am Religionsverständis Paul Tillichs an. In seiner „einführenden Grundorientierung" weist Erich Feifel, der Schriftleiter des Werkes, ausdrücklich darauf hin, daß die Autoren des Handbuches zwar als „Erzieher" für den christlichen Glauben in seiner evangelischen oder katholischen Gestalt wirken, aber sich gehalten sehen, eine Entwicklung zu verstehen und zu interpretieren, die außerkirchliche religiöse Erziehung zu einer realen Aufgabe macht.

> „Es kommt uns darauf an, eine gemeinsame Basis für Sinnsuche, zur Ermöglichung von Hoffnung, zur Rettung des Menschen, zum Freisetzen für die Hingabe an andere und den Einsatz für die Gesellschaft zu finden und zu beschreiben, ohne deshalb eine Unabhängigkeit der auf das Christentum bezogenen religiösen Erziehung von der Institution Kirche zu behaupten. Wir verstehen also unter Religion mit Tillich ‚das Herz der Kultur', die ‚Tiefe der Wirklichkeit', ‚das , was unbedingt angeht'"[38].

Im Unterschied zu Halbfas, Vierzig und Esser verbinden also die letztgenannten Autoren mit ihrer Anknüpfung an den Religionsbe-

[34] G. Stachel, Das Was und das Wie religiöser Erziehung, in: G. Stachel/W. G. Esser, Was ist Religionspädagogik, Zürich–Einsiedeln–Köln 1971, S. 67.
[35] Ebenda, S. 69.
[36] G. Stachel, Curriculum und Religionsunterricht, Zürich–Einsiedeln–Köln 1971, S. 195.
[37] E. Feifel u. a. (Hg.), Handbuch der Religionspädagogik, Zürich–Einsiedeln–Köln–Gütersloh 1973–1975.
[38] Ebenda, S. 22.

griff Paul Tillichs nicht gleichzeitig auch die Tendenz, religiöse Erziehung unabhängig von der vorgegebenen religiösen Tradition und den vorgegebenen Religionsgemeinschaften zu machen. Stachel und Feifel weisen dabei ausdrücklich darauf hin, daß eine solche Tendenz nur aus einem verkürzten Tillichverständnis zu gewinnen ist, sofern sie das „protestantische" oder „prophetische Prinzip" bei Tillich verschweigt, wonach gerade der christliche Glaube und die prophetische Tradition des Christentums den Blick dafür öffnen, daß Religion und Religiosität die konkreten Formen religiöser Institutionen und religiösen Lebens transzendieren. Darum ist es unmöglich, den christlichen Glauben aus der Tiefendimension menschlichen Lebens abzuleiten, ihn aus einer Analyse des menschlichen Seins oder der menschlichen Situation zu gewinnen, weil *eben dieser Glaube* und seine Tradition erst den Blick für das öffnen, was der Mensch in seiner Tiefe ist[39].

1.2.3. Die grundsätzliche Infragestellung des weiten Religionsbegriffs und der Beschluß der Synode.

Hauptsächlich im Zuge der Auseinandersetzung um den Beschluß der Gemeinsamen Synode der Bistümer in der Bundesrepublik Deutschland zum Religionsunterricht in der Schule bekam die Kritik an einer ungeschichtlich-ontologischen Entfaltung eines auf Tillich zurückgehenden weiten und allgemeinen Religionsverständnisses immer mehr an Gewicht. Stimmen wurden laut, welche in der Verwendung eines an Tillich anknüpfenden weiten und allgemeinen Religionsbegriffs den Rückfall in ein aufklärerisches und romantizistisches Religionsverständnis sehen. Tillich wird dabei in eine Reihe gestellt mit Rudolf Ott, Ernst Troeltsch, Otto Hermann, Albrecht Ritschl und Schleiermacher und als Vertreter der liberalen Theologie und des Kulturprotestantismus gedeutet. Dieser Richtung komme es darauf an, den „Skandal geschichtlich-zufälliger Abhängigkeit christ-

[39] Vgl. E. Feifel, in: Handbuch der Religionspädagogik, Bd. 1, a.a.O., S. 40 und G. Stachel, Curriculum und Religionsunterricht, a.a.O., S. 199.

lichen Glaubens zu umgehen, zugunsten einer seriösen Religion der Gebildeten"[40]. Eine solche Anknüpfung gebe das Spezifische des christlichen Glaubens auf, das gerade darin bestehe, den Menschen von den Mächten und Gewalten zu befreien, die den Sinn seines Lebens in Frage stellen und ihn verzweifelt nach einer Möglichkeit der Bewältigung dieser Mächte suchen lassen. Christliche Tradition könne nicht einen allgemeinen Religionsbegriff begründen, sondern sei gerade die Befreiung des Menschen aus der religiösen Abhängigkeit.

Diese Kritik, die in die Zeit zwischen der Abfassung der ersten Synodenvorlage zum schulischen Religionsunterricht und der Beschlußfassung über diese Vorlage fällt, findet ihren Ausdruck in den Veränderungen, welche die Beschlußfassung gegenüber der Vorlage aufweist. Wohl knüpft auch noch in der Beschlußfassung des Synodentextes religiöse Erziehung an jenen Situationen und Erfahrungen menschlichen Lebens an, die zur Sinndeutung herausfordern und den Menschen „unbedingt angehen": Zeugung, Geburt, Tod, Angst, Glück, Schuld, Armut, Hunger, Krieg, Frieden, Gerechtigkeit und ähnliche Kategorien werden zur Kennzeichnung solcher Situationen und Erfahrungen genannt. „Die ‚religiöse' Dimension solcher Dimensionen und Erfahrungen ausklammern, hieße den Menschen verkümmern lassen"[41]. Während jedoch die Vorlage noch beinahe durchgängig „von Religion und Glaube" als identischen Begriffen sprach und *beide* als „‚Weltdeutung' oder ‚Sinngebung durch Transzendenzbezug'" definierte, übernimmt der Beschlußtext zwar diese Definition, schränkt sie aber auf den Begriff Religion ein[42].

Wichtig ist auch, daß in der Vorlage diese Überlegungen zum weiten Religionsbegriff noch undifferenziert unter dem Titel „Funktion des

[40] E. Feil, Zur Problematik der gegenwärtigen Renaissance des Religionsbegriffs, in: Stimmen der Zeit, Heft 10/1974, S. 672– 688; ähnlich F. X. Bantle, Paul Tillich und der katholische Religionsunterricht, in: Lebendige Seelsorge, 1974, S. 251; und, allerdings weitaus differenzierter H. Hammans, Neue Religion im Religionsunterricht, in: Zeitschrift für katholische Theologie, Heft 1/2, 1975, S. 145–166.

[41] Der Religionsunterricht in der Schule, Beschluß, in: Zeitschrift Synode, Heft 1/1975, S. 93.

[42] Ebenda, S. 93.

Religionsunterrichts" vereint waren, während der Beschlußtext unter dem Titel „Religionsunterricht aus pädagogischer Sicht" unter pädagogisch-didaktischem Aspekt das Tillichsche Religionsverständnis aufgreift, eben dieses Verständnis dann aber in einem neu hinzugefügten Abschnitt (2.4. „Religionsunterricht aus theologischer Sicht") theologisch begründet und dadurch zum Ausdruck bringt, daß dieses Religionsverständnis sich trotz seiner inhaltlichen Weite und Allgemeinheit letztlich nur aus der christlichen Tradition heraus gewinnen läßt. Dem entspricht dann, daß der Beschlußtext gegenüber der Vorlage die kirchliche Verantwortung für diesen Unterricht stärker betont.

1.3. Das Verhältnis von Religion und christlichem Glauben im religiösen Lernprozeß.

Zumindest im katholischen Bereich hat sich eine religionspädagogische Theoriebildung durchgesetzt, die den Religionsbegriff zwar in seiner weiten Bedeutung verwendet, aber dabei dieses Verständnis von Religion an die christliche Glaubensüberlieferung rückgebunden weiß. In diesem Verständnis von religiöser Erziehung stellt sich deshalb die Frage, in welchem Verhältnis Religion und Glaube im Prozeß religiösen Lernens näherhin zueinander stehen und wie beide Elemente zusammenwirken müssen, damit das Ziel religiöser Erziehung in der weltanschaulich pluralen Gesellschaft erreicht werden kann. Daran anschließend ist zu überlegen, wie sich die Bildung des Glaubens in der Gemeinde und die religiöse Erziehung für alle voneinander unterscheiden und wie sie sich gegenseitig ergänzen.

Die Frage, wie sich die christliche Glaubensüberlieferung und die (in dem aufgezeigten weiten Sinne verstandene und konkret zu erfahrende) Religiosität des Menschen zueinander verhalten und wie sie im Prozeß der religiösen Erziehung miteinander vermittelt werden können, enthüllt sich von vielen Seiten her als die Grundfrage, als das „Problem der Probleme"[43] nicht nur der gegenwärtigen Religions-

[43] K. Wegenast, Das Problem der Probleme, in: Der Evangelische Erzieher, Heft 3/1972, S. 102–125.

pädagogik, sondern der gesamten Theologie und Verkündigung: Wenn es dieser nicht gelingt, die christliche Botschaft so zu formulieren, daß sie als etwas verstanden wird, was den Menschen heute tatsächlich (und zwar „unbedingt") angeht, ihn in seinem Leben betrifft und wenn es nicht gelingt, das, wovon sich die Menschen heute faktisch als in ihrer Existenz betroffen erfahren (eben Geburt, Tod, Liebe, Glück, Armut, Krieg usw., wie es die Synodenvorlage aufzählt), als unmittelbar auf den Glauben bezogen durchsichtig zu machen, dann erstarrt die christliche Überlieferung mehr und mehr zu einem „Kunstgewerbevokabular"[44], dessen Ort nur noch das Museum und eine Museumspflege sein kann.
Der Mensch der weltanschaulich pluralen Gesellschaft entbehrt dann immer mehr einer sinngebenden religiösen Tradition, die ihm hilft, die Belastungsproben des individuellen und gesellschaftlichen Lebens zu bewältigen und der Zukunft offen und handlungsfähig gegenüberzustehen. Dieses Problem der richtigen" (d. h. theologisch verantwortbaren und gleichzeitig auch religionspädagogisch praktikablen und effektiven) Korrelation zwischen existentiellen Fragen und theologischen Antworten in seiner ganzen Bedeutung erkannt und einige wichtige grundsätzliche Leitlinien zur Problemlösung entwickelt zu haben, ist das wichtigste Ergebnis der neueren religionspädagogischen Theoriebildung. Diesen Ansätzen soll in den folgenden Kapiteln noch näher nachgegangen werden.

1.3.1. Grundsätzliche Perspektiven im Verhältnis von Religion und Glaube.

1.3.1.1. Glaube basiert auf Religion

Religionslehrer machen heute oft die Beobachtung, daß die Schüler beim Überschritt von den sie betreffenden Lebensfragen zur Be-

[44] Vgl. Martin Walser, Halbzeit, München–Zürich 1946, S. 247, wo in einer Tagebuchnotiz diese völlige Fremdheit theologischer Sprache geschildert wird und zum Ausdruck kommt, daß der Mensch heute den Glauben durch diese Sprache verliert, anstatt ihn zu gewinnen.

handlung biblischer Inhalte oder anderer Glaubenswahrheiten „abschalten“. Ihre Motivation läßt deutlich nach, fast ist es, als ginge eine Art „Vorhang“ zu, es wird in der Klasse lauter und unruhiger und der Lehrer fühlt sich genötigt, auf die in seiner Rolle als Lehrer gegebene Autorität zurückzugreifen. Religiosität im weiten Sinne des Wortes ist für die Schüler „interessant“, den „christlichen Glauben“ meinen sie schon zu kennen und stehen ihm gleichgültig, ja oft auch abwehrend gegenüber.

In der weltanschaulich pluralen Gesellschaft kann der christliche Glaube nicht mehr wie in einer weltanschaulich homogenen christlichen Kultur einfach auf das gegenständlich-alltägliche Leben als übergreifende Sinnstruktur aufgesetzt werden. Ein solcher Versuch läßt den Glauben und die Glaubensinhalte als Dinge neben anderen Dingen unserer vorwiegend in naturwissenschaftlicher Perspektive betrachteten Welt erscheinen und macht dadurch diese „Dinge“ abstrakt und nichtssagend, ja letztlich unsinnig. Der christliche Glaube kann erst dort sinnvoll artikuliert werden, wo es gelungen ist, die alltäglich-empirische Lebenssituation so zu vertiefen, daß, ob ausdrücklich oder unausdrücklich, der Mensch vor die Sinnfrage gestellt ist. Erst wo die empirisch-alltägliche Wirklichkeit nicht mehr flach daliegt, „eindimensional wie ein Punkt oder zweidimensional wie eine Fläche“, sondern wo der Mensch an jene Stellen geführt worden ist, wo diese Wirklichkeit „Erhebungen, Aufgipfelungen, Höhen und Tiefen“ gewinnt, eben an Stellen, von wo aus ein antizipierender Überblick über das Ganze des Lebens und der Welt möglich ist, kann in einer weltanschaulich pluralen Gesellschaft sinnvoll vom christlichen Glauben gesprochen werden[45]. Religion und Religiosität als die so erschlossene Tiefendimension menschlicher Lebenserfahrung ist das notwendige vermittelnde Medium, die Vermittlungsbasis, auf der sich christlicher Glaube und konkret-alltägliche Lebenserfahrung des heutigen Menschen allererst treffen und miteinander korrespondieren können.

G. Lange drückt das durch ein Buchstaben-Spiel aus, in dem er die empirisch-alltägliche Lebenssituation mit x, die religiöse Dimension

[45] Vgl. G. Lange, Religion und Glaube, in: Kat. Bl. Heft 12/1974, S. 733–750, hier S. 738.

des Lebens mit y und den christlichen Glauben mit z abkürzt und dadurch darauf hinweist, daß y immer notwendig zwischen x und z stehen muß. Werden x und z ohne die Vermittlung durch y zusammengefügt, so wirkt die Glaubensüberlieferung als Rest eines ehemaligen „Überbaus“, der deshalb letztlich sinnlos und überflüssig erscheint. Es gibt in der weltanschaulich pluralen Gesellschaft keine mögliche Vermittlung des Glaubens ohne Erschließung der religiösen Lebensdimension im Sinne des oben entfalteten weiten Religionsbegriffs. Auch eine religiöse Erziehung, die durchaus den Unterschied zwischen Religion und Glaube sieht und festhält und die Andersartigkeit des Glaubens gegenüber den religiösen Phänomenen betont, „kann sich den Weg über y nicht sparen“[46]. Denn „y ist zwar nicht der Grund für z, wohl aber die Basis von z“[47]. Deshalb besitzt eine Erziehung, der es primär um eine Erschließung der religiösen Wirklichkeitsdimension geht, durchaus auch für das Verstehenkönnen des christlichen Glaubens eine große Relevanz.

1.3.1.2. Glaube transzendiert Religion

Erschließung der als Religion zu verstehenden Tiefendimension menschlichen Lebens und überlieferter christlicher Glaube sind insofern voneinander abhängig, als die Sinnfrage der menschliche Grund ist, von dem aus die Aussagen, Bilder und Verheißungen des Glaubens geschichtlich gewachsen sind und diese deshalb heute auf die menschliche Sinnfrage treffen müssen, um einen Sinn zu bekommen und verstanden werden zu können; sie sind jedoch insofern voneinander auch unabhängig, als sich der christliche Glaube nicht aus der menschlichen Sinnfrage *ableiten* läßt, sondern als Gericht in das menschliche Fragen einbricht und dieses transzendiert[48]. Dieses Verhältnis von Religion und Glaube hält auch der Synodenbeschluß

[46] Ebenda, S. 749.
[47] Ebenda, S. 745.
[48] Vgl. E. Feifel, Handbuch der Religionspädagogik, a.a.O., S. 4, der dieses „Korrelationskriterium“ gerade im Anschluß an Paul Tillichs Religionsbegriff beschreibt.

fest: Der Glaube (und die Theologie als seine Reflexion) „muß auf die Grundsituation des Menschen eingehen. Das aber bestätigt den Menschen nicht nur, sondern stellt ihn auch in Frage“[49]. Wo der Mensch sich auf den Glauben einläßt, erfährt er, daß dieser *mehr* beinhaltet als die Explikation unserer Sinnfrage und Sinnsuche und die möglicherweise zu erwartende Antwort. Er transzendiert beides und bildet dadurch zugleich eine Anfrage an das Selbst- und Weltverständnis des Menschen[50]. Der so verstandene Glaube befreit Religiosität und Religion aus ihrer Unbestimmtheit und Anonymität, er gibt dem, was in weitem Sinne verstanden „religiös“ heißt, Profil und Kontur.

Religiosität entsteht, wenn der Mensch der in ihm angelegten Tendenz folgt, sich vor das Ganze seines Lebens und der Welt zu bringen und sich zu ihm zu verhalten. Antizipierend setzt er gleichsam eine Klammer um die vielen positiven und negativen Erfahrungen seines Lebens, auch wenn die Reihe dieser Erfahrungen noch nicht abgeschlossen ist. So vor das Ganze seines Daseins gestellt, ist der Mensch religiös. Die konkreten religiösen Traditionen geben darüberhinaus dem Menschen eine Möglichkeit, ein bestimmtes Vorzeichen vor diese Klammer zu setzen: Jüdischer Glaube setzt die Befreiung der Moses-Sippe aus der ägyptischen Knechtschaft als „großes Pluszeichen“ vor die Klammer; aus christlichem Glauben ist das Vorzeichen dann vor die Klammer gesetzt, wenn es in Leben, Tod und Auferstehung Jesu begründet ist und sich bewährt durch die Umwandlung möglichst vieler negativer Zeichen innerhalb der Klammer in Pluszeichen[51]. Mit diesem Bild macht Günther Lange plausibel, daß der christliche Glaube nicht als Gegenstand unter anderen Gegenständen und als Ereignis unter anderen Ereignissen in die lineare Reihe der menschlichen Lebenserfahrungen hineingestellt werden kann, sondern eine sinnvolle religiöse Erziehung erst jene Bewegung auslösen muß, die antizipierend Klammern um das Ganze des Lebens setzt. Erst wenn auf diese Weise der Mensch „religiös“ geworden ist, kann der christliche Glaube als ein konkretes, lebenswirksames Ereignis

[49] Synodenbeschluß „Religionsunterricht“, a.a.O., S. 95.
[50] G. Lange, a.a.O., S. 743.
[51] G. Lange, a.a.O., S. 745f.

gefaßt und verstanden werden. Trotz und in seiner transzendierenden Andersartigkeit ist der christliche Glaube, um im Vermittlungs- und Verstehensvorgang sinnvoll artikulierbar zu werden und auf das Leben einwirken zu können, auf Religiosität als Ergriffensein von der Frage nach dem Ganzen angewiesen. Der Glaube kann die Religion nur transzendieren, indem er im Vermittlungs- und Verstehensvorgang auf ihr basiert.

1.3.1.3. Glaube befreit von Religion

Das Gemeinsame von Religion und Glaube besteht darin, daß sich beide Größen auf das Ganze des Lebens und der Welt (und damit auf einen unbedingten Anspruch) beziehen. Diese ganzheitliche Sichtweise des Lebens, wie sie sowohl für den Glauben als auch für die Religion konstitutiv ist, ist durch das neuzeitliche Wirklichkeitsverständnis bedroht. Dieses identifiziert Wirklichkeit überhaupt mit empirisch erforschbarer Wirklichkeit und degradiert Religion und Glaube zu „reinen Überbau-Phänomenen, zu bloßen Interpretationen ohne Anhalt an der Wirklichkeit“[52]. Alles Nichtempirische ist in dieser Sicht bloße Deutung. Diese säkularisierte Weltsicht als Ergebnis des „fortdauernden Prozesses der Freisetzung weltlicher Verhaltens- und Bewußtseinsstrukturen aus dem Einflußbereich religiös bestimmter Vorstellungen“[53] immer neu zu durchbrechen und den Menschen schon von den ersten Lebensjahren an zu sensibilisieren „für das, was hinter dem vordergründig Feststellbaren und Handhabbaren liegt und was für den Menschen und seine Welt sinngebend ist und sie zu gemäßen Ausdrucksformen für die Beziehung des Menschen zu diesem sinngebenden Grund des Daseins anzuleiten“[54] ist ein Ziel der religiösen Erziehung, wie es Religion *und* Glaube gemeinsam fordern.

[52] Lange, a.a.O., S. 738.

[53] Das ist die Definition des Säkularisierungsprozesses nach F. Fürstenberg (Hg.), Religionssoziologie. Soziologische Texte 19, Neuwied-Berlin 1964, S. 17, hier zitiert nach A. Exeler, Religiöse Erziehung in der säkularisierten Gesellschaft, a.a.O., S. 722.

[54] A. Exeler, Religiöse Erziehung, a.a.O., S. 717.

Dabei berührt sich dieses Ziel der religiösen Erziehung in unserer Zeit mit einem allgemein zu spürenden Ungenügen und Unbehagen gegenüber der bloß empirisch verstandenen Welt; der Trend zu Psychoanalyse, Gruppendynamik, Meditation, Parapsychologie und das neu erwachte Interesse für fernöstliche Religionen ist Ausdruck dieser Tendenz.

Es gilt jedoch zu sehen, daß sich eine christlich verstandene religiöse Erziehung in einem wichtigen Punkt von diesen Tendenzen unterscheidet. Die säkularisierte, nur auf das Empirische gerichtete Weltsicht (das, wofür Lange das Zeichen x setzt) ist nämlich nicht (wie dies bei Lange erscheint) *ontologisch notwendig* der Religion und dem Glauben vorgelagert. In primitiven Kulturen finden wir diese „empirische" Lebenshaltung so gut wie überhaupt nicht vor; statt dessen besitzen diese Menschen eine für uns heute kaum verständliche und nicht mehr nachvollziehbare Offenheit für die religiöse Wirklichkeitsdimension. In jedem Berg, in jedem Strauch, in jeder alltäglichen Arbeitsverrichtung kann sich für die Erfahrung dieser Menschen das umgreifende Numinosum verdichten und in „unbedingter" Weise zu ihnen sprechen. Obwohl in solchen Kulturen durchaus eine mathematisch-naturwissenschaftliche Intelligenz vorhanden sein kann – in der griechischen Antike besaß man die notwendigen mathematischen und physikalischen Erkenntnisse, um damit einen Verbrennungsmotor zu bauen – blockiert eine solche mythisch-archaische, der religiösen Wirklichkeitsdimension hingegebene Lebenshaltung die Entwicklung einer technischen Kultur.

Die säkularisierte, „empirische" Lebenshaltung ist also nicht bloß das *Ergebnis* des technischen Forschritts und der dadurch bedingten Industrialisierung der Lebensverhältnisse, sondern sie ist in gewisser Weise auch deren *Voraussetzung*. Sie kann sich nur dort herausbilden, wo sich Menschen von dem übermächtigen Druck der sie bedrängenden Sinnfragen des Lebens befreien. Dabei ist der Druck dieser Fragen umso größer und angsterregender, je mehr sie sich vom Unbewußten her stellen, sei es, daß sie aus dem Bewußtsein verdrängt wurden, oder, wie beim Kind und beim archaischen Menschen, noch nicht klar ins Bewußtsein gelangt sind. Geburt und Tod, Glück, Gesundheit und Krankheit, Fruchtbarkeit und Hunger werden bewußt oder unbewußt in ihrer Unverfügbarkeit als (gute und böse) Mächte erlebt, die täglich in das Leben des Menschen einbrechen können und es in ihrer Ambivalenz ständig tödlich bedrohen.

Das Christentum hat dazu beigetragen, den Menschen von der Bedrohung durch diese „Mächte und Gewalten" zu befreien (vgl. Kol 2,10, Eph 1,21 u.a.) und diese als „stumme Götzen" zu entlarven (1 Kor 12,2). Denn der das Universum durchwaltende und alles mit sinnvoller Ordnung erfüllende Gott hat sich nach christlicher Überlieferung in einem *Gekreuzigten* geoffenbart und dadurch den Todes- und Chaosmächten ihre überwältigende Bedrohlichkeit genommen.

Säkulare Weltsicht und empirische Lebenshaltung, die Leben und Welt nur noch oberflächlich sehen können und den Menschen unserer Welt dazu gebracht haben, daß er sich achselzuckend von Religion und Glaube abwendet, sind mindestens teilweise *auch* von eben diesem Glauben bewirkt. Vielleicht ist das heute zu erlebende Aufkommen der sogenannten „neuen Religiosität", die sich ja auch zum nicht geringen Teil in einem neuen Satans- und Dämonenglauben und in einem neugierig-ängstlichen Interesse für parapsychologische und kosmologische Phänomene artikuliert, auch dadurch bedingt, daß der großen Masse erst heute allmählich bewußt wird, daß die letztlich doch sehr beruhigende christliche Sinn-Konstruktion nicht mehr das Leben unserer Gesellschaft überwölbt und deshalb der einzelne Mensch schonungslos der Frage nach dem Sinn und der Zukunft des Ganzen preisgegeben ist.

Einer christlich verstandenen religiösen Erziehung kann es nicht darum gehen, einen solchen sich abzeichnenden Prozeß zu unterstützen und den Menschen gewissermaßen zu einer neuen heidnischen Religiosität zu erziehen, in der er in eine lähmende Angst vor den sein Leben umgreifenden Höhen und Tiefen und vor den unkalkulierbaren Risiken der individuellen wie gesellschaftlichen Zukunft zurücksinkt.

Walter Scheel hat davon gesprochen, daß in unserer Zeit in breiten Bevölkerungsschichten eine „Verdüsterung des Lebensgefühls" festzustellen ist, die mit einer „tiefen Sinnkrise der demokratischen Gesellschaft" korrespondiert. Christlich verantwortete religiöse Erziehung muß versuchen, einer solchen Entwicklung entgegenzuwirken. Ihr Ziel kann deshalb nicht sein, unkontrolliert, sooft das nur

geht und wo es nur geht, x (die empirische Weltsicht) auf y (die religiöse Dimension) hin zu durchbrechen; denn die „Höhen und Tiefen“, die so erschlossen werden, sind ja nicht nur mögliche Einbruchstellen für einen christlichen Gottesglauben, sondern ebenso für die Geister der Hoffnungslosigkeit und der drohenden Sinnlosigkeit, die das Leben der Menschen lähmen und knechten.
Christlich verstandene religiöse Erziehung muß den Menschen dazu befähigen, daß er sich (auf der Basis religiöser Erfahrung) immer neu von der bedrohlichen Ambivalenz des Religiösen befreien und das Leben auch als „profane“, „empirisch“ zu nehmende Wirklichkeit sehen kann.

1.3.2. Das notwendige Zusammenwirken von Religion und Glaube im religiösen Lernprozeß.

Trotz der aufgezeigten Ambivalenz des Religiösen, ist genau hier, an diesen möglichen Einbruchstellen der knechtenden oder befreienden Transzendenz der notwendige Ansatzpunkt einer religiösen Erziehung in der weltanschaulich pluralen Gesellschaft. Denn den Menschen einfach in einer vordergründig-säkularen Lebenshaltung sich selber überlassen, hieße erst recht, ihn schonungslos den Mächten und Gewalten der Sinnbedrohung auszuliefern, sobald belastende Lebenssituationen ihn aus dem einlullenden Dahinleben aufschrekken und ihm zeigen, daß der Himmel über ihm leer ist. Christlich verantwortete religiöse Erziehung muß den Menschen von klein auf dazu befähigen, die letzte Ungesichertheit menschlichen Lebens zu akzeptieren und mit ihr zu leben. Das kann nicht dadurch geschehen, daß einfach „Tiefe“ erschlossen wird, sondern nur dadurch, daß Tiefe in einer Weise erschlossen wird, daß sie von Zuwendung und Vertrauen umschlossen erscheint.

Dazu ein Beispiel: Eine Gruppe von Kindern (im Kindergarten oder in der Grundschule) sitzt im Kreis und fühlt, vom Erzieher darauf aufmerksam gemacht, ihren Pulsschlag. Durch ein Stethoskop und eine Tonbandaufnahme kann das Erlebnis noch sinnfälliger gemacht werden. Dann wird ein Spiel veranstaltet: „Wer kann am längsten seinen Atem anhalten? Darauf folgt eine Version des Spiels: „Wer kann am längsten seinen Puls anhalten?“ Die Kinder machen dabei die ulkigsten Verrenkungen, erfahren aber unausweichlich, daß der Pulsschlag ihrer wissentlichen Steuerung entzogen ist. Zunächst entstehen Verwunderung und Staunen, aber dann wird bald von einigen artikuliert, daß der Puls ja gar nicht stehenbleiben *darf*, weil das betreffende Kind sonst tot ist. So erfahren die Kinder (unabhängig von der Frage, wieweit sie diese Erfahrung auch verbalisieren können), daß Pulsschlag Leben bedeutet und daß dieses im Pulsschlag zum Ausdruck kommende Leben nicht in ihrer Gewalt steht. Durch Überlegungen, wie lange denn dieser Puls schon bei den einzelnen Kindern und beim Erzieher in dieser Weise ununterbrochen schlägt und wie lange er noch so schlagen wird, kommt immer mehr das Ganze des Lebens in den Blick. Im selben Maße erscheint dieses Leben von einer unbeeinflußbaren und fremden Macht getragen und gesteuert. In dieser Phase des Lernprozesses muß der religiöse Erzieher sehr behutsam vorgehen. Er muß sorgfältig darauf achten, ob sich bei einzelnen Kindern nicht Anzeichen dafür finden, daß das anfängliche Staunen in Angst überzuwechseln beginnt und muß diese Angst durch seine Zuwendung „auffangen“: Er muß durch seine Haltung zum Ausdruck bringen, daß er Vertrauen zum Leben besitzt und muß versuchen, die Kinder in dieses sein Vertrauen einzubeziehen. Das kann er z. B. dadurch, daß er ihnen entsprechend ausgewählte Schöpfungsgeschichten (christliche und außerchristliche) erzählt, in denen der Glaube an einen guten Schöpfergott, der das Leben schafft und erhält, zum Ausdruck kommt und also Leben und Welt positiv und angstfrei gesehen werden.

Die Tiefe, die der religiöse Erzieher erschließt, muß spürbar von seinem Glauben umschlossen bleiben. Dabei geht es nicht in erster Linie darum, diesen Glauben satzhaft zu artikulieren, sondern darum, ihn in Gestik, Mimik, menschlicher Zuwendung (z. B. im Erzählen) und in herrschaftsfreier Kommunikation zum Ausdruck und zur Geltung zu bringen.
Christlich verantwortete religiöse Erziehung dieser Art wäre auch grundsätzlich mißverstanden, und in sein Gegenteil verkehrt, würde man sie so deuten, als wolle der Erzieher Kindern, Jugendlichen und Erwachsenen die Tiefendimension des Lebens erschließen, damit sie dann aus Angst vor der hier auftauchenden Bedrohung in die Arme des christlichen Glaubens fliehen und auf diese Weise das Christentum und die christlichen Kirchen „Zuwachs“ bekommen. Denn auf solche Weise gewonnene Menschen wären keine in freier Überzeu-

gung gewonnene „Christen“, sondern von Dämonen verschreckte Heiden, die sich angsterfüllt und blind in das Christentum flüchten, um der Bedrohung ihres Lebens durch die Sinnfrage zu entgehen; Christ aber kann nicht sein, wer vor dieser Frage flieht, sondern nur, wer aus der Gestalt des lebendigen und tröstenden Gekreuzigten gelernt hat, in Hoffnung mit ihr zu leben.

Christlich verantworteter religiöser Erziehung muß es also darum gehen, Menschen einer weltanschaulich pluralen Gesellschaft zu befähigen, *ohne* eine übergreifende Sinnkonstruktion mit der notwendig offen bleibenden Frage nach Sinn und Zukunft zu leben. Dazu bedarf es von klein auf einer Stärkung des kindlichen Urvertrauens, einer großen menschlichen Zuwendung und einer Einbettung in freie menschliche Kommunikation. Die zu leistende Aufgabe besteht darin, jeweils *so viel* an Einblick in die Tiefendimension des Daseins zu erschließen, als in der jeweiligen Lerngruppe von den positiven Kräften des Vertrauens, der Zuwendung und der Hoffnung noch gut verarbeitet und getragen werden kann. Je mehr dieser Lernprozeß voranschreitet, desto mehr kann der Blick für das Ganze der Wirklichkeit (und damit notwendig auch für seine Bedrohtheit) geöffnet und bewältigt werden. Auf diese Weise leistet religiöse Erziehung eine „anthropologische Entwicklungshilfe“; sie fördert die Widerstandskraft des Menschen gegen einbrechende Sinnkrisen und ermöglicht ihm ein menschlich erfülltes Leben.

Christlich verantwortete religiöse Erziehung bildet also die Korrektur sowohl einer oberflächlich positivistischen Lebenshaltung, die vor den Höhen und Tiefen des Lebens die Augen verschließt, und den Menschen in eine tiefe Sinnkrise stürzen läßt, wenn das Leben ihm die Augen gewaltsam öffnet, als auch die Korrektur einer unkontrolliert wuchernden „neuen Religiosität“, die (vielleicht sogar im Gewande einer christlich geprägten Frömmigkeit) so tut, als hätte es noch keine Erlösung von der Herrschaft der Götter und Dämonen gegeben.

In der Terminologie Günther Langes gesprochen heißt das: Es geht in der religiösen Erziehung nicht einfach darum, in linearem Fortschreiten x auf y hin zu durchstoßen und vielleicht auch noch ein Stück nach z hinein vorzudringen, sondern darum, x *so weit* auf y hin zu erschließen, als dabei der gesamte Vorgang, x wie y, von z umgrif-

fen bleiben und der Lernende, bereichert von einem z-haltigen y sicheren Schrittes wieder nach x zurückkehren kann.
Natürlich muß bei diesem Vordringen in die Sinndimension je älter die Lerngruppe ist, desto mehr ‚der Sicherheit gebende Glaube des Erziehers und, soweit vorhanden, der Lernenden, auch ausdrücklich zur Sprache kommen. Dies sollte jedoch mit einem wachen Gespür des Erziehers dafür geschehen, daß nichts zur Sprache kommt, was sich nicht im Lernvorgang *tatsächlich* als tragend erweist. Denn alles andere läuft Gefahr, als leeres Gerede (als „Überbau") zu erscheinen und dadurch die befreiende Kraft christlichen Glaubens zu schwächen, sie vielleicht in der gegebenen Situation sogar überhaupt ihrer Wirkung zu berauben und dadurch den gesamten Lernvorgang zum Einsturz zu bringen. Sinnerschließende Lebenssituationen und Einsichten dürfen nicht als willkommener „Aufhänger" genommen werden, an dem sog. „christliche Wahrheiten", die mit der vorliegenden Situation oder Einsicht gar nicht unmittelbar zusammenhängen, mehr oder weniger wahllos „angehängt" werden.

So wäre es in obigem Beispiel unsinnig, im Anschluß an die Schöpfungserzählungen etwa „gleich auch noch" von Christus als dem Mittler zwischen Gott und Welt und seiner Erlösungstat zu erzählen. Dagegen könnte eine Erzählung der Befreiung der Moses-Sippe aus Ägypten und der geglückten Wanderung in der Wüste in ähnlicher Weise wie die Schöpfungsgeschichten den Glauben an die Güte und „Menschlichkeit" der das Leben tragenden und umgreifenden Kraft stärken; dies könnte deshalb hier auch sinnvoll sein.

Darüberhinaus gilt es in der religiösen Erziehung heute darauf zu achten, daß eine Erschließungssituation nicht theologisch überfrachtet wird, selbst dann, wenn diese Theologie auf die Situation „paßt", d. h. seine befreiende Kraft in dieser Situation grundsätzlich zur Geltung bringen kann (so könnten in obigem Beispiel Schöpfungsgeschichten und Exodus-Erzählungen zusammengenommen eine solche Überfrachtung darstellen). Die Frage, wie weit eine konkret vorliegende Erschließungssituation theologisch-christlich gedeutet werden kann (wo also die „Überfrachtung" anfängt), hängt von der Situation der Lerngruppe ab: von ihrer grundsätzlichen Einstellung zum Religiösen und Christlichen, von ihrer augenblicklichen Motivationsstruktur (z. B. im Religionsunterricht nach einer Klassenarbeit

oder in einer 6. Unterrichtsstunde usw.). Die entsprechende Entscheidung kann nur der jeweilige Leiter des Lernprozesses in Kommunikation mit der Lerngruppe verantwortlich treffen.
Dabei gibt es so viele Situationen, als es religiöse Lerngruppen gibt. Die Situation ist anders im Kindergarten und in der Grundschule (wo die Gefahr einer „Überfrachtung" am größten ist, weil hier die Kinder im Lehrer und Leiter noch weitgehend eine den Eltern ähnliche unmittelbare menschliche Bezugsperson sehen und sich deshalb nicht gegen ihn zur Wehr setzen, sondern je nach dem Grad ihrer Beziehung mitgehen, wenn er ihnen situations- und milieufremde theologische Inhalte überstülpt) als in höheren Altersstufen; sie ist anders an einer kirchlichen Privatschule als an einer öffentlichen Schule, anders in einer Landgemeinde mit dörflicher Struktur als in einem großstädtischen Arbeiterviertel, anders in einem Leistungskurs in der Kollegstufe (den interessierte Schüler freiwillig für sich wählen), als in der Hilfsarbeiterklasse einer Berufsschule, anders in einem Gesprächskreis für Ärzte in einer Katholischen Akademie als in einem regelmäßig sich treffenden Familienkreis innerhalb einer Pfarrgemeinde.
Überall in diesen und ähnlichen religiösen Lerngruppen gehört es zur wichtigsten Qualifikation des Leiters der Gruppe, ein „Fingerspitzengefühl" dafür zu besitzen, wie weit die konkret gegebene Lebens- und Lernsituation (das Gesprächsklima, die angesprochenen Probleme und menschlichen Beziehungen) durch Vermittlung mit Inhalten der christlichen Glaubensüberlieferung besser verstanden und bewältigt werden kann (also diese Inhalte von sich her fordert) und wie weit umgekehrt (etwa in einem Bibelkreis) eine vorgegebene christliche Überlieferung (etwa ein Gleichnis oder eine Wundererzählung) auf eine oder mehrere in der Lerngruppe vorhandene Lebenssituationen trifft, einerseits diese erhellt und andererseits eben dadurch (rückwirkend) von ihnen her aktualisiert, in neuem Lichte gesehen und verlebendigt wird. Diese Sensibilität für eine tragfähige und sprachschöpferische gegenseitige Verflechtung und Erhellung (nicht Addition!) von Lebenssituation und Glaubensüberlieferung ist für den Leiter einer religiösen Lerngruppe wichtiger als ein großes theologisches Wissen. Leider wird gegenwärtig in der Ausbildung für Religionslehrer und pastorale Berufe noch viel zu wenig Gewicht auf den Erwerb dieser Fähigkeit gelegt.

Bei aller Vielfalt und individueller Struktur der angesprochenen religiösen Lebenssituationen sind doch zwei Arten dieser Situationen deutlich von einander zu unterscheiden: Es gibt

a) Religiöse Lernprozesse, die sich von ihrer Struktur und Zielsetzung her *an alle* richten, auch und gerade an solche Menschen, die sich dem christlichen Glauben entfremdet fühlen und gegenwärtig auch nicht den Wunsch haben, in eine nähere Beziehung zu ihm zu treten (wohl aber die Sinndimension, die in *jedem* menschlichen Leben gegeben ist und dessen Qualität bestimmt, bewußter sehen und in das private oder berufliche Leben integrieren wollen).

b) Religiöse Lernprozesse, die sich von ihrer Struktur und Zielsetzung her an Menschen richten, welche eine Vorentscheidung darüber getroffen haben, daß der christliche Glaube ihnen eine Hilfe bei der Integration und Bewältigung der Sinndimension ihres Lebens gewähren könnte und deshalb bewußt eine nähere Beziehung und situative Aktualisierung der christlichen Überlieferung wollen und suchen.

Typisch für Lernprozesse der Gruppe a) ist der schulische Religionsunterricht in der Bundesrepublik Deutschland als ordentliches Unterrichtsfach für alle Schüler (auch an öffentlich-staatlichen Schulen). Ähnliche Lerngruppen bilden sich auch bei nicht spezifisch theologischen Angeboten der kirchlichen Akademien (etwa für Angehörige einer bestimmten Berufsgruppe) oder für Brautpaare, die, ohne eine nähere Beziehung zum Glauben zu suchen, traditionsgemäß kirchlich heiraten wollen, u. ä.
Typisch für Lernprozesse der Gruppe b) ist die besonders in Frankreich seit der Mitte unseres Jahrhunderts neu aufgebaute und in vielfältigen Formen ausgestaltete Katechumenats-Katechese, die ungetaufte Erwachsene auf ihrem Weg zur Taufe begleitet und sie dialogisch in eine personale Gemeinde hineinwachsen, oft auch erst eine solche entstehen läßt[55]. Hier ist die bewußte und ausdrückliche

[55] Vgl. dazu D. Zimmermann, Die Erneuerung des Katechumenats in Frankreich und seine Bedeutung für Deutschland, (ungedr.) Diss. beim Fachbereich Kath. Theologie der Universität Münster 1974.

Vorentscheidung, Leben und Glauben miteinander in Beziehung zu bringen, besonders deutlich. Der ursprüngliche Sinn des Wortes „Katechese“ (von griech. katecheo = tief hinein tönen lassen) kommt hier ganz zur Geltung: Der Lernprozeß besteht darin, die Botschaft vom Gekreuzigten als dem Messias tief in das eigene Leben, die eigene Person und die eigene Lebensgeschichte hineintönen und hineindringen zu lassen, damit in einem dieses erhellt und auf einen todübergreifenden Sinn hin ausgerichtet und jene, indem sie dies bewirkt, neu verlebendigt und mit neuer Bedeutung erfüllt wird.

Dieser Prozeß erfordert eine klare Vorentscheidung, eine grundsätzliche innere Öffnung für das Evangelium, die in der bei uns in Deutschland seit einigen Jahren neu geschaffenen oder neu aktualisierten Gemeindekatechese meistens nicht gegeben ist. Denn diese richtet sich meistens an Kinder, um sie in kleineren Gruppen außerhalb der Schule auf pfarrlicher Ebene für den Empfang der Buße, Erstkommunion und Firmung vorzubereiten. Da nämlich der erste Empfang dieser Sakramente bei uns noch zum üblichen und normalen Ablauf der Kindheitsgeschichte gehört, kommen auch viele Kinder *solcher* Eltern zu dieser Art von „Katechese“, die selbst keineswegs das Evangelium bewußt in ihr Leben „hineintönen“ lassen und von daher das Tun der in diesem Alter noch physisch und psychisch von ihnen abhängigen Kinder nicht in der religionspädagogisch notwendigen Weise mittragen und begleiten können.

In einigen Diözesen richtet sich deshalb konsequenterweise das Hauptaugenmerk der für die Katechese Verantwortlichen auf die Arbeit mit Erwachsenen. Mancherorts bilden sich anläßlich des institutionalisierten Taufgesprächs Gesprächsgruppen aus Eltern von Kleinkindern, welche die Taufe ihrer Kinder nicht mehr bloß als üblichen Brauch vollziehen wollen, sondern die Lebensorientierung und Sinngebung, die das Evangelium für das Heranwachsen neuen menschlichen Lebens beinhaltet, für sich in Anspruch nehmen wollen[56]. Diese und ähnliche Formen der Erwachsenenkatechese und

[56] Vgl. z. B. Faber, Harmsen, Henning, Jansen, Neysters, Pudel, Scharenberg, Glaubensgespräche mit Eltern von Kleinkindern. Modell einer Erwachsenenkatechese (zu beziehen durch: Generalvikariat Aachen, Abt. „Verkündigung“).

des Aufbaus von Basisgemeinden gehören deutlich zu den Lernprozessen der Gruppe b).
Die genauere Unterscheidung und Korrelation der Lernprozesse a) und b) soll im folgenden Kapitel am Beispiel „Schulischer Religionsunterricht" einerseits und „Gemeindekatechese" (besonders Erwachsenenkatechese) andererseits im einzelnen behandelt werden, weil diese Bereiche für die religiöse Erziehung in der Bundesrepublik Deutschland von besonderer Wichtigkeit sind.

2. Religiöses Lernen für alle und Aufbau des Glaubens in der Gemeinde.

(Zur Unterscheidung und Korrelation von schulischem Religionsunterricht und gemeindlicher Katechese).

Die religionspädagogische Diskussion der letzten Jahre ist gekennzeichnet durch die Suche nach dem „Spezifischen" des schulischen Religionsunterrichts. Dabei ging es zunächst um die schon erörterte Unterscheidung von Religion und Glaube und deren gegenseitiger Zuordnung im religionspädagogischen Modell der Mehrdimensionalität der Wirklichkeit. Dieses ist die theoretische Grundlage des in diesem Jahr erschienen Zielfelderplans für die Grundschule geworden. Ferner konzentrieren sich die Überlegungen auf die Frage, welche Funktion die Bibel in einem erfahrungs- und problemorientierten und mehrdimensionalen Religionsunterricht haben könne. Damit setzte eine allgemeine Rückbesinnung auf die spezifischen Inhalte des Religionsunterrichts und der religiösen Erziehung ein, die gegenwärtig in der Diskussion um die Notwendigkeit eines neuen Katechismus ihren Ausdruck (und vielleicht auch ihren Höhepunkt) findet[57]. Da auf solche Weise trotz der Neuorientierung des Faches Religion, wie sie ihren Ausdruck in der Synodenvorlage gefunden hat, Glaube, Bibel und kirchliche Lehrtradition als spezifische Inhalte dieses Faches reklamiert worden sind, scheint es vielen so, als habe die Unterscheidung von schulischem Religionsunterricht und

[57] Diese Entwicklung ist gut abzulesen an den Themen der Katechetiker- bzw. AKK (Arbeitsgemeinschaft katholischer Katechetik-Dozenten)-Tagungen der letzten Jahre: Augsburg 1974: „Religion und Glaube" (vgl. Günther Lange, Religion und Glaube, in: Kat. Bl. Heft 12/1974, S. 733–750); Straßburg 1975: „Bibeldidaktik" (vgl. die Tagungsberichte in Heft 3/1976 der Kat. Bl.), Augsburg 1976 (AKK): Inhalte religiösen Lernens (vgl. G. Stachel u. a. (Hg.), Inhalte religiösen Lernens. Referate und Protokolle des Kongresses der „AKK", Zürich–Einsiedeln–Köln 1977); zur Katechismusdiskussion vgl. Heft 11/1976 der Kat. Bl. sowie das „Forum Katechismus" in Heft 4/1977 von „Diakonia" (S. 254–280).

gemeindlicher Katechese ihren Sinn und ihre Berechtigung verloren. Die folgenden Überlegungen versuchen dieser Frage nachzugehen und die Unterscheidung unter den genannten Aspekten (Religion und Glaube, Bibel, Glaubensformeln) zu reflektieren. Ein kurzer problemgeschichtlicher Aufriß soll die Entstehung und Intention der Unterscheidung aufzeigen.

2.1. Problemgeschichtlicher Aufriß der Unterscheidung von schulischem Religionsunterricht und gemeindlicher Katechese

Das ganze Mittelalter hindurch und weit bis in die Neuzeit hinein war die Schule im ganzen gesehen ein verlängerter Arm der Kirche; sie hatte als ganze die Aufgabe, Christen heranzubilden, die im kirchlichen wie im weltlichen Leben von ihrem Glauben geprägt sind und ihm entsprechend denken und handeln. Trotzdem war in dieser Zeit die schulische Katechese stets begleitet von einer „Hauskatechese", zu der die Eltern in der sogenannten „Christenlehre" vorbereitet wurden. Offenbar wußte man in dieser Zeit besser als später um die Unverzichtbarkeit der Eltern im religiösen Erziehungsprozeß; man wußte, daß für die Kinder letztlich nur das „zählt", d. h. eine wirkliche Lebensgeltung besitzt, was von den Eltern und den Menschen des primären Lebensbereichs konkret vorgelebt wird und daß Religion und Glaube zu einer „Kindersache" und „Schulangelegenheit" im Bewußtsein der Kinder werden, wenn nur die Schule und die Pfarrgemeinde, nicht aber die Eltern die Einführung in diesen Bereich tragen.
Erst als in der Mitte des 19. Jahrhunderts mit dem Vordringen der Neuscholastik im katholischen Bereich der Glaube immer stärker in lernbare Sätze und systematische Zusammenhänge hinein objektiviert wurde und dadurch letztlich lernbar erschien, ging das Bewußtsein von der Bedeutung, die Atmosphäre und menschliche Beziehung für den Aufbau des Glaubens haben, verloren und die Christenlehre wurde in den schulischen Religionsunterricht einbezogen, damit sie durch die allgemeine Schulpflicht allen Staatsbürgern „zugute kom-

me"[58]. Auf evangelischer Seite blieb zwar der Konfirmanden-Unterricht als von den Eltern und den Gemeinden verantwortete Vorbereitung der jungen Menschen auf die Konfirmation bestehen, jedoch wurde auch er mehr und mehr verschult und muß sich heute neu konzipieren[59]. Obwohl in der Auseinandersetzung mit dem aufklärerischen Denken eine Gruppe von Theologen und Religionspädagogen (Overberg, Gruber, Galura, Hirscher u. a.) die Gefahr einer Verschulung des Glaubens und der religiösen Erziehung erkannten[60] und dagegen ankämpften, setzte sich diese doch insgesamt durch. Sie fand ihren Ausdruck in den systematischen Katechismen, die in dieser Zeit entstanden und in der Bedeutung, die der Katechismusunterricht (etwa gegenüber dem Bibelunterricht) damals hatte.

Als um die Mitte unseres Jahrhunderts mit der sogenannten „kerygmatischen Wende" des Religionsunterrichts der Glaube wieder in seiner ganzmenschlichen, nicht bloß kognitiven Bedeutung erkannt wurde, kam auch die Bedeutung einer außerschulischen, in Familie und Gemeinde erfolgenden, religiösen Erziehung wieder neu in den Blick. 1967 fordert der katholische Rahmenplan für die Glaubensunterweisung, daß die Vorbereitung der Kinder auf die Erstkommunion außerhalb der Schule im Rahmen der Gemeinde und unter Mitwirkung der Eltern geschehen solle.

Als dann wenig später die Besinnung darauf einsetzte, daß der Religionsunterricht als ordentliches Lehrfach der Schule sich von den schulischen Aufgaben und Zielen her begründen müsse und nicht einfach als verlängerter Arm der Kirche in diesem Bereich aufgefaßt werden könne, rückte immer deutlicher die Notwendigkeit in den

[58] Vgl. J. Goldbrunner, Katechetische Methoden heute, München 1962, S. 128: „Was sich bisher im Heiligtum der Kirche vollzog, die Christenlehre, und wenigstens durch die Atmosphäre noch einen Rest von Katechumenat bewahrt hatte, sollte vom Vernunft besessenen Staat durch die allgemeine Schulpflicht der Erziehung aller Staatsbürger dienen".

[59] Vgl. K. Dienst, Moderne Formeln des Konfirmandenunterrichts, Gütersloh 1973.

[60] Vgl. A. Exeler, Wesen und Aufgabe der Katechese, Freiburg–Basel–Wien 1966, bes. S. 38ff., S. 108ff., S. 127–134, S. 139ff., S. 246ff. und S. 256ff.

Blick, die Erziehung und Einführung in einen ganzheitlich verstandenen Glauben außerhalb der Schule im Raum der Gemeinde und unter Mitwirkung der Eltern durchzuführen. Wichtigste Wegstationen auf dieser Entwicklung waren die „Fundamentalkatechetik" von H. Halbfas (1968)[61] und der mehrmals veröffentlichte Aufsatz von A. Exeler „Religionsunterricht im Spannungsfeld zwischen Kirche und Schule" (1969)[62]. G. Stachel und W. Nastainczyk versuchten 1970 diese inzwischen in vielen Veröffentlichungen reflektierte Spannung mit dem Vorschlag einer inneren Differenzierung des Religionsunterrichts je nach der vorhandenen Glaubensbereitschaft der Schüler zu lösen, wobei Stachel an ein aufgegliedertes Kurssystem denkt, während Nastainczyk es dem einzelnen Religionslehrer und seiner Entscheidung überlassen will, welche „Dimension" der Katechese er in seiner Klasse und Lerngruppe verwirklichen kann[63]. Mehr und mehr jedoch trat die Frage nach der Notwendigkeit einer grundsätzlichen konzeptionellen und vor allem auch organisatorischen Unterscheidung von Religionsunterricht und Katechese in den Mittelpunkt[64].

Dabei zeichneten sich folgende gegensätzliche Positionen ab: Auf der einen Seite steht H. Halbfas, der für eine durchgehende begriffliche und konzeptionelle Trennung der beiden Bereiche eintritt und auch die Bezugswissenschaft jeweils verschieden sieht: Religionsunterricht sei der Religionspädagogik und der Religionswissenschaft zugeord-

[61] Vgl. H. Halbfas, Beiträge zur Reform des Religionsunterrichts und der Kirche, Suttgart-Düsseldorf 1971, S. 309.

[62] Erstveröffentlichung in den Kat. Bl. Heft 9/1969, S. 540–555; Exeler unterscheidet hier besonders zwischen Unterricht und Seelsorge in der Schule und fordert für letztere ein „freies Angebot", während der erstere sich in obligatorischer Form an alle zu wenden habe (S. 554).

[63] Vgl. W. Nastainczyk, Kirchliche Katechese und schulischer Religionsunterricht. Funktion, Formen und Dimensionen, in: W. G. Esser, Zum Religionsunterricht morgen, Bd. I, S. 301–324; sowie G. Stachel, Lernziele und Religionsunterricht, in: H. Heinemann/G. Stachel/S.Vierzig, Lernziele und Religionsunterricht, Zürich–Einsiedeln–Köln 1970, S. 24–56.

[64] Vgl. G. Baudler, Die Spannung von Religionsunterricht und Katechese, Erstveröffentlichung in: Kat. Bl. Heft 8/1971, S. 449–461. Der Beitrag und die daran sich anschließende Diskussion ist abgedruckt in: G. Baudler, Schulischer Religionsunterricht und kirchliche Katechese, Düsseldorf 1973.

net, während die Katechese die Katechetik und die (kirchlich verantwortete) Theologie als seine Bezugswissenschaft habe[65]. Auf der entgegengesetzten Seite zu dieser Position steht A. Exeler, der in einer solchen Polarisierung der beiden Bereiche eine große Gefahr sieht; er will deshalb nur pragmatisch unterscheiden, weist auf die verschiedenen Adressaten von Religionsunterricht (Schüler) und Katechese (alle Menschen, bes. Erwachsene), sowie auf die verschiedenen Träger der beiden Lernbereiche (hier Schule, dort Gemeinde) hin, verzichtet jedoch auf eine präzise konzeptionelle Unterscheidung; auch die Bezugswissenschaften sind für ihn in beiden Lernprozessen die gleichen: Religionspädagogik unterscheidet sich nicht grundsätzlich von Katechetik und die Theologie liefert die Inhalte sowohl für den schulischen Religionsunterricht als auch für die gemeindliche Katechese[66].

In eigenen Arbeiten versuchte ich zu den genannten Positionen eine mittlere zu entwickeln. Danach bleibt die Theologie vom Inhaltlichen her die *eine* Bezugswissenschaft für beide Lernbereiche. Konzeptionell, d. h. von der den Lernprozeß prägenden je verschiedenen Zielsetzung aus, sind jedoch die beiden religiösen Lernbereiche so verschieden, daß auch die wissenschaftliche Reflexion beider Lernvorgänge, also Religionspädagogik einerseits und Katechetik andererseits, von verschiedenen Ansatzpunkten aus erfolgt und deshalb zu unterscheiden ist[67]. Da indes Religionsunterricht und Religionspädagogik einerseits und Katechese und Katechetik andererseits auf der Inhaltsebene gemeinsam eine anthropologisch orientierte und auf Erfahrung hin interpretierte Theologie als Bezugswissenschaft haben, geschieht diese Unterscheidung nicht um zu trennen, sondern

[65] Vgl. H. Halbfas, Die Katechese der Kirche, in: ders. Aufklärung und Widerstand, a.a.O., S. 288–308.

[66] A. Exeler, Kirchliche Katechese. Ihr Eigenwert und ihr Verhältnis zum schulischen Religionsunterricht in: G. Baudler, Schulischer Religionsunterricht und kirchliche Katechese, a.a.O., S. 157–172.

[67] Zum Begriff der „Katechetik" als einer von der Religionspädagogik unterschiedenen, relativ eigenständigen Wissenschaft vgl. G. Baudler, Katechetik, in: „Wörterbuch zum Religionsunterricht", Freiburg–Basel–Wien 1976, S. 107–110.

vielmehr, um eine sinnvolle, gegenseitig sich stützende Korrelation beider Lernbereiche und Fachdidaktiken zu ermöglichen.

Dabei ergibt sich folgende Übersicht:

Die zwei Grundtypen religiösen Lernens

	Typus a) z. B. Religionsunterricht	Typus b) z. B. Erwachsenenkatechese
Ausgangslage	Kreis von religiösen pluralen, verschiedengradig der Sinnfrage entfremdeten Menschen	Kreis von glaubenswilligen, für die Sinnfrage aufgeschlossenen Menschen
Zielsetzung	Erschließung der Frage nach dem umgreifenden Lebensgrund (im Verstehenshorizont und auf der Basis des – neu verlebendigten – christlichen Glaubens)	Identifikation des das eigene Leben tragenden Daseinsgrundes in der biblischen Überlieferung (im Verstehenshorizont und auf der Basis der je neu erschlossenen Frage nach dem umgreifenden Lebensgrund)
	← Korrelation →	
didaktische Bezugswissenschaft	Religionspädagogik (Erforschung christlich motivierter religiöser Lernprozesse in weltanschaulich pluralen Lerngruppen)	Katechetik (Erforschung religiöser Lernprozesse in Lerngruppen, die ausdrücklich eine möglichst enge Beziehung zum christlichen Glauben suchen)
	← Korrelation →	
inhaltliche Bezugwissenschaft	Theologie (ergänzt durch Humanwissenschaften wie Psychologie, Soziologie, Pädagogik usw.)	

Ihre sozusagen „amtliche“ Bestätigung findet die auch organisatorische Unterscheidung von schulischem Religionsunterricht und gemeindlicher Katechese in dem Synodenbeschluß zum „Religionsunterricht in der Schule“ aus dem Jahre 1974, wo am Ende der Situationsbeschreibung des Religionsunterrichts in einem eigenen Punkt (1.4. „Religionsunterricht und Gemeindekatechese“) die beiden Bereiche von den je verschiedenen Verstehensvoraussetzungen her nach Ziel, Inhalt und Adressaten unterschieden werden und darauf aufbauend auch ausdrücklich die Möglichkeit einer *organisatorischen* Trennung der verschiedenen Lernprozesse angesprochen wird. Dementsprechend beschäftigt sich dann auch ein eigenes Arbeitspapier der Synode unter dem Thema „Das katechetische Wirken der Kirche“ mit den Möglichkeiten einer eigenständigen, von der Gemeinde zu verantwortenden und hauptsächlich an Erwachsene gerichteten Katechese. Das Papier enthält gute praktische Hinweise (z.B.: Arbeit in „gesprächsfähigen Kleingruppen“, Mitarbeit der Eltern in der Kinderkatechese), vermeidet aber entsprechend der oben angedeuteten Exelerschen Position eine klare begriffliche und konzeptionelle Unterscheidung zwischen den Bereichen Religionsunterricht und Katechese. Dadurch entsteht kein einheitliches Bild dessen, was „Katechese“ im Unterschied zu anderen Typen kirchlichen Handelns (eben z. B. gegenüber dem schulischen Religionsunterricht) sein soll, und es geht wenig Motivationskraft zum Neuaufbau einer Gemeindekatechese in Deutschland von dem Papier aus[68].

Dennoch wird heute in fast allen städtischen Gemeinden die Sakramentenkatechese als Aufgabe der Pfarrgemeinde gesehen und in ihrer Verantwortung außerhalb des schulischen Religionsunterrichts und diesen ergänzend durchgeführt. Auch wenn man die Ziele dieser Sakramentenkatechese weit faßt[69], wäre es doch eine verhängnisvolle Engführung des Katechese-Verständnisses, wenn Katechese in der Bundesrepublik Deutschland im wesentlichen auf Sakramentenkate-

[68] Vgl. die Diskussion zum Synodenpapier „Das katechetische Wirken der Kirche in: G. Baudler (Hg.), Erneuerung der Kirche durch Katechese, Düsseldorf 1975.

[69] Vgl. D. Emeis, Allgemeine Ziele der Sakramentenkatechese, in: „Diakonia“, Heft 4/1977, S. 245–251.

chese beschränkt bliebe, vor allem dann, wenn sie sich, wie dies meist geschieht, fast ausschließlich an Kinder, nicht aber an Erwachsene richtet. Auf die Dauer kann die Katechese ihre Gemeinde, Kirche und Glaube erneuernde und belebende Funktion nur ausüben, wenn sie primär Erwachsenen eines bestimmten Lebensabschnittes (z. B. Alten oder in der Mitte des Lebens Stehenden) und für bestimmte Lebenssituationen (z. B. Geburt eines Kindes, Tod eines nahen Angehörigen) angeboten wird. Damit dies jedoch geschehen kann, bedarf es besonders gegenüber dem Katechese-Papier der Synode einer genaueren Präzisierung dessen, was dieser Lernprozeß „Katechese" in seiner Struktur ist und wie er sich methodisch und didaktisch verwirklichen läßt. Erst wenn dies geklärt ist, kann erwartet werden, daß sich die Praktiker in der Gemeinde um ein solches weiterreichendes katechetisches Angebot bemühen, statt einfach eine Art Religionsunterricht auf Gemeindeebene durchzuführen und dadurch mit diesem in eine ungute Konkurrenz zu treten.
Dieser begrifflichen Klärung soll es nun dienen, wenn im folgenden die Unterscheidung und Korrelation von schulischem Religionsunterricht und gemeindlicher Katechese im Horizont der eingangs genannten neueren Fragestellungen der Religionspädagogik bedacht und dargestellt wird.

2.2. Die Unterscheidung von schulischem Religionsunterricht und gemeindlicher Katechese im Horizont des religionspädagogischen Modells einer mehrdimensionalen Wirklichkeit

Dieses Modell religionspädagogischen Denkens, das dem neuen Zielfelderplan für die Grundschule zugrunde liegt und auch in den Zielfelderplan für die Sekundarstufe I eingearbeitet werden soll und dadurch eine hohe Aktualität besitzt, ist in Kapitel 2.3. im Hinblick auf die Unterscheidung und gegenseitige Relation von Religion und Glaube behandelt worden. Jetzt geht es um die didaktischen Folgerungen, die sich im Hinblick auf die Unterscheidung und gegenseitige Korrelation von Religionsunterricht und Katechese ergeben, wenn man dieses Modell zugrunde legt und also zwischen einer empirischen Lebensdimension (abgekürzt x), einer *ganzheitlichen* Wirk-

lichkeitsbetrachtung und -Erfahrung („religiöse Dimension", abgekürzt: y) und einer christlich-gläubigen Wirklichkeitsbetrachtung- und Erfahrung („Dimension des Glaubens", abgekürzt: z) unterscheidet.
Wichtig an diesem Modell ist, wie schon erwähnt, unter didaktischem Aspekt nicht so sehr die Klassifizierung an sich, als vielmehr die in dem Zahlenspiel x-y-z zum Ausdruck kommende Einsicht, daß die Dimension des Glaubens nicht nach Art einer neuscholastischen „Zwei-Stockwerk-Theologie" auf der natürlich-„emprischen" Lebensdimension aufruht, sondern durch die ganzheitliche Lebens- und Weltbetrachtung, in der sich die Sinn-Dimension erschließt, dynamisch mit ihr verbunden ist. Dies setzt allerdings voraus, daß im Zusammenhang dieses Modells nicht von den verschiedenen „Ebenen" oder „Schichten" gesprochen wird, wie dies vielfach geschieht, sondern eben von einer mehrdimensionalen Erfahrungs- und Betrachtungsweise der *einen* Wirklichkeit. *Religiöses Lernen erfolgt dann überall dort, wo die partielle Wirklichkeitsbetrachtung- und Erfahrung, wie sie im Alltag und in der Naturwissenschaft geschieht, in Richtung auf eine ganzheitliche und gläubige Wirklichkeitsbetrachtung hin überschritten wird.*

Dabei ist folgendes zu bedenken: Jeder Lernprozeß dieser Art, sofern er nach dem aufgezeigten Modell aufgebaut und durchgeführt wird, ist christlich geprägt und christlich motiviert. Denn eine z. B. positivistische Welt- und Lebensanschauung wird nicht zugeben, daß es eine die partielle Wirklichkeitsbetrachtung übersteigende und dabei doch „echte" (neue Einsicht und Erkenntnis erschließende) Weltsicht gibt; und eine rein philosophische, humanistisch-atheistisch orientierte Lebenseinstellung wird die Perspektive des christlichen Glaubens gegenüber der ganzheitlichen Wirklichkeitserfahrung (wie diese in Philosophie, Meditation und Kunst ihren Ausdruck findet) nur als Verengung des Blickfeldes begreifen können. Das heißt: Wo und in welcher Weise auch immer nach dem hier vorliegenden Modell religiös gelernt wird, vollzieht sich dieser religiöse Lernprozeß *auf der Basis des christlichen Glaubens* und er ist rückbezogen auf die Theologie als Bezugswissenschaft (vgl. obiges Schema!). Deshalb ist es, wie noch im einzelnen an Beispielen zu zeigen sein wird, nicht unlogisch und unmotiviert, wenn in allen Lernprozessen, die nach

diesem Modell möglich sind (wenn auch auf je verschiedene Art und Weise und in je verschiedener Zielsetzung) Elemente der christlichen Überlieferung als Inhalte fungieren.
Dies vorausgesetzt, lassen sich innerhalb des aufgezeigten Modells näherhin zwei religiöse Lernprozesse unterscheiden:

1. Ein Lernprozeß, der auf der Basis und vor dem Hintergrund des christlichen Glaubens die partielle, stückhaft verlaufende Wirklichkeitserfahrung, wie sie im Alltag und in der Naturwissenschaft geschieht, durch bestimmte Impulse bündelt und dadurch Leben und Welt als *Ganzheit,* als endliche Größe in den Blick kommen läßt. Dadurch wird eine vordergürndig-positivistische Denk- und Lebensweise wenigstens punktuell durchbrochen und der Mensch, sei es ausdrücklich oder unausdrücklich vor die Frage nach dem Sinn und dem Umgreifenden des einen und ganzen endlichen Lebens gestellt. Dieser Lernprozeß ist dann *christlich geprägt,* wenn er die Erschließungsimpulse so auswählt und einsetzt, daß der zu erschließende Lebensgrund und die damit auftauchende Sinnfrage für eine christliche Deutung offen sind (und nicht z. B. von vornherein als heroisch zu ertragendes Absurdum oder als unpersönliche dialektische Gesetzlichkeit erscheinen; Lernprozesse dieser Art könnte man zwar durchaus auch als „religiöse" Lernprozesse bezeichnen, aber sie wären dann nicht auf eine christliche Theologie sondern eben auf den Existentialismus oder den Marxismus bezogen.)

2. Ein Lernprozeß, der den schon erschlossenen Lebensgrund in jeder Lebensphase neu mit den christlichen Glaubenszeugnissen zusammenhält und ihn als „Jahwe" und „Gott und Vater Jesu" zu identifizieren sucht. Eine solche Identifikation ist keine mehr oder weniger beliebige (und hier eben christlich erfolgende) „Deutung" des umgreifenden Lebensgrundes, sondern eine *Versprachlichung der Sinn-Dimension menschlichen Lebens,* die diese aus ihrer beängstigenden Stummheit und bedrohlichen Dunkelheit befreit und sie in einem ganz neuen Lichte, eben als ansprechbares, ja (in christlichem Sinne) als menschlich-brüderli-

ches, in Leid und Tod mit uns solidarisches Gegenüber erscheinen läßt. Dort, wo es einem Menschen oder einer Menschengruppe geschenkt ist, eine solche Identifikation des Lebensgrundes zu vollziehen, ereignet sich christlicher Glaube und „Kirche" (im Sinne von christlicher Gemeinde).

Lernprozesse der ersten Art charakterisieren den schulischen Religionsunterricht und Lernproesse der zweiten Art sind das Zentrum der gemeindlichen Katechese.

Dabei ist schon in der Beschreibung der Lernprozesse deutlich geworden, daß beide im Verhätlnis der *Korrelation* zueinander stehen. Der Daseinsgrund muß einerseits schon erschlossen sein, ehe er mit Hilfe der christlichen Glaubenszeugnisse versprachlicht werden kann und ich muß andererseits schon ein konkretes, durch die christliche Tradition geprägtes Vorverständnis des Daseinsgrundes haben, damit ich ihn in der geeigneten Weise (d. h. christlich deutbar) erschließen kann.

Diese Unterscheidung und Korrelation kann in einer Weiterführung des oben im Kapitel 1.3.2. dargestellten Unterrichtsbeispiels vom Pulsschlag näher erläutert werden. Es ging in dem dargestellten Unterricht darum, dem Kind eine Erfahrung zu erschließen, auf Grund derer es die christliche Glaubensüberlieferung, daß Gott unser Leben trägt und erhält, verstehen kann und sie *möglicherweise* (wenn die Voraussetzungen gegeben sind, d. h. wenn seine Eltern, die in erster Instanz und ganz konkret das Leben des Kindes „tragen", dabei mitmachen) auch in Feier, Gebet und Lebenshaltung nachvollzieht. Diese letztgenannte Möglichkeit kann die Katechese direkt anzielen (was natürlich nicht heißt: durch pädagogische Manipulation herstellen), weil hier vom Ansatz her die obengenannte Voraussetzung, daß die Eltern mitmachen, tatsächlich gegeben ist (jedenfalls gegeben sein muß, wenn der Lernprozeß wirklich eine „Katechese" und nicht ein gemeindlicher Religionsunterricht sein soll). Dabei wählt sie, obwohl durchaus innerhalb der theologisch-inhaltlichen Überlieferung „Gott trägt und erhält unser Leben" bleibend, *andere* anthropologische und biblische Impulse, die der Ausgangssituation der Katechese besser entsprechen. Diese andere Ausgangslage besteht konkret darin, daß Eltern und Kinder mit dem erklärten Ziel zusammenkommen, den christlichen Glauben mit dem eigenen Leben zu verbinden. Diese Zusammenkunft ist also schon von sich aus religiös motiviert, so daß ein einfacher Austausch genügt, um die Frage nach dem die versammelten Menschen tragenden Lebensgrund zu aktualisieren.

Dieser Austausch könnte innerhalb der o. g. theologischen Thematik dadurch erfolgen, daß Eltern und Kinder von den Lebensschicksalen in ihren Familien erzählen. Dabei könnte – ähnlich wie beim Verfolgen des Pulsschlages – zum Ausdruck kommen, daß das Leben und Schicksal der einzelnen Menschen und Familien von einer selbst nicht „in den Griff zu bekommenden", aber umgekehrt ihrerseits das Dasein umgreifenden Macht getragen und gelenkt wird. Dies ist hier die y-Dimension innerhalb der angesprochenen Wirklichkeitserfahrung. Nach der narrativen, assoziativen Logik entsteht von dieser Erfahrungsdimension aus in einer Gruppe, die ausdrücklich zusammengekommen ist, um durch die Verflechtung von Glaubensüberlieferung und eigenem Leben Hilfe und Orientierung zu gewinnen (und *nur* in einer solchen Gruppe) das starke und spontane Bedürfnis, von ähnlicher Lebens- und Schicksalerfahrung aus der biblischen Überlieferung zu erzählen und zu hören. Hier könnte dann die Geschichte von der Berufung und Wanderung Abrahams oder die Erzählung von der Befreiung der Mosessippe aus der ägyptischen Knechtschaft herangezogen werden. In einer assoziativen Verflechtung (nach Art einer sog. „Übertextung", wie sie in Kapitel 1. (bes. 1.3.) des zweiten Hauptteils als mögliche Methode beim Umgang mit biblischen Texten vorgestellt wird), könnte sich die religiöse Erschließungserfahrung („disclosure"[70]) einstellen, daß die Macht, die Abraham und/oder Mose geführt und „umgriffen" hat, von ihrem „Gesicht", ihrem „Charakter" her gesehen *dieselbe* Macht ist, die das *eigene* Leben trägt (sofern die Impulse, die von dieser Macht ausgehen, dort wie hier auf Wagnis, Sich-Einlassen auf die Forderung der Situation

[70] Dies ist der zentrale Begriff der Sprachtheologie I. T. Ramseys. Vgl. zu seiner religionspädagogischen Rezeption G. Baudler, Der Religionsunterricht als curricular strukturierter offener Sprech- und Denkprozeß, in: ders. (Hg.), Religionsunterricht im Primarbereich, Zürich–Einsiedeln–Köln 1973, S. 13–36 (vgl. dazu die Anm. 4 im zweiten Hauptteil).

und der Stunde, auf Freiheit und Selbständigwerden hinzielen). Es könnte (nicht: „muß“) sich die Einsicht entzünden: Der Gott, der die Moses-Sippe befreite, und ihr Schicksal lenkte, ist auch der Gott meines und unseres Lebens. Dadurch geht der dunkle, das Leben umschließende Daseinsgrund als befreiendes Antlitz auf und es erwächst die Möglichkeit, dieses Antlitz in der Weise der Bibel anzusprechen, ihm zu danken, „einen Bund mit ihm zu schließen“: Der Weg ist frei zu einem sinnvollen liturgischen Ausdruck des Glaubensaktes, der sich in der Identifikation ereignet hat.

Der katechetische Lernprozeß findet damit einen deutlichen Abschluß, der unmittelbar zu Feier, Liturgie, Gemeinschaft überleitet: Wenn auch nicht zu erwarten ist, daß jeder einzelne in der Lerngruppe die genannte Erschließungserfahrung in derselben Dichte und Stärke erlebt und nachvollzieht, ist doch von der für den katechetischen Lernprozeß konstitutiven Ausgangssituation her – Menschen kommen zusammen, um den Glauben in ihr Leben zu assimilieren – zu erwarten, daß, wenn überhaupt eine Erschließungserfahrung gemacht wird, diese von der *Gruppe als ganzer* getragen ist. Die Gruppe als ganze (wenn auch jeder einzelne verschieden intensiv) erreicht so (möglicherweise) ein Ziel, das, weil es nicht pädagogisch verfügbar und herstellbar ist, als befreiendes, Lebensorientierung gewährendes und Hoffnung stiftendes Glück und Geschenk (theologisch: „Gnade“) erfahren wird und als solches Ereignis, das eine Gruppe erfährt, auch menschlich danach verlangt, von dieser Gruppe (evtl. unter Hinzuladung von Freunden) „gefeiert“ zu werden.

Anders der religionsunterrichtliche Lernprozeß: Er dringt zwar auch in die Perspektive des Glaubens (z-Dimension) vor, aber die für diesen Lernprozeß konstitutive weltanschauliche Pluralität der Gruppe bringt es notwendig mit sich, daß dieses Vordringen in die Glaubensdimension vom Ansatz her nicht als gemeinsam gemachte Erfahrung der Gesamtgruppe geschehen kann. Es ist nicht, wie in der Katechese, unmittelbar eine gemeinsame religiöse Erschließungserfahrung (disclosure) in der *Glaubensdimension* (die dann auch gemeinsam zu feiern wäre) angezielt. Vielmehr bleibt der Lernprozeß hier nach vorne hin offen (wie es das folgende Schema durch das Fehlen einer starken Abschlußlinie – im Unterschied zum nebenstehenden Katechese-Prozeß – zum Ausdruck bringen soll); zwar können einzelne für sich je nach Voreinstellung und Umständen auch hier wenigstens ansatzhaft eine solche Identifikationserfahrung machen, im allgemeinen aber geschieht hier das Vordringen in die Glaubensdimension in Form eines „Ausblicks", einer verstehenden und verständnisvollen „Zur-Kenntnisnahme", die nicht distanziert, nur auf informativ-kognitiver Ebene verläuft, sondern auch *emotional* nachempfinden läßt, was etwa Christen meinen, wenn sie sagen und erzählen: „Unser Leben ist einschließlich seiner oft unerklärlichen Dunkelheit von einem liebenden Schöpfergott geschaffen und getragen". Aber es ist im Unterschied zur Katechese eine *andere* Gruppe (eben die Gruppe der Christen), die das sagt, nicht die gegenwärtig arbeitende Lerngruppe selbst (auch wenn einige, vielleicht sogar viele daraus in anderer Zusammensetzung sich zur Gruppe der Christen zählen). Sollte dennoch einmal, entgegen dem Gesetz, nach dem die Lernenden im Religionsunterricht angetreten sind, die Gruppe *als ganze* von sich sagen und bekennen, daß sie eine Erschließungserfahrung in der Glaubensdimension gemacht hat, dann müßten die Lernvoraussetzungen neu geklärt werden: die Lerngruppe müßte als ganze in die neue, eben katechetische Zielsetzung einwilligen und sich dadurch nachträglich (und sei es auch nur für wenige Stunden) als Katechesegruppe konstituieren.

Aber dies wird selten geschehen. Der Religionslehrer (oder sonstige Leiter des Lernprozesses vom Typ a) sollte auch eine solche Entwicklung nicht bewußt oder unbewußt forcieren. Denn es gilt ja zu sehen, daß in der weltanschaulich pluralen Gesellschaft stets *beide* Typen von Lernprozessen zum Christsein notwendig sind. Typ a ist keineswegs *nur* eine „Vor-Katechese"[71]. Denn heute kann niemand Christ sein, indem er seinen Glauben *ausschließlich* katechetisch aktuali-

[71] Die Korrelation von Religionsunterricht und Katechese ist *gegenseitig:* Religionsunterricht ist zwar *von der Katechese her gesehen* Vorbereitung, „Vorfeld-Katechese" (vgl. G. Baudler, Der Religionsunterricht an der deutschen Schule, München 1971, S. 85f.); aber umgekehrt schafft auch die Katechese durch ihre Verlebendigung der christlichen Überlieferungsgehalte die Basis für den religionsunterrichtlichen Lernprozess und ist in diesem Sinne Vorbereitung für den Religionsunterricht.

siert; gerade für den Glaubenden ist es notwendig, seinen Glauben dadurch vor Erstarrung, Ver-Ideologisierung und Sekten-Mentalität zu schützen, daß er sich immer wieder auch innerhalb einer weltanschaulich *pluralen* Lerngruppe der Sinnfrage aussetzt und dadurch auch religiös mit Nicht-Glaubenden kommunikationsfähig bleibt. Ohne Religionsunterrricht (allgemeiner gesagt: ohne Lernprozesse vom Typ a) wird aus der Katechesegruppe in der weltanschaulich pluralen Gesellschaft notwendig eine Sekte. Darum muß gerade der, dem daran liegt, daß der christliche Glaube seine lebendige, Kommuniktion stiftende Kraft behält und nicht zu einer Ideologie erstarrt, darauf achten, daß ein Religionsunterricht möglichst Religionsunterricht (d. h. Lernprozeß vom Typ a) bleibt und sich nicht alles in Katechese hinein auflöst.

Im Schema hat deshalb der Lernprozeß vom Typ a) keinen dicken Abschlußstrich: Sein spezifisches Ziel liegt in der ganzheitlichen (religiösen) Sichtweise der Wirklichkeit (y-Dimension), dort aber ist dieser Lernprozeß nicht abgeschlossen, es erfolgt ein Ausblick, ein Überschritt in die z-Dimension, der nach vorne hin offen ausläuft; er dringt eben so weit in die Glaubensdimension vor, wie die Situation und die Zusammensetzung der Lerngruppe es gestatten.

Umgekehrt muß der katechetische Lernprozeß, der auf eine abschließende Feier des je neu identifizierten (gefundenen) Glaubens hinzielt, nach *unten* zur „empirischen“ Sicht der Wirklichkeit (x-Dimension) hin offen sein und sich immer wieder neu von dieser alltäglichen Lebenswirklichkeit her gewinnen.

Das folgende Schema, in dem die genannten beiden Lernbeispiele für Religionsunterricht einerseits und Katechese andererseits schematisiert dargestellt sind, soll diese gegenseitige „Überlappung“ (vor allem in der y-Dimension) der beiden Lernprozesse veranschaulichen und gleichzeitig den je verschiedenen „Kern“ hervorheben:

		RU	Katechese		
Ausgangssituation	X	„Ich spüre meinen Pulsschlag“	Wir kommen zusammen	X	Ausgangssituation
„Kern“ des Lernprozesses	x ↓ y	Spielimpulse (Atem anhalten, Puls anhalten) Gesprächsimpulse (Wie lange schon – noch?)	Wir erzählen von den Lebensschicksalen in unseren Familien	x ↓ y	Vertiefg. der Ausgangssituation
gemeinsame Achse (Zielsituation)	Y	Pulsschlag als Symbol der Endlichkeit und Getragenheit meines Lebens durch eine nicht steuerbare Macht	Unser Leben und Schicksal ist von einer unbegreiflichen Macht getragen und gelenkt	Y	gemeinsame Achse (Basis)
Reflektieren auf die Basis	y ↓ z	Erzählen biblischer und außerbiblischer Schöpfungsgeschichten	Wir hören und bedenken die Geschichte, wie die Bibel die Befreiung der Mosessippe aus der ägyptischen Knechtschaft erzählt	y ↓ z	„Kern“ des Lernprozesses
Basis	Z	Gläubige Christen empfinden ihr Leben als von einem fürsorgenden Gott geschaffen und getragen	„Der Gott, der die Mosessippe aus Ägypten befreite, ist auch der Gott meines und unseres Lebens!“	Z	Zielsituation

Wichtig ist es, die gemeinsame „Achse“ zu sehen, auf der sich religionsunterrichtlicher und katechetischer Lernprozeß treffen und überschneiden: die „y-Dimension“, die ganzheitliche Lebens- und Welterfahrung. An ihr kann heute kein sinnvoller religiöser Lernprozeß mehr vorbeigehen. Im religionsunterrichtlichen Lernprozeß ist diese ganzheitliche Sehweise das primäre Ziel, in der Katechese ist sie notwendige Basis und Voraussetzung: Die Katechese baut auf jener Offenheit auf, die der Religionsunterricht zu erreichen sucht; und der Religionsunterricht bezieht seine innere Struktur und seine spezifischen Inhalte und Impulse aus jener Tradition, die im katechetischen Lernprozeß durch Identifikation lebendig erhalten wird: Religionsunterricht und Katechese sind verschieden, aber korrelativ aufeinander bezogen.

2.3. Die Unterscheidung und Korrelation von Religionsunterricht und Katechese im Umgang mit biblischen Texten.

Kriterium eines richtigen Umgangs mit biblischen Texten in Religionsunterricht und Katechese ist die Frage, ob bei diesem Umgang die Texte in einer Funktion eingesetzt werden, die ihrem Wesen und ihrem Ursprung entspricht. Eine unterrichtliche Behandlung, die diese Texte etwa als zwar ehrwürdige aber letztlich neutrale Dokumente der Religions- und Geistesgeschichte betrachtet und analysiert, nimmt diese Texte nicht in ihrem zeitübergreifenden Appell-Charakter ernst, den sie von ihrer Art und ihrem Ursprung her beanspruchen. Ebensowenig werden die Texte als das genommen, was sie von ihrer Entstehung und Eigenart her sind, wenn sie unmittelbar – mittelbar kann sich durchaus eine gesellschaftskritische Funktion dieser Texte ergeben – als politische und gesellschaftliche Programmschriften genommen und gelesen werden.
Biblische Texte sind ursprünglich Ausdruck einer geglückten und befreienden Identifikation des sinngebenden Lebensgrundes; sie drückt sich im Alten Testament aus in der Urformel jüdischen Glaubens „*Jahwe* ist unser Gott" und im Neuen Testament in dem christlichen Urbekenntnis „Jesus ist der Christus". Dabei erzählen diese Texte die Geschichte der geglückten Identifikation des sinngebenden Daseinsgrundes nicht in der Weise eines objektiven Berichts (was von der Eigenart der zu erzählenden Erfahrung her ja gar nicht möglich ist), sondern so, daß die Begeisterung, in der sich die Identifikation vollzog, auch auf den Leser und Hörer der Geschichte überspringt und ihn zum Nachvollzug der Identifikation einlädt. Dieser Appell-Charakter ist kennzeichnend für biblische Texte und macht ihre Eigenart aus. Sie sind, besonders im Neuen Testament, an eine bestimmte Adressatengruppe gerichtet und auf diese Adressatengruppe abgestimmt und wollen die angesprochenen Menschen dazu bewegen oder sie darin bestärken, daß sie nicht den römischen Kaiser oder den Heilgott Asklepios, sondern den gekreuzigten Bauhandwerker Jesus aus Nazareth als Ausdruck und Offenbarung eines todumgreifenden Daseinsgrundes für sich und ihr Leben erkennen.
Dabei ist dieser mit anderen Identifikationen des Daseinsgrundes konkurrierende Appell sowohl im Alten Testament als auch (noch

stärker) im Neuen Testament durch das Moment gekennzeichnet, daß in ihr der Daseinsgrund *„ganz anders"* erfahren wird, als dies sonst in der Umwelt geschieht. Gegenüber Jahwe sind die anderen Götter nur Holz und Lehm, tote Gebilde, die trotz der Macht, die sie über die Menschen ausüben, eigentlich gar nicht „zählen"; und der mächtigsten Identifikations-Figur der Zeitenwende, der Gestalt des römischen Gott-Kaisers, der die ganze damals bekannte Welt regiert und in Händen hält, stellen die frühen Christen die Elendsgestalt eines Gehenkten gegenüber: „Das Verachtete hat Gott erwählt, das, was nichts ist, um das, was etwas ist, zu vernichten" (1 Kor 1, 28). Den Daseinsgrund in einer „so ganz *anderen"* Weise zu erkennen und zu identifizieren, setzt freilich voraus, daß dieser Grund in einer wesentlich tieferen Weise erschlossen ist, als dies in der übrigen Umwelt geschieht.

Deshalb besitzen die biblischen Texte eine zweifache Dynamik: Einmal beinhalten sie den Appell und geben im Nachvollzug der Geschichte die Möglichkeit, die in der Geschichte erzählte Identifikation des Daseinsgrundes nachzuvollziehen und den ganz anderen Gott als den eigenen Lebensgrund zu erkennen und zu preisen. Zum anderen aber beinhalten sie einen starken Verfremdungseffekt: Aufgrund der ungewöhnlichen Art und Weise, den sinngebenden Lebensgrund zu denken, machen sie hellhörig und lassen die Frage nach diesem Grund des Daseins in ihrer ganzen Dringlichkeit deutlich werden; die von den biblischen Texten intendierte Umkehr erfolgt nicht schon dadurch, daß einer einfach Baal mit Jahwe oder Caesar mit Jesus vertauscht und als seinen Gott und Heilbringer nimmt, vielmehr muß er erst den Grund, der sein Leben trägt, in ganz neuer und anderer Weise *sehen,* ihn profilierter in seinem Geheimnis- und Anspruchscharakter erfassen, ehe er fähig ist, darin Jahwe und den gekreuzigten Jesus zu identifizieren.

Biblische Texte haben also von ihrem Ursprung her a) eine erschließende und b) eine identifizierende Funktion. In der erschließenden Funktion richten sie sich an Menschen, die dem Glauben noch fern stehen und in der identifizierenden Funktion an solche, die sich ihm schon zugewandt haben. Dies sind ihre genuinen Funktionen. Wer sie in einer anderen Funktion einsetzt (etwa als Problemlösungspotential für Gegenwartsfragen oder als gesellschaftskritische Programmschrift[72]), nimmt sie nicht in ihrer Eigenart ernst.

Der Religionsunterricht ist der Lernort, wo die biblischen Texte in ihrer *erschließenden* Funktion eingesetzt werden. Sofern jedoch diese erschließende Funktion nur die eine Seite dessen ist, was auf der anderen Seite auf Identifizierung zielt, bedeutet der Einsatz biblischer Texte in ihrer erschließenden Funktion immer auch die freilassende *Einladung,* den mit ihrer Hilfe erschlossenen Daseinsgrund auch nach Art dieser Texte für das eigene Leben zu übernehmen. In der Katechese geht es dagegen darum, durch die Beschränkung der Lernenden auf Glaubenswillige, durch kleine gesprächsfähige Gruppen und durch gruppendynamische Kommunikation einen Raum und eine Atmosphäre zu schaffen, in der die biblischen Texte ihre *identifizierende* Funktion voll entfalten können. Sofern die Erschlossenheit des Daseinsgrundes Voraussetzung dieser Identifikation ist, kommt in zweiter Linie dabei auch die erschließende Funktion der Texte zum Tragen.

Beides, sowohl die erschließende als auch die identifizierende Funktion biblischer Texte werden *dann* am besten wirksam, wenn diese Texte nach den Regeln behandelt werden, nach denen die Linguistik und die Übersetzungswissenschaft Texte mit vorwiegend appellativem Charakter[73] behandelt. Dabei geht es besonders um jene Re-

[72] Die erschließende und identifizierende Funktion biblischer Texte beinhaltet indirekt natürlich auch eine Gesellschafts- und Sozialkritik. Menschliches Zusammenleben und soziale Strukturen sehen anders aus, wenn ich den sinngebenden Grund des Daseins in der Gestalt eines Gekreuzigten anstatt in der Gestalt des mächtigen Weltenkaisers ausgedrückt sehe.

[73] Neben „Missionsschriften“ rechnet die Übersetzungswissenschaft noch Werbetexte und politische Propagandaschriften zur Gruppe der appellativen, oder, wie man auch sagt, „operativen“ Texte. Auch wenn die Texte der Heiligen Schrift für den Christen nicht mit politischer Propaganda und merkantiler Werbung auf eine Stufe gestellt werden können, sollten wir, die wir wissen, daß sich das Göttliche in Knechtsgestalt offenbart, unbeschadet unserer Überzeugung von dem „Ganz-Anderen“ dieser Texte, diese doch zunächst als das nehmen, als was sie sich in linguistischer und kommunikationstheoretischer Hinsicht darstellen (als Texte, die dafür *werben*, daß der Mensch nicht Baal oder Caesar, sondern Jahwe und Jesus als Offenbarung des sinngebenden Daseinsgrundes nimmt) nämlich als operative Texte. Vgl. zu dieser Einordnung K. Reiß, Texttyp und Übersetzungsmethode. Der operative Text, Kronberg/Ts 1976, bes. S. 49–54.

geln, die nach der Übersetzungswissenschaft bei der Übertragung dieser Texte und des in ihnen enthaltenen Appells von einem Kulturraum in den anderen gelten. Grundregel einer solchen Übertragung, die in der Bibeldidaktik bisher viel zu wenig beachtet worden ist, ist dabei die Einsicht, daß es sich bei einer solchen Übertragung nicht um eine möglichst wort- und sachgetreue Übersetzung handeln kann, sondern daß der zu übertragende Appell formal und inhaltlich in der Sprache und Lebenswelt des neuen Adressatenkreises neu formuliert werden muß, damit er in einer ähnlichen Weise wie in der Ursprungssituation wirksam werden kann. „Wenn der übertragene Text den gleichen Effekt auslösen soll wie das Original, muß die Übersetzung nicht nur in der Form, sondern in der Regel auch im Inhalt weitgehend vom Original abweichen“[74]. Beim appellativen Text darf der Übersetzer auch nicht versuchen, mit Hilfe von sachlichen Erläuterungen und zusätzlichen Informationen die notwendige Anpassung des Textes an den neuen Kulturraum anzustreben. „Der Appell soll ja unmittelbar wirken und verträgt daher keine Ablenkung durch Erläuterungen ... Vielmehr muß der Appell des ausgangssprachlichen Textes *umkodiert* werden auf die vom Empfänger mitgebrachten Voraussetzungen sprachlicher und pragmatischer Art; der Appell muß also zielsprachlich wirksam *‚umprogrammiert‘* werden, damit der Text seine Funktion erfüllen kann“[75]

In der Religionspädagogik galt dagegen lange Zeit die Regel, daß der biblische Text nur soweit in die Sprache der Kinder und der Menschen unserer Zeit übersetzt und umformuliert werden dürfe, als dies zum sprachlichen Verständnis unbedingt notwendig ist, ohne dabei die inhaltliche Aussage des Textes anzutasten. Erst seit der Katechetikertagung in Straßburg im Herbst 1975, die ganz der Bibeldidaktik gewidmet war, wird die Aufgabe gesehen, daß biblische Texte notwendig „transformiert“, d. h. auch formal und inhaltlich verändert werden müssen, um ihre erschließende und identifizierende Funktion

[74] O. Kade, Subjektive und objektive Faktoren im Übersetzungsprozeß, Leipzig 1965, S. 288.

[75] K. Reiß, Texttyp und Übersetzungsmethode, a.a.O., S. 101.

im jeweiligen Adressatenkreis zur Geltung bringen zu können[76]; dabei verbindet sich diese religionspädagogische Einsicht auf weite Strecken hin mit dem fundamentaltheologisch begründeten Programm einer „narrativen Theologie“. Auf konkrete Methoden und Möglichkeiten zu diesem „Umkodieren“ („Übertexten“) biblischer Perikopen geht das Kapitel 1 (bes. 1.2 und 1.3) des zweiten Hauptteils näher ein.

Für die Unterscheidung und Korrelation von Religionsunterricht und Katechese ist festzuhalten: Sowohl im Religionsunterricht als auch in der Katechese sind „Umkodierungen“ („Übertextungen“) biblischer Texte notwendig, weil nur so die der Textart eigene Dynamik, sei es die erschließende oder die identifizierende Funktion, auf einen neuen Adressatenkreis hin wirksam gemacht werden kann; aber die Auswahl der Texte und die Wirksamkeit der „Umkodierung“ ist verschieden, je nach dem, ob ich im Lernprozeß den Akzent stärker auf die erschließende oder auf die identifizierende Funktion des Textes lege: im Religionsunterricht gilt es so zu „Übertexten“, daß vor allem die *provozierende* Kraft dieser Texte zur Geltung kommt, die das jeweils als scheinbar sicher und unverrückbar Geltende vom letzten Sinngrund des Lebens her in Frage stellt; in der Katechese dagegen müssen die Teilnehmer versuchen, Züge ihrer eigenen Lebenserfahrung oder Züge aus gemeisamen Erfahrungen der Gemeinde-Gruppe in die Texte hineinzukomponieren: So erzählt z. B. die integrierte Gemeinde in München in szenischen Darstellungen ihre eigene Geschichte in Bildern und Motiven der Exodusgeschichte; dabei geht es freilich nicht um eine vordergründige Identifizierung der Gemeinde mit den Moses-Leuten, sondern vielmehr darum, den *Gott* dieser Moses-Sippe als auch in der eigenen Geschichte der Gemeinde wirksam zu bezeugen. Auch die Auswahl der biblischen Texte im Religionsunterricht einerseits und in der Katechese andererseits muß sich nach diesem Kriterium richten: Im Religionsunterricht werden

[76] Die Referate und Arbeitsberichte der Tagung sind abgedruckt in Heft 3/1976 der Kat. Bl. Vgl. dort auch die Transformation biblischer Gleichnisse in eine Comic-Form und die zugehörigen Überlegungen von G. Lange und R. Wertz, S. 174ff. Vorbereitet wurde diese Neuorientierung der Bibeldidaktik durch A. Stock, Umgang mit theologischen Texten, Zürich–Einsiedeln–Köln 1974, bes. S. 68ff. („Produktiver Umgang mit Texten“).

die Gleichnisse, Streitreden und Wundergeschichten in ihrer Art, wie sie das je Gegenwärtige verfremden und die neuen Möglichkeiten des Denkens und Handelns nach der Logik des Gottesreiches aufscheinen lassen, im Mittelpunkt stehen; die Arbeit in der Katechese wird dagegen besonders darauf hinzielen, die Passionsgeschichten und die Erzählungen vom Auferstandenen identifizierend nachzuerzählen.
So läßt sich durchaus die Bibeldidaktik je nach Religionsunterricht oder Katechese sinnvoll differenzieren; dabei wird jedoch nicht unterschieden, um zu trennen und das eine vom anderen abzuschneiden, sondern um zwei verschiedenen Lernorten gerecht zu werden, die es heute faktisch gibt oder zumindest geben *könnte* und eine gegenseitige Korrelation dieser beiden verschiedenen Lernorte zu ermöglichen.

2.4. Die Unterscheidung und Korrelation von Religionsunterricht und Katechese im Umgang mit Glaubensformeln.

Nicht nur die Bibel sondern auch die Lehrtradition der Kirche tritt in der neueren Religionspädagogik wieder stärker in den Vordergrund. Die Zeitschrift „Diakonia" hat in ihrem Heft 4/1974 ein „Forum Katechismus" durchgeführt und 22 Religionspädagogen, Lehrer, Bischöfe und kirchliche Schulreferenten nach ihrer Meinung über Möglichkeit und Notwendigkeit der Erarbeitung eines neuen Katechismus gefragt. Dabei stellt die Redaktion einleitend fest: „Noch kein Forum unserer Zeitschrift hat solch spontanes und breites Echo gefunden wie dieses"[77]. Unter den 22 Beiträgen sehen alle die Notwendigkeit einer neuen *konzentrierten Zusammenschau* des überlieferten christlichen Glaubens; freilich verlangen keineswegs deshalb auch alle Befragten nach einem neuen Katechismus. Wofür jedoch alle plädieren, ist, daß diese heute unbedingt notwendige neue Zusammenschau des Glaubens auf die *gegenwärtigen Lebenssituationen* bezogen sein und von daher ihre Sprache gewinnen muß; sie darf nicht wieder in ein abstraktes theologisches „Kunstgewerbevokabular" verfallen.

[77] Diakonia, Heft 4/1977, S. 254.

Einige (darunter auch ich selbst) sind nun aber der Meinung, daß eben *dieser* Fehler, den alle ausschließen wollen, notwendig eintreten muß, wenn die erstrebte neue Zusammenschau des überlieferten Glaubens auf mehr oder weniger *systematische Vollständigkeit* hin angelegt ist (wie dies im herkömmlichen Begriff des „Katechismus" einbeschlossen ist[78]). Denn die Lebenssituationen, auf die sich der neu zu konzentrierende Glaube beziehen muß und von denen her er seine sprachliche Aussagekraft gewinnt, sind heute zu vielfältig und ändern sich zu rasch, als daß sie sich in eine theologische Systematik verrechnen und in ein auf Vollständigkeit bedachtes Lehrgebäude einbringen ließen. Ähnlich wie W. Bartholomäus[79], J. Blank[80] und vor allem K. Wegenast[81] bin ich deshalb der Meinung, daß die Aufgabe der Konzentration und Neustrukturierung des überlieferten Glaubensgutes, wie sie sich heute als unbedingt notwendig stellt, nicht durch einen auf Systematik und Vollständigkeit bedachten Katechismus, sondern besser durch eine auf die jeweils gegebene (Problem-) Situation hin erarbeitet Neuformulierung des Kerns der christlichen Glaubensbotschaft „Jesus ist der Christus" zu leisten ist. Solche Neuformulierungen liegen vor in den vielen, gegenwärtig im Umlauf befindlichen sogenannten *„Kurzformeln des Glaubens"*. Diese verstehen sich als Neufassung des christlichen Glaubensbekenntnisses, die nicht auf systematische Vollständigkeit zielt, sondern in einer gegebenen Situation das Spezifische des christlichen Glau-

[78] „Katechismus" wird hier und im folgenden in jenem herkömmlichen Sinn verstanden, wie ihn G. Bitter definiert: „Katechismen sind – dies zeigt die Geschichte – ihrer theologischen Qualität nach lehramtlich beauftragte und vorgeschriebene, knappe Darstellungen der Glaubenslehre; sie entstehen aus der Vorstellung, daß das Glaubensgut vom ordentlichen Lehramt ausgeteilt, den Gläubigen vorgelegt wird". In diesem (herkömmlichen) Sinne ist nach Bitter z.B. der sog. „Holländische Katechismus" (der im Originaltitel „Glaubensverkündigung für Erwachsene" heißt) kein Katechismus; vgl. G. Bitter, Leben suchen und Leben erproben. Der Holländische Katechismus als „Zeugnis einer Theologie des Volkes", in: A. Exeler/ N. Mette, Theologie des Volkes. Mainz 1978, S. 64ff.

[79] Ebenda, S. 256–257.

[80] Ebenda, S. 260–262.

[81] Ebenda, S. 278–279.

bens zur Sprache bringen und als befreienden Appell in die Situation hineingeben will. Dies kann auch in der Form eines Briefes, eines Gedichtes, eines Bildes, einer Collage u. ä. geschehen (Näheres dazu in Kap. 2 [bes. 2.3.] des zweiten Hauptteils).

Entscheidend ist, daß das eine Ganze des christlichen Glaubens, die eine Botschaft vom gekreuzigten Jesus als dem Messias und Gottessohn, in der weltanschaulich pluralen Gesellschaft nicht mehr durch eine philosophisch-spekulativ argumentierende Logik (also systemimmanent und deduktiv) sondern durch die Herausforderung konkreter Lebenssituationen (also „von außen" her und in diesem Sinne induktiv: als befreiende und Hoffnung stiftende Heilszusage in diese Situation hinein) aufgegliedert und entfaltet werden muß.

Es kommt darauf an, diesen Kristallisationspunkt der christlichen Botschaft mit der auf die Sinnfrage hin verdichteten Lebenssituation in Korrespondenz zu bringen. Nur so ist gewährleistet, daß sich der christliche Glaube wirklich im Medium dieser unserer Welt und dieses unseres Lebens vollzieht und nicht in einem abstrakt-theologischen Raum. Was wir deshalb in der gegenwärtigen religionspädagogischen Situation bräuchten, ist nicht ein Katechismus im herkömmlichen Sinne, sondern ein anschauliches, mit vielen Beispielen versehenes Handbuch zur Arbeit mit „Kurzformeln des Glaubens" und ähnlichen situativen Verdichtungen der christlichen Botschaft. Dieses müßte im Rückgriff auf die alten Glaubensbekenntnisse und deren Entstehungsgeschichte Kriterien für die Erarbeitung von „Kurzformeln" und anderen Glaubenssymbolen gewinnen. Dadurch könnte es Jugendliche und Erwachsene befähigen und durch Beispiele dazu anregen, in theologisch verantwortbarer Weise (d. h. in der Spur der alten Glaubensbekenntnisse bleibend) neue und in der Form sehr verschiedenartige „Symbole" zu erarbeiten, die von der jeweiligen Lebenssituation der Lerngruppe aus eine konzentrierende, das Ganze des Glaubens neu strukturierende Zusammenschau der christlichen Botschaft ermöglichen. Im Religionsunterricht geschieht dies mit dem Ziel, dadurch diese christliche Botschaft in ein sinnvolles, verständliches, engagiertes und doch freilassendes, nicht-repressives Gespräch mit anderen nicht spezifisch christlichen, aber auf die gleiche Situation bezogenen Lebenssichtweisen und Lebensüberzeugungen zu bringen, die in ähnlich verdichteter Weise gestaltet sind („Lebensformel") und dadurch zum Dialog mit der christlichen Glaubensformel herausfordern (Näheres dazu in Kap. 2.3 des zweiten Hauptteils).

Ein solches Handbuch zur Arbeit mit „Kurzformeln des Glaubens" und ähnlichen Glaubenssymbolen wäre notwendig sowohl für den Religionsunterricht als auch für die Gemeindekatechese. Aber wiederum (wie beim Einsatz biblischer Texte) müßte die *Art und Weise,* wie in Religionsunterricht einerseits und in der Katechese andererseits mit solchen neuen Symbolen gearbeitet werden muß, spezifisch verschieden sein. Auch die Glaubensformeln, sowohl die alten als auch die neuen Symbole, haben grundsätzlich eine zweifache mögliche Funktion: Sie sind einmal *Einigungsformel,* „Symbolum", d. h. ein Erkennungszeichen, an dem jene Menschen einander erkennen, die den Sinngrund des Lebens und der Welt in der Gestalt des gekreuzigten Jesus aufscheinen sehen und an dieser Identifikation festhalten wollen; ursprünglich (bei Herodot und Euripides) bezeichnete der Name „Symbolum" ja eine auseinandergebrochene Spielmarke, die sich voneinander scheidende Freunde gaben und an deren zueinander passenden Bruchflächen sie sich nach langen Jahren der Trennung wiedererkennen konnten. Andererseits ist das Symbolum aber auch eine *Abgrenzungsformel,* die mich dem anderen, der den tragenden Lebensgrund *nicht* im gekreuzigten Jesus aufscheinen sieht, als Christen zu erkennen gibt, mich für ihn kenntlich und faßbar macht; die Formel gibt mich als einen zu erkennen, der in Jahwe und nicht in einem der verschiedenen Baale, bzw. in der Ohnmacht der Leidensgestalt Jesu und nicht in der kraftstrotzenden Kaiserfigur den sinngebenden Lebensgrund ausgedrückt und verkörpert sieht[82]; die Formel ist die in ein kurzes Wort oder ein treffendes Bild gebrachte Art und Weise, wie der Christ gegenüber dem Nicht-Christen

[82] Vgl. Jos 24, 16ff. und 1 Kön 18, 21ff., wo das alttestamentliche Glaubensbekenntnis aus der Abgrenzung zu den jeweils anderen Göttern gewonnen wird: Josua stellt vor seinem Tode die Stämme vor die Frage, wem sie dienen wollen, „den Göttern, denen eure Ahnen jenseits des Stromes gedient haben oder den Göttern der Amoriter, in deren Land ihr wohnt; ich aber und meine Familie wollen dem Herrn dienen" (Jos 24, 15), worauf auch das Volk mit dem Bekenntnis zu Jahwe antwortet.

Rechenschaft ablegt über seine Hoffnung (1 Petr 3, 15). Sie besitzt so, weil in der Sprache unserer Welt und unseres Lebens gesprochen und dadurch auch für den Nicht-Christen verständlich, das, was R. Bleistein die Funktion der Kurzformel des Glaubens als einer *„Kontaktformel“* nach außen nennt[83]; sie beinhaltet eine meiner Zeit und meiner Situation gemäße Zusammenschau des Glaubens, die mich befähigt, diesen Glauben dem anderen in seiner Bedeutsamkeit für die je vorliegende, das Ganze des Lebens (und damit die Sinnfrage) spiegelnde Lebenssituation zu zeigen und ihn dadurch zur Auseinandersetzung und zum Dialog mit dem christlichen Glauben herauszufordern.

So ergibt sich ein je verschiedener Einsatz und eine je verschiedene Funktion der situativen Glaubenssymbole und Glaubensformeln in Religionsunterricht und Katechese. In der Katechese steht die *einheitsstiftende* Funktion des situativen Glaubensausdrucks im Mittelpunkt. Im Austausch von Lebenserfahrungen, die das Ganze des Lebens betreffen, vergewissern sich die Teilnehmer der Katechese ihrer Offenheit für den umgreifenden Lebensgrund. Im erzählenden und meditierenden Nachvollzug der biblischen Überlieferung identifizieren sie je neu diesen Lebensgrund im Wirken Jahwes und in der Gestalt des Gekreuzigten. In Fest und Feier geben sie der Freude über die geglückte Identifikation Ausdruck und in einer „Kurzformel“ oder einem anderen Symbol des Glaubens versuchen sie, diese festzuhalten und ihr eine sinnlich vernehmbare Gestalt zu geben, mit der sie das Gefundene auch nach außen hin sagen, verständlich machen und rechtfertigen können. – Im Religionsunterricht dient die Glaubensformel und das Glaubenssymbol als *Abgrenzungs-* und *Kontakt-Formel:* Die Gruppe der Christen innerhalb einer weltanschaulich pluralen Lerngruppe (wie sie in typischer Weise die Schulklasse darstellt) versucht, herausgefordert durch eine das Leben im Ganzen (und dadurch in seiner Gefragtheit nach Sinn) spiegelnden Lebenssituation ihr Glaubensbewußtsein in eine knappe, ansprechende Form zu bringen und korrespondiert so mit den übrigen Mitgliedern der Gruppe, die ebenfalls ihre tragenden Lebensan-

[83] R. Bleistein, Kurzformel des Glaubens. Prinzip einer modernen Religionspädagogik, Würzburg 1971, Bd. I (Grundlegung) und Bd. II (Texte); näheres dazu in Kap. 2.1 und 2.3 des zweiten Hauptteils.

schauungen in einer Art „Lebensformel“[84] zu formulieren suchen; die so auf den Begriff gebrachten Lebensüberzeugungen können dann gegenseitig angefragt, erläutert und begründet werden. In diesem Dialog liegt ein starker Impuls zur *Erschließung* des umgreifenden Lebensgrundes (worauf es im Religionsunterricht in besonderer Weise ankommt).

So bewährt sich auch im Umgang mit Glaubensformeln und Glaubenssymbolen die Unterscheidung von schulischem Religionsunterricht und gemeindlicher Katechese. Wiederum zeigt sich dabei, daß die Unterscheidung, wie sie hier vollzogen wurde, nicht einer gegenseitigen Abspaltung und Abtrennung dient, sondern die Voraussetzung schafft, daß beide Bereiche sich gegenseitig entlasten und ergänzen und einander anregen können[85].

[84] Vgl. ebenda, Bd. II, S. 9ff. die sog. „Weltbekenntnisse“ aus anderen Religionen.

[85] Auf diese Formel „gegenseitige Anregung und Entlastung“ hat sich im Anschluß an das Synodenpapier „Das katechetische Wirken der Kirche“ (in „Synode“, Heft 3/1974; hier Pkt. 1.5., S. 106) die religionspädagogische Diskussion bezüglich des Verhältnisses von RU und Katechese weitgehend geeinigt. Vgl. A. Exeler/G. Baudler, Zwei Grundtypen kirchlichen Handelns, in: ders. (Hg.), Erneuerung der Kirche durch Katechese, a.a.O., S. 139–170, hier bes. 169f.; sowie J. Müller, Gemeindekatechese, Mainz 1976, S. 26f.; Uneinigkeit besteht noch bezüglich der Frage, ob die Unterscheidung und Korrelation der beiden Weisen kirchlichen Wirkens *durchgehend* sein, sich also auch auf außerschulische Altersstufen und Arbeitsbereiche (kirchliche, z.B. „offene“ Jugendarbeit, religiöse Erwachsenenbildung usw.) erstrecken soll, oder ob (wie dies das Synodenpapier zur Katechese nahelegt) schulischer RU zuletzt doch nur als Spezial- und Sonderfall des dann sehr weit und umfassend verstandenen „katechetischen Wirkens der Kirche“ zu gelten habe. Vgl. dazu Exeler/Baudler, Zwei Grundtypen?, a.a.O., S. 145ff.; ebenso wie Exeler und das Synodenpapier: J. Müller, Gemeindekatechese, a.a.O., S. 28. Vgl. dagegen W. Bartholomäus, Firmvorbereitung in Religionsunterricht und Katechese, in: G. Baudler, Erneuerung der Kirche durch Katechese, a.a.O., S. 119 (Pkt. 1.3.), E. J. Birkenbeil, Die „kirchliche Katechese“ nach der curricularen Wende des schulischen RU, in: G. Baudler (Hg.), Schulischer RU und kirchliche Katechese, Düsseldorf 1973, S. 115; sowie im vorliegenden Band die Kapitel 2.2. und besonders 2.4. des zweiten Hauptteils (Dort werden RU und Katechese nicht – was auch begrifflich ungenau ist – gemeinsam zum „katechetischen“ Wirken der Kirche gezählt, sondern unter dem Oberbegriff *„religions-*

2.5. *Zusammenfassende Übersicht:*

Religionsunterricht und Katechese in Korrelation

Unterscheidungs-Gesichtspunkte	Religionsunterricht	Katechese
Lernort	Kreis von religiös unterschiedlich eingestellten Menschen (darunter auch *Christen*)	Kreis von religiös aufgeschlossenen, *glaubenswilligen Menschen*
Lernziel	*Erschließung des umgreifenden, sinngebenden Lebensgrundes* auf der *Basis (eines verlebendigten) christlichen Glaubens*	*Identifizierung* des *erschlossenen Lebensgrundes* in der biblischen Überlieferung (= Verwirklichung des *Glaubens*)
Modell der Mehrdimensionalität v. Erfahrung	Weg von x nach *y* auf der Basis von *z* und in Auseinandersetzung mit z	Weg von *y* nach *z* auf der Basis von *y* und x
Umgang mit biblischen Texten	Auswahl und Einsatz *biblischer Texte* nach ihrer *erschließenden Funktion*	Auswahl und Einsatz biblischer Texte nach ihrer *identifizierenden Funktion*
Umgang mit Glaubensformeln und Glaubenssymbolen	Arbeit an *„Kurzformeln des Glaubens“* (und anderen situativen Glaubenssymbolen) als *Abgrenzungs- und Kontaktformeln*	Arbeit mit „Kurzformeln des Glaubens“ (und anderen situativen Glaubenssymbolen) als *Einigungsformeln*

Bedeutung der Unterstreichung:

— — — — — — — — — — (gestrichelte Linie): gibt der eine Lernbereich an den anderen zur Unterstützung ab

———————————— (durchgezogene Linie): empfängt der eine Lernbereich vom anderen als Unterstützung

pädagogisch-katechetisches“ Wirken der Kirche zusammengefaßt als *eine* wichtige Aufgabe der Kirche, die sich aber entsprechend den typisch verschiedenen Gesprächs- und Interaktionssituationen in zwei entsprechend typisch verschiedene aber miteinander korrelierende Lernprozesse unterteilt).

Zweiter Hauptteil

Wechselseitige Verflechtung von überliefertem Glauben und gegenwärtiger Lebenssituation als Grundproblem religiösen Lernens in der weltanschaulich pluralen Gesellschaft: Die zwei Grundprinzipien einer Didaktik der Korrelation.

Wie vor allem das erste Kapitel des ersten Hauptteils deutlich zu machen versuchte, gibt es in der weltanschaulich pluralen Gesellschaft keine das gesamte individuelle und gesellschaftliche Leben überwölbende Sinnkonstruktion, die den „Ort", den „Sitz im Leben", für die Sprache der christlichen Glaubensüberlieferung bilden könnte. Diese Sprache ist deshalb „ortlos" geworden; sie hat ihren unmittelbaren Realitätsbezug verloren und erscheint vielen Menschen heute erstarrt, unecht und museal, der Mensch kann sie nicht mehr unmittelbar auf sein Leben beziehen[1].

Dazu ein Beispiel: Anläßlich einer Fallstudie stellte ein Lehrer in Hamburg-Wilhelmsburg in einer 4. Grundschulklasse unvermittelt und während des Deutschunterrichts (damit sich nicht das übliche „Religionsstunden-Ich", sondern wirklich der Schüler selbst äußert) seinen Schülern die Frage: „Was weißt Du von Gott?". Die Schüler sollten in ganz wenigen Sätzen zu dieser Frage eine sprachliche Äußerung abgeben. In der Studie zeigte sich signifikant der fehlende sprachliche Realitätsbezug für die christliche Überlieferung. Ein Schüler schrieb: „Gott ist ein Geist, er hat nur Knochen"[2]. Der erste

[1] Vgl. die schon oben erwähnte Tagebuchnotiz von M. Walser, Halbzeit, München–Zürich 1964, S. 247: „Mit Lissa in der Kirche, konnte nicht beten. Die feierliche Amtssprache der Kirche klang fremd. Kunstgewerbe-Vokabular. Mein Leben ist in dieser Gebetssprache nicht mehr unterzubringen. Ich kann mich nicht mehr so verrenken. Ich habe Gott mit diesen Formeln geerbt, jetzt verliere ich ihn durch diese Formeln".

[2] Vgl. die Fallstudie von Volker Schmidt, Biblisch-theologische Tradition im Bewußtsein von Schülern einer 4. Klasse aus Hamburg-Wilhelmsburg, in: „ru". Zeitschrift für die Praxis des Religionsunterrichts, Heft 4/1974, S. 156–173.

Teil dieser Äußerung ist ein Teil jener christlichen Tradition, die einmal global als Sinn-Basis der Gesellschaft fungierte und mit diesem Realitätsbezug ein im ganzen intaktes Sprachgeflecht bildete. Heute aber ist dieser gesamtgesellschaftlich ausgerichtete Realitätsbezug nicht mehr gegeben; deshalb ist das Sprachgeflecht der christlichen Tradition brüchig geworden. Der Schüler formuliert ein Stück aus diesem Sprachgeflecht, verliert jedoch schon nach einem Satz den in der Sinnfrage gründenden Realitätsbezug seiner Aussage; deshalb sucht er nach einem anderen Realitätsbezug, der sich ihm aus seiner Vorstellungswelt anbietet: er assoziiert „Geist" mit etwas Unkörperlich-Gespenstischem und zieht diesen neuen Realitätsbezug aus: „Gott ist ein Geist, er hat nur Knochen".

An diesem Beispiel wird deutlich: die Sprache der christlichen Überlieferung kann nicht mehr in einem *geschlossenen* (d. h. bloß in sich selbst logisch stimmigen) Sprachgeflecht verlaufen, weil sie nicht mehr als gesamtgesellschaftlich akzeptierte Sinnbasis fungiert. Vielmehr müssen die einzelnen Elemente und Aussagen der christlichen Überlieferung *je für sich* einen Realitätsbezug in der Erfahrung der je Sprechenden erhalten. Einem Kind oder Jugendlichen zu sagen, Gott sei ein Geist, ist nur dann sinnvoll, wenn dieses Kind oder dieser Jugendliche vorher das Phänomen der „Begeisterung" realisiert hat und ihm deutlich geworden ist, wie solche Begeisterung den Menschen „mitzunehmen" und über sich selbst hinauszuführen vermag. Dann erst bekommt der Satz „Gott ist ein Geist", d. h. eine Macht, die den Menschen ergreift und über die engen Grenzen seiner Alltagswelt hinausführt, einen konkreten, sprachlich plausibel realisierbaren Sinn.

Es ist also nicht mehr möglich, die Überlieferung katechismusartig als mehr oder weniger in sich geschlossenes System sprachlich zu artikulieren und dieses System als übergreifende Sinn-Norm den konkreten und vielfältigen Lebensprozessen vorzusetzen. Vielmehr muß einerseits die Überlieferung elementarisiert und in ihren einzelenen Elementen mit konkreten Lebenserfahrungen und Lebensprozessen verknüpft werden und andererseits müssen, von den konkreten Lebenssituationen ausgehend, die Lebensprozesse und die Lebenserfahrung so konzentriert werden, daß sich von ihnen selbst her die Sinnfrage stellt und auf diese situativ artikulierte Sinnfrage hin dann

die christliche Überlieferung in eben solcher Konzentration neu strukturiert und formuliert werden kann.
Diesen beiden grundsätzlichen Möglichkeiten einer Vermittlung von Überlieferung und Lebenssituation, einmal von seiten der Überlieferung her, und einmal von seiten der Lebenssituationen her, soll im folgenden nachgegangen werden. Dabei kann es nicht darum gehen, eine bis ins einzelne gehende Didaktik der Korrelation von Lebenssituation und Überlieferung zu erarbeiten; im Rahmen dieser Arbeit kann nur nach den grundsätzlichen *didaktischen Prinzipien* gefragt werden, nach denen eine solche Vermittlung möglich ist.

1. Von der Überlieferung zur Situation durch analytisch-assoziative Übertragung.*

> „Überlieferung weitergeben heißt nicht Asche verwahren, sondern das Feuer am Brennen halten" (Jean Jaures)

1.1. Analytisch-assoziative Übertragung als bibeldidaktisches Prinzip

Christliche Überlieferung besteht aus der Sicht der katholischen Theologie aus der Bibel und der dogmengeschichtlichen Tradition der Kirche. Dabei stehen sich diese beiden Größen „Heilige Schrift" und „mündliche Überlieferung" nicht gleichgeordnet und unverbunden gegenüber. Vielmehr ist die mündliche Tradition einerseits die Voraussetzung der Heiligen Schrift, sofern der Traditionsprozeß zuerst mehrere Jahrhunderte lang ohne schriftlichen Kanon erfolgte und die Kanonbildung ein Ergebnis der mündlichen Überlieferung ist; andererseits ist die folgende dogmengeschichtliche Tradition im wesentlichen Auslegungsgeschichte der Bibel: die Dogmen setzen innerhalb des Denk- und Erfahrungshorizontes bestimmter Zeitepochen konstitutive Wegmarken für das richtige und unverfälschte Verständnis der Bibel. Die Dogmengeschichte hat also (je länger der Zeitpunkt der Kanonbildung zurückliegt, desto mehr) eine deutliche *Dienstfunktion* gegenüber der biblischen Überlieferung: sie dient dazu, diese abzugrenzen und ihre lebendige Wirksamkeit in den verschiedenen Zeitepochen zu gewährleisten.

Bei der Frage, wie christliche Überlieferung mit gegenwärtigen Lebenssituationen zu verflechten ist, geht es deshalb wesentlich um die Aufgabe, wie die verschiedenartigen Erzählstücke, Hymnen, Lieder, Weisheitssprüche, Bekenntnisse und Lehrtexte des Alten und Neuen Testaments so mit gegenwärtigen Lebenssituationen verflochten werden können, daß ihre Sinn erschließende und Glauben stiftende Sprache einen Realitätsbezug gewinnt und vom heutigen Menschen gehört und verstanden werden kann. Es geht, mit anderen Worten, um die Frage nach dem „richtigen" (d. h. sowohl theologisch verantwortbaren als auch didaktisch sinnvollen) Umgang mit biblischen Texten in der religiösen Erziehung und im religiösen Sprechen des heutigen Menschen.

*) durch logische Zergliederung entwickelnd und verbindend (mit heute)

Dabei kann es nicht darum gehen, unter den heute gebräuchlichen Möglichkeiten und Formen des Umgangs mit biblischen Texten eine einzelne auszuwählen oder eine neue hinzuzuerfinden und diese dann zu einer Art „Generalmethode"[3] der Verbindung von christlicher Überlieferung und gegenwärtiger Lebenssituation zu erheben. Vielmehr ist nach dem *didaktischen Prinzip* einer solchen Verflechtung zu fragen, das sich in je verschiedener Weise in verschiedenen Möglichkeiten des Umgangs mit biblischen Texten ausprägt und diese verschiedenen Möglichkeiten in eine innere Beziehung zueinander zu setzen vermag.

Einen biblischen Text verstehend anzueignen, ihn sinnvoll mit der gegenwärtigen Lebenssituation zu verflechten, heißt, ihn so zu sich sprechen zu lassen, daß sich im eigenen Lebens- und Erfahrungsraum neue, befreiende, Zukunft eröffnende Sprach-, Denk- und Handlungsmuster erschließen: eben jene Perspektiven des Redens, Denkens und Handelns, die den Gott des Volkes Israel und den Gott und Vater Jesu kennzeichnen.

Dieser Erschließungs- und Identifizierungsprozeß kann nicht zureichend allein durch analytische Verfahren erreicht werden. Eine noch so genaue Text- und Literaturkritik, eine mit feinstem linguistischem Instrumentarium gegebene Beschreibung der sprachlichen Gestalt des Textes, eine noch so gelehrte Analyse der im Text enthaltenen sprachgeschichtlichen Motive, eine noch so präzise Bestimmung der jeweiligen Textgattung, ein noch so sorgfältiges Nachzeichnen der Redaktion und Tradition einer biblischen Perikope können weder je für sich noch zusammengenommen beim Leser oder Hörer des Textes jene „disclosure"[4], jenen Enthüllungsprozeß, jene Erfahrung, daß es wie Schuppen von den Augen fällt, hervorrufen, auf die hin ein biblischer Text von sich aus tendiert und innerhalb dessen die

[3] Vgl. E. Paul, Bibeldidaktische Neuerscheinungen, in: Religionspädagogische Beiträge, Heft 1/1978, S. 6.

[4] „Disclosure", dtsch. „Enthüllung", „Erschließung", „Offenbarung" zu bewirken, ist die zentrale Funktion der Glaubenssprache in der Theorie der religiösen Sprache bei I. T. Ramsey, Religious Language. An empirical Placing of Theological Phrases, New York ^{3}1973; vgl. dazu W. de Pater, Theologische Sprachlogik, München 1971 und die Anm. 70 des ersten Hauptteils.

Sprache dieses Textes die ihr eigene Wirkung ausübt. Dies wird heute von vielen Bibeltheologen, die als historisch-kritische Exegeten sich noch ganz den analytischen Verfahren der Textaneignung verschrieben hatten, selbst gesehen[5].

Ebensowenig aber kann eine rein assoziative Arbeitsweise das oben umschriebene Ziel des Umgangs mit biblischen Texten erreichen. Wenn etwa, nach einem Vorschlag von C. Janson-Michl[6] und in Anlehnung an W. Wink[7] die Gestalten des Gleichnisses von barmherzigen Samariter „als Sonden in das eigene Selbstverständnis eingeführt“[8] werden und, eingeleitet durch Entspannungsübungen, der Hörer/Leser gefragt wird, wer in *ihm*, im Innenraum seiner Persönlichkeit, der „unter die Räuber Gefallene“ ist: jenes Verdrängte, nicht bewußt Wahrgenommene, an dem der „Priester“ und „Levit“ achtlos vorübergehen, und wenn er sich weiter fragt, wer in *ihm* dieser „Priester“ und „Levit“ ist, warum sie sich dem „Abgeschriebenen“ nicht zuwenden wollen oder können und wo in der eigenen Seele vielleicht jener „Samariter“ lebt, von dem die rettende Zuwendung zu erhoffen wäre, dann vermag ein solcher Umgang mit biblischen Texten zwar starke Emotionen auszulösen und (vielleicht auch bloß vorübergehend) aus seelischer Lähmung und Erstarrung zu befreien, aber der sich abspielende psychische Prozeß verläuft nach Gesetzen und Bahnen, die rein psychologisch bestimmt sind; ein Prozeß dieser Art zielt von sich aus nicht notwendig auf eine Erschließung und/oder christliche Identifizierung der Sinnfrage.

[5] Vgl. W. Wink, Bibelauslegung als Interaktion, Stuttgart–Berlin–Köln–Mainz 1976; K. Berger, Exegese des NT, Heidelberg 1977, der die verschiedenen exegetischen Methoden darstellt und abschließend die Notwendigkeit einer „wirkungsgeschichtlichen Hermeneutik“ erörtert, die sich gleich wesentlich wie am Text auch an der *Rezeption* des Textes orientiert (vgl. bes. S. 242–269); ähnlich W. Stenger, Zwischen den Zeilen lesen, Kat. Bl. Heft 9/77, S. 705–714, wo ebenfalls die Notwendigkeit gesehen wird, nicht bloß den Bibeltext „auszulegen“, sondern auch die eigene Subjektivität kreativ in den Text hineinzubringen und so echte Kommunikation mit dem Text zu schaffen.

[6] Vgl. C. Janson-Michl, „Integratives Drama“ als Methode der Bibelinterpretation in der Jugendarbeit, in: Kat. Bl. Heft 9/78, S. 708–713.

[7] W. Wink, Bibelauslegung als Interaktion, a.a.O., S. 44.

[8] Ebenda.

Der biblische Text ist innerhalb dieses Vorgangs ein mehr oder weniger *beliebiger* Impuls, der den beabsichtigten psychologischen Aufarbeitungsprozeß auslöst. Es ist nicht ersichtlich, warum nicht ein vom Leser/Hörer produzierter und erzählter *Traum* einen viel geeigneteren Impuls dieser Art abgibt, da die in dieser Traumerzählung wirkenden Gestalten viel deutlicher und genauer als ein 2000 Jahre alter Text, so „archetypisch" dieser auch sein mag, das unbewußte Seelenleben des betreffenden Menschen zum Ausdruck bringt und anspricht. Da sich der Text hier in der Funktion eines Impulses *erschöpft*, ist keine Möglichkeit gegeben, daß am Ende des Prozesses ein bleibender, die Sinndimension des menschlichen Lebens tragender *Dialog* zwischen der je gegenwärtigen Lebenssituation und dem alten, überlieferten Text entsteht und bestehen bleibt.

Ebensowenig gelingt dies, wenn nach Art der sogenannten „Transformationen" biblischer Perikopen ein vorliegender biblischer Text durch mehr oder weniger gelungene Assoziationen umformuliert oder in eine Comic-Geschichte verwandelt wird[9]. Zwar können dabei prächtige „Zufallstreffer" entstehen[10], die wirklich den Impuls des biblischen Textes in das gegenwärtige Leben übertragen und dieses

[9] Vgl. dazu A. Stock, Umgang mit theologischen Texten, Zürich–Einsiedeln–Köln 1974, bes. S. 68–72; W. Neidhardt/H. Eggenberger, Erzählbuch zur Bibel, Zürich–Einsiedeln–Köln 1975; sowie das Heft 3/76 der Kat. Bl., wo im Anschluß an die DKV-Tagung in Straßburg, die der Bibeldidaktik gewidmet war, verschiedene Transformationen vorgestellt wurden; ebenso G. Miller, Aneignung des Glaubens durch Texttransformationen, Kat. Bl. Heft 9/77, S. 701–704, K. Sorger, Gleichnisse kreativ, in: Kat. Bl. Heft 8/78, S. 616–623; Schnider/Stenger, Texttransformationen, in: Religionspädagogische Beiträge, Heft 1/78, S. 71–133.

[10] So z. B. folgende wirklich gelungene Transformation des Gleichnisses vom reichen Kornbauern (Lk 12, 16–20), der sich immer größere Scheunen baut und am Ende, wenn er es sich gut gehen lassen will, vom Tode überrascht wird:

„*Das Gleichnis vom großen Terminkalender*

Ein Mann hatte einen großen Terminkalender und sagte zu sich selbst: Alle Termine sind eingeschrieben, aber noch sind die Tagung x und die Konferenz y sowie die Sitzung der Unterausschüsse und die Treffen unseres Teams nicht eingeplant. Wo soll ich sie alle unterbringen?

Und er kaufte sich einen größeren Terminkalender mit Einteilungsmöglichkeiten der Nachtstunden, machte aus Abendessen Arbeitsessen, aus

auf eine neue Zukunft hin prägend strukturieren, aber es fehlen die Kriterien, die schon im Laufe des Aneignungsprozesses auf die Dialogfähigkeit des neu entstehenden sprachlichen Gebildes mit dem alten Text achten.

Neuer Denk- und Lebensraum wird immer durch ein *Zusammenwirken* von analytischen *und* assoziativen Denkvorgängen erschlossen: Wenn ich angesichts der Flugkünste der Vögel lediglich in ein tiefes Staunen versinke, hingegeben das Schweben und Gleiten ihrer Körper in der Luft verfolge, vielleicht sehnsüchtig die Arme ausbreite und mir vorstelle, ich würde auch in dieser Weise scheinbar schwerelos durch die Luft gleiten, dann ist mir zwar ein tiefes inneres Erlebnis zuteil geworden, das verdrängte Aspekte meines psychischen Lebens aktiviert und aufdeckt, aber es erwächst daraus keine technische Erfindung, die mich schneller von einem Ort der Erde zum anderen bringt und dadurch das Zusammenwachsen der Menschheit zu einer Menschheitsfamilie erleichtert. Ebensowenig jedoch geschieht dies, wenn ich in peinlicher Genauigkeit die physikalischen und biologischen Vorgänge studiere und analysiere, mit deren Hilfe sich Vögel in der Luft halten können, ohne dabei assoziierend mich selbst und mein Verlangen nach schneller Fortbewegung und raumübergreifender Kommunikation in diese Art der Bewegung hineinzudenken und „hineinzuträumen“. Erst aus der spezifischen *Verbindung* analytischer *und* assoziativer Denkprozesse, wie sie großen Künstlern und Erfindern, wie etwa Leonardo da Vinci, eigen ist, entsteht das wirklich Neue, das Zukunft erschließt.

Soll die Bibel, soll das Evangelium nicht bloß Heilsbotschaft *heißen* und für eine solche gehalten werden (was manche unter „Glauben“

Wochenenden Klausurtage, disponierte noch einmal, trug alles sorgfältig ein und sagte zu sich selbst:
Nun sei ruhig, liebe Seele, du hast alles gut geplant, versäume nur nichts!
Und je weniger er versäumte, um so mehr wuchs sein Informationsvorsprung. Er konnte überall klug mitreden; er stieg im Ansehen und wurde in den Ausschuß Q und in den Vorstand K gewählt, zweiter und erster Vorsitzender, Ehrenmitglied. Und eines Tages war es dann soweit, und Gott sagte:
Du Narr, diese Nacht stehst du auf meinem Terminkalender!“

BDKJ-Nachrichten 2/74

verstehen), sondern als Heilsbotschaft im menschlichen Leben *wirken,* d. h. neue, Leben und Zukunft eröffnende Denk- und Erfahrungsräume im menschlichen Leben erschließen, dann müssen diese Texte durch ein Zusammenwirken von analytischen und assoziativen Verfahren angeeignet werden. Das didaktische Prinzip eines solchen Zusammenwirkens besteht darin, daß die Assoziation durch die Analyse gefiltert und die Analyse durch die Assoziation motiviert ist: Nur wenn ich vom Schweben und Gleiten der Vögel beeindruckt, mich diesem Eindruck nicht bloß versunken in ein inneres Erleben hingebe, sondern, durch den Eindruck motiviert, den genauen Bewegungsablauf des Fliegens studiere und analysiere und das Ergebnis dieser Analyse wiederum assoziierend auf die mir zur Verfügung stehenden Bewegungsarten übertrage, wird das geschichtsmächtig Neue geschaffen.

Dasselbe gilt für die Aneignung des Evangeliums: Wenn ich seine faszinierenden Bilder, Gleichnisse, Hoffnungen und Prophetien nur als „Sonden in mein Selbstverständnis einführe" (Wink) und mein Inneres davon bewegen lasse, entsteht zwar ein gefühlsmäßiges Erleben, das aber nach einiger Zeit wieder abklingt und mich vielleicht ein wenig sensibler als vorher, aber nicht mit strukturierter Lebensorientierung bereichert, an das Alltagsleben zurückgibt. Wende ich mich , in ähnlicher Weise von der Bibel begeistert, analysierend den Texten zu, erforsche ihre Gestalt, ihren Sitz im Leben, ihre historische Intention, ihren Satzbau und ihre Wortwahl usw., dann erkaltet die „Lava" meiner Begeisterung in „Basaltbrokken" eines „objektiven" Wissens: in Steine und feste Bauelemente, mit denen ich zwar Häuser und Türme und Systeme bauen kann, die mein Leben jedoch nur *von außen,* als Fremdorientierung, stützen und lenken, es jedoch nicht *von innen* her, als selbständig-kreativ erarbeitete Orientierung, aufhellen, befreien und weiterführen. Nur wenn ich die im „stadium nascendi" der „Basaltbildung" sich abzeichnenden Kristallisationsstrukturen wieder auf mich und mein Leben beziehe, *ehe* die „Lava" vollkommen zum „Basalt" geronnen ist, und diese noch beweglichen und formbaren Strukturen mit meiner Lebenssituation zu einer neuen Einheit verschmelze, erfahre ich eine nicht von außen her aufgedrängte, sondern von innen her wachsende und erst so wirklich befreiende Lebensorientierung, die mich aufatmen und zuversichtlich in eine perspektivisch erschlossene Zukunft hineingehen läßt.

Unter den gegenwärtigen Formen des Umgangs mit biblischen Texten gibt es zwei besonders hervorstechende analytische und zwei spezifisch assoziative Verfahren. Analytisch ist vor allem die historisch-kritische Exegese, die den Text als historisches Gebilde untersucht und von seiner in ferner Vergangenheit liegenden Entstehungsgeschichte her zu erhellen sucht. Diese Methode befreit mich von einem naiven und im Grunde infantilen Textverständnis, wonach ich (wie ein kleines Kind in der vorkritischen Phase) alles unmittelbar so auf mich selbst beziehe, als wäre der Text unmittelbar für mich als Leser/Hörer geschrieben. Ich lerne ferner durch diese Methode, einen Text nicht nur als Summe von Sätzen, Wörtern und Buchstaben zu betrachten, sondern als Äußerung von Menschen, die in einer bestimmten historischen Situation in einer bestimmten Absicht mit anderen Menschen zu kommunizieren suchten. Durch diese Einbindung in historische Lebenssituationen („Sitz im Leben") erschließt sich die Möglichkeit, eigene, ähnliche Lebenssituationen zu assoziieren und von ihnen her den Text zu assimilieren. In dem Maße freilich, als die Entstehungssituation eines Textes aus einer weit entfernten Vergangenheit und aus fremden kulturellen und geographischen Lebensräumen stammt, widersteht die Analyse einer solchen Assoziation und verhindert vorschnelle Übertragungen. Gerade darin liegt die bleibende positive Bedeutung der historisch-kritischen Exegese.

Einen direkten Weg von der Analyse zur Assoziation erschließt dagegen die *linguistische* Textanalyse, besonders wenn es sich, wie dies bei biblischen Texten überwiegend der Fall ist, um Erzähltexte handelt. Hier kann durch eine Gliederung des Textes in Sinnabschnitte und durch ein Herausarbeiten der Handlungsträger, sowie der Gegensatzbeziehungen, aus denen sich die jeweilige Erzählhandlung aufbaut, ein allgemein bleibendes Muster des Handlungsablaufs gewonnen werden, das unabhängig von der historischen Situation, in der der Text entstanden ist, besteht und deshalb assoziativ auf meine gegenwärtige Lebenssituation übertragen und mit konkreten situativen Inhalten neu aufgefüllt werden kann. Hier ergibt sich eine besonders enge Verbindung zwischen einem analytisch-distanzierenden und einem assoziativ-aneignenden Umgang mit biblischen Texten. Sollen diese Assoziationen jedoch nicht wiederum nur im emotionalen Bereich verbleiben, müssen sie so weit strukturiert und zu einem neuen Textgefüge verfestigt werden, daß ein Vergleich zwischen der heutigen, durch die biblischen Handlungsmuster angeregten Versprachlichung meiner Situation mit der damaligen Versprachlichung der damaligen Situation möglich wird.

Erst in einem solchen *Vergleich* und nicht schon in der bloßen assoziativen Übertragung der handelnden Personen auf mein Seelenleben liegt der befreiende, authentische Lebensorientierung vermittelnde Dialog zwischen dem heutigen Menschen und dem überlieferten Text. Es kommt also darauf an, daß in der analytisch-assoziativen Übertragung Analyse und Assoziation als wirklich gleichberechtigte und gleich starke Pole in eine möglichst enge gegenseitige Verflechtung kommen[11]. Nur in dieser Verflechtung von Analyse und Assoziation kann die Begegnung mit dem fremden und Jahrtausende alten

[11] Bei W. Wink, Bibelauslegung als Interaktion, a.a.O., S. 20ff. ist dies im Ganzen des Kap. 3 „Ein neues Denkraster für die biblische Forschung" grundsätzlich in diesem Sinn herausgearbeitet: Die ursprüngliche symbiotische Einheit wird durch die historisch-kritische Analyse beseitigt und dadurch die Möglichkeit für eine neue Synthese geschaffen, in der Hörer/Leser und Text sich dialogisch begegnen. Was freilich W. Wink „Die zweite Negation: Verdacht gegen das Subjekt" nennt, ist, nach den von ihm gegebenen Beispielen zu urteilen, im Hinblick auf die Beziehung von Leser/Hörer und Text nicht mehr ein analytischer, sondern ein ausschließlich assoziativer Prozeß; hier werden die handelnden Charaktere einer biblischen Geschichte assoziativ als „Sonden" in das eigene Seelenleben eingeführt, was zwar zu einer Analyse des Subjekts (des Lesers/Hörers) führt, aber eben unter *Aufhebung* der durch die historisch-kritische Analyse gewonnenen Distanz zwischen Text und Leser. Es fehlt ein Verfahrensschritt, der diese eingangs gewonnene Distanz nochmals ins Spiel bringt und sie als Voraussetzung des Dialogs fruchtbar werden läßt (etwa durch *Vergleich* eines gegenwärtig-situativen Textes mit dem überlieferten Text). Andernfalls ist die „Analyse des Objekts" durch historisch-kritische Betrachtungen ein für das ganze Verfahren folgenlos bleibendes Vorspiel. Daß dies bei Wink grundsätzlich so ist, kommt z.B. darin zum Ausdruck, daß etwa K. Barth/T. Schramm und C. Janson-Michl, die sich in ihrer assoziativen Bibelarbeit auf W. Wink berufen, diesen kritisch distanzierenden Schritt in vielen Fällen einfach weglassen: Das Ganze funktioniert eben auch so; aber es führt dann nicht zu einem befreienden Dialog, sondern zu einer *neuen* symbiotischen Assimilation.

Bibeltext als „Offenbarung", d. h. als vom Gott des Volkes Israel und vom Gott und Vater Jesu initiierte Erweiterung und Befreiung meines Denk-, Erfahrungs- und Handlungshorizonts in meinem Leben wirksam werden.

Diese analytisch-assoziative Übertragung ist ein sprachlicher Vorgang. Er verläuft nach jenem Muster, nach dem sich die menschliche Sprache ausweitet und in eins damit die geschichtliche Entwicklung und Ausdifferenzierung des menschlichen Lebens und der menschlichen Welt ermöglicht. Sowohl von der Erkenntnisphilosophie, wie von der Soziologie, wie von der Physik, wie von der Sprachwissenschaft her wissen wir ja, daß es *„die"* Wirklichkeit, das Kantische „Ding an sich" als solches nicht gibt. Was unserer Sinneswahrnehmung begegnet, ist ein undifferenziertes Chaos von energetischen Schwingungen, die im Prozeß des Aufnehmens durch die Sinnesorgane gefiltert und dadurch erst als „Gegenstände" faßbar werden. Diese Filterung aber ist in hohem Maße ein sprachlicher Vorgang. Für ein Kleinkind entsteht in dem Maße „Welt" anstelle der ursprünglichen symbiotischen „Umwelt", als es lernt, zuerst nonverbal, dann aber mehr und mehr auch verbal mit seinen Bezugspersonen dialogisch zu kommunizieren. Der Erwerb von Welt erfolgt in eins mit dem Erwerb von Sprache.

Sprache und Welt werden dabei durch *Übertragung* ausgeweitet und entfaltet. Im Grunde besteht die menschliche Sprache so gut wie ausschließlich aus Metaphern, d. h. aus ursprünglich „uneigentlichen" Ausdrücken, die auf einen neuen Erfahrungsbereich übertragen und dabei kennzeichnend variiert werden[12]. Wird allerdings ein

[12] Dies gilt auch für die Entwicklung der Menschheit und ihrer Sprache im Ganzen. Manche Sprachforscher nehmen an, daß sich die vielen tausend Sprachen und Dialekte der Erde mit ihren jeweils Tausenden und Abertausenden von Wörtern aus insgesamt fünf bis sechs Urworten entwickelt haben, die im Laufe der menschlichen Sprachgeschichte vom ursprünglichen Bedeutungsbereich auf immer neue und andere Bedeutungsbereiche hin übertragen und dabei jeweils in kennzeichnender Weise variiert und neu zusammengesetzt wurden. Vgl. R. Fester, Sprache der Eiszeit. Die Archetypen der Vox Humana, Berlin 1962. Wie stark die Metapher und nicht der genau kennzeichnende und abgrenzende Begriff das tragende Element gerade der religiösen Sprache bildet, ist ausgeführt bei: P. Ricoeur, E. Jüngel, Metapher. Zur Hermeneutik religiöser Sprache (Sonderheft „Evangelische Theologie", München 1974).

Ausdruck sehr häufig und erfolgreich auf einen neuen Erfahrungsbereich übertragen, dann verliert er im Bewußtsein des Sprechers mehr und mehr den Charakter eines übertragenen Bildes; durch Konvention und häufigen Gebrauch wird aus dem Bildwort ein Begriff. Bei dem Wort „Flughafen“ denkt heute z. B. kaum mehr jemand an Schiffe, die in einen Seehafen ein- und ausfahren. Die Möglichkeit jedoch, daß das Wort „Hafen“ vom Schiffsverkehr auf dem Flugverkehr übertragen werden konnte, liegt in der Bedeutungsoffenheit dieses Wortes begründet. Weil das Wort „Hafen“ nicht starr mit „Schiffen“, „Wasser“ und „Anlegesteg“ verbunden ist, sondern in einer Analyse seiner Bedeutungsstruktur erkennen läßt, daß es grundsätzlich ausgeweitet werden kann auf jeden Ort des „Ankommens“, der Geborgenheit und der Sicherheit, kann es assoziativ auf andere konkrete Bedeutungsfelder übertragen werden. Weil das Wort „fliegen“, wie eine Analyse seiner Bedeutungsstruktur ergibt, nicht starr und statisch auf die Fortbewegung von Vögeln und Insekten bezogen ist, sondern auf ein allgemeines „Schweben“, „schwereloses Dahingleiten“ ausgeweitet und verallgemeinert werden kann, wird auch der „Flug“ eines Menschen mit Hilfe besonderer Werkzeuge denkbar. Die Möglichkeit der menschlichen Worte, analytisch-assoziativ übertragbar zu sein, ist die Bedingung der Möglichkeit, für eine Entfaltung der Sprache und eine Entfaltung der Welt des Menschen.

Es gibt nach christlichem Glauben eine bestimmte Epoche der menschlichen Geschichte innerhalb eines bestimmten geographischen Lebensraumes, die in besonderer Weise geprägt ist durch die Offenbarung und Selbsterschließung des göttlichen Daseinsgrundes, der das menschliche Leben umgreift und trägt. Diese Heils- und Offenbarungsgeschichte kann für unsere und für jede je gegenwärtige Zeitepoche dadurch fruchtbar gemacht werden und dadurch das je gegenwärtige Leben befreien, bereichern und auf neue Lebensräume hin ausweiten, daß die in den Zeiten und Räumen besonderer Offenbarungserfahrungen als Ausdruck der Betroffenheit über die erfahrene Selbsterschließung des Daseinsgrundes entstandenen Geschichten, Hymnen, Lieder und Weisheitssprüche analytisch-assoziativ auf die jeweils andere gegenwärtige Welt hin übertragen werden.

1.2. Die analytisch-assoziative Übertragung eines Bibeltextes im Religionsunterricht (Das „bibeldidaktische Viereck").

Es kann in diesem Band über Grundfragen und Grundelemente von Religionsunterricht und Gemeindekatechese nicht darum gehen, das didaktische Prinzip der analytisch-assoziativen Übertragung, mit dessen Hilfe vergangene Überlieferung und gegenwärtige Lebenssituation von seiten der Überlieferung miteinander verflochten werden können, nun im einzelnen methodisch zu entfalten und auf die verschiedenen Situationen religiösen Lernens anzuwenden. Aber es soll *ein* breiter entfaltetes Beispiel für eine solche Vermittlung im Religionsunterricht vorgestellt werden, weil es hier stärker als in der Katechese auf ein methodisch strukturiertes Arbeiten ankommt. Dabei werden zwei analytische und zwei assoziativ-konstruktive Verfahren einander zugeordnet[13]. Schematisch dargestellt geschieht diese Zuordnung auf folgende Weise:

Das bibeldidaktische Viereck
(Übertextung)

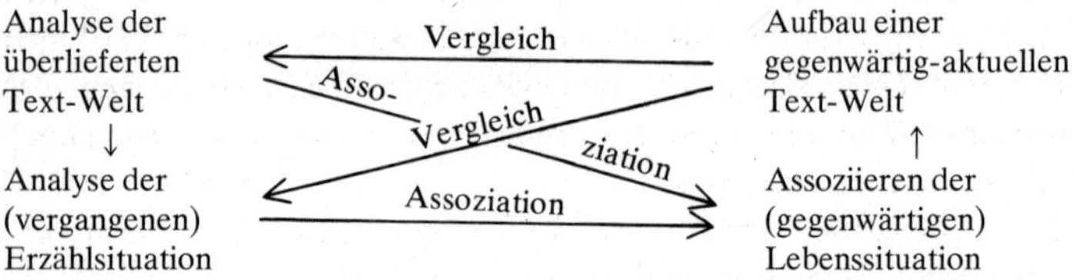

Die sprachliche und strukturale Analyse des Bibeltextes tendiert auf Abstraktion von den konkret erzählten Geschehnissen und bringt dadurch eine möglichst allgemeine sprachliche ‚Matrix', ein allgemeines Erzählgerüst zum Vorschein, das dazu einlädt, mit *neuem* kon-

[13] Vgl. zum Folgenden: G. Baudler, Mit Talenten wuchern? Das „bibeldidaktische Viereck" als möglicher Weg zu einer notwendigen Übertextung biblischer Perikopen im Religionsunterricht, in: Kat. Bl. Heft 5/1978, S. 367–381.

kretem Inhalt (sozio-kulturell und psychologisch näherliegender Art) gefüllt zu werden. Damit diese Neukonstruktion jedoch mit dem Ausgangstext vergleichbar bleibt, muß – ebenfalls noch analytisch, nämlich historisch-kritisch – auf die ursprüngliche Adressaten-Situation reflektiert werden, um herauszufinden, was der Text mit seinen historischen Inhalten in dieser damaligen Situation hatte erreichen wollen.

Nachdem durch diese Analyse zwischen dem konkreten historischen Erzählmaterial und dem grundsätzlich auch mit anderem Material auffüllbaren allgemeinen sprachlichen Erzählraster unterschieden worden ist, geht es nun an die eigentliche Übertragung: Das Sprach- und Handlungsmuster der biblischen Perikope wird zunächst von seinem historischen „Sitz im Leben" gelöst und auf das gänzlich andere Leben und die gänzlich andere Erfahrungswelt des heute lebenden Menschen bezogen, nicht um daraus unmittelbar Lern- und Handlungsanweisungen abzuleiten, sondern um zu sehen, wie sich das eigene Leben und die gegenwärtige Erfahrungswelt in den Perspektiven dieses biblischen Erzählrahmens strukturiert und welches Gewicht die einzelnen Elemente dieser gegenwärtigen Erfahrungswelt innerhalb des übertragenen Erzählrahmens erhalten. Möglichst spontan wird zunächst die eigene Lebenswelt in den Erzählrahmen der biblischen Geschichte hineinassoziiert. Die übertragene alte Sprachstruktur und die gegenwärtige Erfahrungswelt sind dabei noch relativ unverbunden. Das Erzählraster wird gleichsam probeweise an die gegenwärtige Erfahrungswelt herangebracht und – noch verschiebbar – über sie gehalten. Erst in einem weiteren assoziativ-konstruktiven Schritt werden dann einzelne Möglichkeiten einer solchen assoziativen Übertragung, wie sie sich im Assoziationsvorgang herausgeschält haben, so weit realisiert und strukturiert, daß ein nachfolgender Vergleich zwischen der Versprachlichung der historischen Situation in der Bibel und der neu gewonnenen (durch den Bibeltext angestoßenen) Versprachlichung der gegenwärtigen Situation möglich wird. In diesem vierten Lernschritt werden die neue Erfahrungswelt und das alte Handlungsmuster sprachlich miteinander verflochten, wobei das Handlungsmuster nicht einfach starr bestehen bleiben kann, sondern sich entsprechend dem neuen Material auch variieren muß.

Durch diese zwei analytischen und zwei assoziativ-konstruktiven Lernschritte sind vier Pfeiler gesetzt worden, die eine Brücke über den „garstig breiten Graben" (Lessing) zwischen der geographisch fremden und zweitausend Jahre alten biblischen Text- und Lebenswelt und der heutigen Lebens- und Sprachwelt zu tragen vermögen. Nun kommt es aber darauf an, daß diese Brücke tatsächlich begangen wird und die biblische Versprachlichung der damaligen Situation und die heutige Versprachlichung der gegenwärtigen Situation sich auf dieser Brücke begegnen und in einen Dialog miteinander treten. Bei diesem Dialog gilt es danach zu fragen, ob die wesentlichen situativen Impulse der biblischen Versprachlichung auch in der gegenwärtigen Sprachwelt vorhanden sind oder warum dies nicht möglich ist. Bei diesem Vergleich geht es jedoch nicht darum, innerhalb eines einzigen Aneignungsvorgangs *alle* Impulse vollzählig in die gegenwärtige Lebenswelt hineinzubringen; auch bildet nicht die theologische Dignität eines solchen Impulses den Maßstab für das Gelingen oder Nichtgelingen der Übertragung, vielmehr kommt es darauf an, daß wenigstens *ein* genuin im biblischen Text vorhandener Impuls wirklich *lebendig* in die gegenwärtige Erfahrungswelt hineingedrungen ist. Wenn nämlich ein biblischer Impuls nur wirklich *lebendig* über den „garstig breiten Graben" gekommen ist – und sei dieser eine Impuls so klein und unscheinbar wie das Kind, das Christopherus trug –, dann liegt darin doch eine potentielle Unendlichkeit: Nicht auf ein Mehr oder Weniger an aussagbarem Gehalt, nicht auf den Reichtum und das Niveau der Assoziationen, nicht auf die literarisch zu bestimmende sprachliche Ausdruckskraft der Neukonstruktion kommt es an, sondern auf den *Grad an Lebendigkeit,* den *in* der gegenwärtigen Situation der biblische Impuls besitzt, der von jenseits des Grabens zu uns herübergekommen ist[14].

[14] Deshalb schadet es nichts, wenn manche Assoziationen der Schüler den in der Textwelt der Bibel beheimateten Religionspädagogen „peinlich berühren" (vgl. Schnider/Stenger, Texttransformationen, in: Religionspädagogische Beiträge, Heft 1/1978, S. 74). Wenn z. B. ein Berufsschüler zum Vater des Gleichnisses vom verlorenen Sohn einen „Industrieboß" assoziiert, dann ist diese Assoziation trotz ihrer Befremdlichkeit als Ausdruck der Lebenswelt des Schülers auf jeden Fall ernstzunehmen und in das Gespräch mit dem Bibeltext einzubringen, denn es ist ja offenbar *seine,* von ihm zum Bibeltext assoziierte Lebenswelt.

Die Vermittlung von biblischer Überlieferung mit gegenwärtigen Lebenssituationen durch die analytisch-assoziative Übertragung unterliegt also zwei Kriterien: erstens muß ein wirklich *genuin* im biblischen Text gegebener Lebens- und Handlungsimpuls in die gegenwärtige Erfahrungswelt eingebracht worden sein und zweitens muß dieser Impuls lebendig in dieser Erfahrungswelt wirken: Er darf nicht als Hefteintrag und als satzhafte Aussage lediglich registriert werden, sondern er muß seine Lebendigkeit dadurch erweisen, daß er in der gegenwärtigen Erfahrungswelt als eine Art Kristallisationspunkt wirkt, der die Versprachlichung der gegenwärtigen Situation vorantreibt und strukturiert und dadurch *von innen her* Handlungsimpulse und Orientierungsdaten in dieser neuen Situation schafft. Wenn der übertragene Impuls dabei wirklich genuin biblisch ist, wird dadurch eine Sprach- und Handlungsorientierung entstehen, die, wie der ursprüngliche Bibeltext, in Richtung auf die Grundbotschaft des Neuen Testaments geht, welche besagt, daß (paradoxerweise) der gekreuzigte Bauhandwerker Jesus aus Nazareth (und nicht etwa der römische Weltenkaiser, bzw. ein großer Philosoph und Gottesmann) den sinnstiftenden, vergebenden und das Leben über den Tod hinaus tragenden personalen Daseinsgrund menschlichen Lebens in unüberbietbarer Weise offenbart und zur Erscheinung bringt. Das Kriterium der Aneignung des Bibeltextes durch analytisch-assoziative Übertragung kann also durch eine Art Annäherungsgleichung ausgedrückt werden.

$$\xrightarrow[\text{Ursprungssituation(en)}]{\text{Bibeltext}} \quad \xrightarrow[\text{heutige Situation}]{\text{Übertextung}} \quad \text{Grundbotschaft des NT}$$

Am Beispiel des Gleichnisses von den Talenten (Mt 25, 14–30) und einer religionsunterrichtlichen Lernsituation soll diese Möglichkeit der analytisch-assoziativen Übertragung im folgenden konkret durchgespielt werden.

Als Adressat ist an eine Schulklasse gegen Ende der Orientierungsstufe gedacht (5./6. Jahrgang), wobei jedoch das Beispiel so offen (abstrakt) gehalten werden soll, daß sich der didaktischen Phantasie des Lehrers der Weg sowohl nach oben wie auch nach unten hin als grundsätzlich gangbar erschließt (wenn auch in jeweils ganz verschiedener methodischer Akzentuierung)[15].

Erster Analyse-Schritt (Erarbeitung des Erzählrahmens)

In diesem Lernschritt geht es darum, die erzählerische Matrix (also den Erzählrahmen) der Geschichte zu finden. Dies *kann* (u. a.) durch folgende vier Aufgabenstellungen geschehen, die in Einzel- oder Gruppenarbeit oder auch im Unterrichtsgespräch mit der Klasse gelöst werden können. Weil es sich bei fast allen biblischen Perikopen um einen ursprünglich mündlich tradierten Text handelt, ist die erzählerische Matrix meist von großer Einfachheit und Einprägsamkeit und kann deshalb mit relativ einfachen Mitteln gefunden wer-

[15] Das folgende Beispiel ist so gewählt, daß die zwei analytischen und die zwei assoziativen Lernschritte möglichst je gleich stark und gleich weit entfaltet zur Sprache kommen. Dies ist so nur innerhalb einer bestimmten Altersstufe und einer bestimmten Lernsituation möglich. Je nach Aufnahmefähigkeit und Interessenlage der Lerngruppe – die andere Situation der Gemeindekatechese soll im folgenden Abschnitt beleuchtet werden – können diese „Eckpunkte" des „bibeldidaktischen Vierecks" jedoch verschieden gewichtet werden; auch kann die Reihenfolge der Lernschritte variiert werden: es können schon in den Analyseprozeß Assoziationsschritte eingebaut werden (etwa als Aufgabe, sich in die historische Situation hineinzudenken) und die historisch-kritische Analyse kann vor und während des Vergleichs – weil hier die Schüler oft besser motiviert sind – durchgeführt oder stärker ausgezogen werden. Der didaktischen Phantasie des Lehrers soll also durch das hier gegebene, relativ abstrakte und idealtypische Beispiel einer analytisch-assoziativen Übertragung keine Grenzen gezogen werden. In Heft 1/1979 der Zeitschrift „ru" sind z.B. in entsprechend variierter Form biblische Wundergeschichten analytisch-assoziativ übertragen worden (vgl. darin die Beiträge von G. Baudler, Ch. Wellens und R. Dölle).

den. Die ersten drei Aufgaben (A–C) können dabei unter dem übergeordneten Ziel stehen, eine szenische Darstellung der Geschichte zu erarbeiten.

Aufgabe A: Gliedere den Text entsprechend dem Handlungsablauf in einzelne Szenen oder Abschnitte und suche zu jedem davon eine Überschrift!

Mögliche Lösung für unser Beispiel:
1. Wie der Herr bei seiner Abreise sein Vermögen aufteilt und es seinen drei Knechten anvertraut (V. 14–15).
2. Wie die Knechte mit dem anvertrauten Gut umgehen (V. 16–18).
3. Wie der Herr nach seiner Rückkunft die Knechte zur Rechenschaft ruft und sie belohnt bzw. bestraft (V. 19–30).

Aufgabe B: Welche Personen kommen in der Geschichte vor? Schreibe neben die Personen Worte, die zum Ausdruck bringen, was diese Personen in der Geschichte tun und wie sie sich verhalten!

Mögliche Lösung:

Herr: reist ab, vertraut seinen Besitz anderen an, kehrt zurück, belohnt bestraft; großzügig, streng, willkürlich.
Erster Knecht: „wirtschaftet“, verdoppelt den Besitz; fleißig, engagiert.
Zweiter Knecht: wie erster Knecht.
Dritter Knecht: „vergräbt“ das anvertraute Geld, bewahrt, versucht, sich zu rechtfertigen, wird verstoßen; ängstlich, unbeholfen.

Aufgabe C: Nimm ein freies Blatt Papier und ordne darauf die Personen und Personengruppen so an, wie sie in den einzelnen Szenen bzw. Abschnitten der Geschichte zueinander stehen; zeichne entsprechende Pfeile!

Mögliche Lösung:

1. Abschnitt:

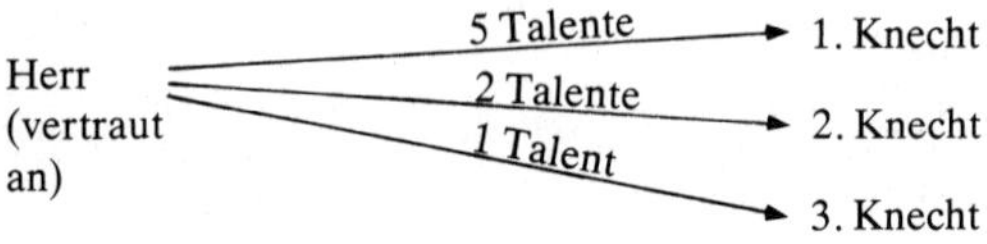

2. Abschnitt:

1. Knecht 2. Knecht	„wirtschaften", verdoppeln das anvertraute Gut	Herr (ist fern)
3. Knecht	bewahrt das anvertraute Gut	

3. Abschnitt:

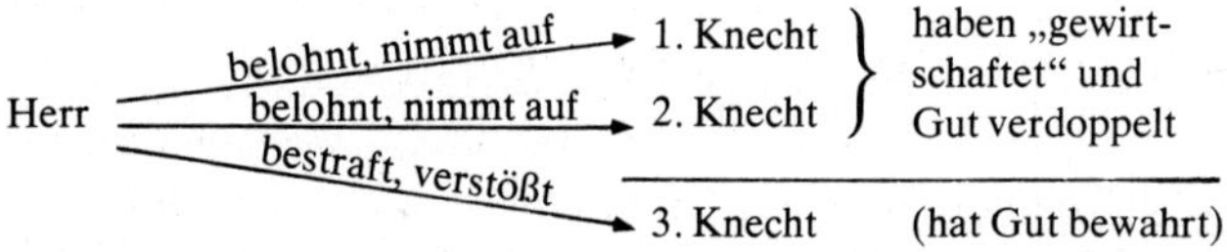

Aufgabe D: Ersetze in dem von Dir gezeichneten Schema die konkreten Ausdrücke und Worte durch möglichst allgemeine (aber passende) Ausdrücke!

Mögliche Lösung:

1. Abschnitt:

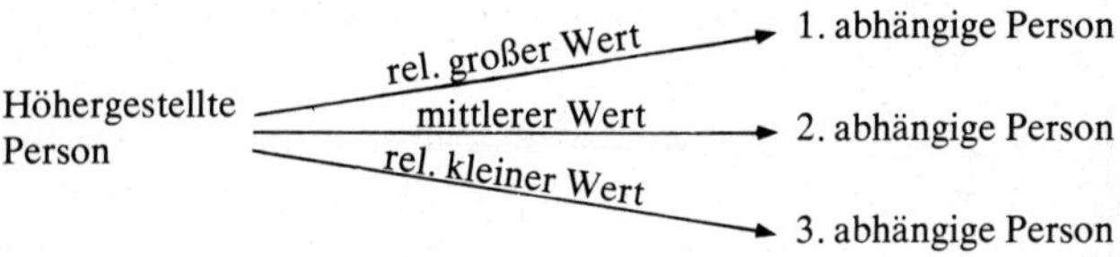

2. Abschnitt:
3. Abschnitt: } entsprechend wie bei Aufgabe C
(Das Tun ist dort bereits allgemein formuliert)

Lerngruppen, die an ein höheres Abstraktionsniveau gewöhnt sind, kann man dann noch die Aufgabe stellen, die allgemeine Erzähl-Matrix in zusammenhängenden Sätzen auszudrücken.

Mögliche Lösung:
Eine höhergestellte Person vertraut drei von ihr abhängigen Personen Werte an; einer einen relativ großen, einer einen relativ mittleren und einer einen relativ geringen Wert. Die Personen, die den großen und den mittleren Wert erhalten haben, wirtschaften mit diesem und verdoppeln ihn; die Person, die den geringen Wert erhielt, bewahrt aus Angst vor der höhergestellten Person diesen sorgfältig auf. Nach langer Zeit fordert diese Person Rechenschaft über das Anvertraute. Dabei belohnt sie diejenigen, die das Anvertraute vermehrt haben und verstößt denjenigen, der es bloß aufbewahrt hat.

Dadurch ist eine allgemeine Erzähl-Matrix geschaffen, die später mit assoziierten anderen Inhalten aufgefüllt und dadurch *angeeignet* werden kann (z. B. kann dann anstelle des Herr-Knecht-Verhältnisses das Eltern-Kind-Verhältnis treten usw.[16]).

Zweiter Analyse-Schritt: Erarbeitung der historischen Sprech-Situation

Um die Schüler dazu zu motivieren, sich möglichst selbständig und engagiert um den Erwerb der notwendigen historischen Informationen zu bemühen, kann man ihnen die Aufgabe stellen, eine Rahmenerzählung[17] zu finden, in der Jesus oder die Urchristen das Gleichnis erzählt haben könnten. Um diese Aufgabe zu lösen, können die

[16] Die Auffüllung der Erzählmatrix mit neuen, assoziierten Inhalten (Paradigmen) führt dabei immer auch zu einer Veränderung oder zumindest Neuakzentuierung der Erzählmatrix (Syntagma). Vgl. dazu Schnider/Stenger, Texttransformationen, a.a.O., S. 74ff., wo dies an den Gleichnissen vom verlorenen Schaf, der verlorenen Drachme und dem verlorenen Sohn aufgezeigt wird: Der Wechsel der Paradigmen (Schaf-Drachme-Sohn) führt wegen der jeweils verschiedenen Lebenswelten dieser Begriffe (Tier-Ding-Mensch) notwendig auch zu Änderungen bzw. Neuakzentuierungen des Syntagmas.

[17] Vgl. die Rahmenerzählungen zu Gleichnissen in Neidhardt/Eggenberger, Erzählbuch zur Bibel, a.a.O., S. 249ff.

Schüler selber in Lexika (z. B. Lexikonteil des Religions-Buches „Zielfelder RU 5/6“, S. 82) unter „Gleichnis“ nachschlagen und sich die historische Gattung „Gleichnis“ vergegenwärtigen. Wenn sie dort (z. B. in „Zielfelder RU“) lesen, Jesus habe in vielen Gleichnissen in Form einer Geschichte von einem unerwarteten und überraschenden Geschehen erzählt, um daran die Art der Ankunft des Gottesreiches zu veranschaulichen, dann können die Schüler aufgefordert werden, zu untersuchen, in welchem größeren Zusammenhang das Gleichnis von den anvertrauten Geldern im Matthäus-Evangelium steht. Dabei werden sie entdecken, daß Matthäus das Gleichnis in Jesu Reden über das Jüngste Gericht und das Anbrechen des Gottesreiches am Ende der Zeiten eingefügt hat. Unmittelbar vor dem Gleichnis steht die Geschichte von den zehn Mädchen, die auf den lange ausbleibenden Bräutigam warten und von denen fünf versäumt haben, ihre Lampen mit Öl aufzufüllen, weswegen sie nicht zur Hochzeit zugelassen werden (Mt 25, 1–13). Noch weiter vorher stehen zwei Gleichnisse, die ebenfalls zur Wachsamkeit ermahnen, so, wie es im Jesuswort „Seid also wachsam, denn Ihr wißt nicht, zu welcher Stunde der Herr kommt“ (Mt 24, 42) direkt und unverschlüsselt, gleichsam als programmatisches Stichwort von den hier zusammengefügten Gleichnissen, ausgedrückt ist. Unmittelbar *nach* unserem Gleichnis steht bei Matthäus die eindrucksvolle Schilderung des Weltgerichts, wo Jesus überraschenderweise denen, die dem Nächsten in seiner Not um seiner selbst willen geholfen haben, das Gottesreich zuspricht (Mt 25, 31–46).

Matthäus versteht also das Gleichnis als Gleichnis von der Wiederkunft Christi am Ende der Zeiten: der Herr, der abreist und sein Gut den Knechten anvertraut, ist in dieser Deutung Christus, den die Gemeinde nicht mehr in der Gegenwärtigkeit und Lebendigkeit erlebt, wie die Apostel den Auferstandenen erfahren haben. Anfangs hofften die ersten Christen dabei noch auf eine baldige Wiederkunft Christi, die den Anbruch des Weltendes und einer neuen Weltzeit einleiten würde. Aber die Zeit verging, und diese Wiederkunft Christi ereignete sich nicht. Das ursprünglich lebendige Gemeindeleben begann zu erlahmen, die Missionstätigkeit ließ nach, die Menschen begannen, an der Botschaft des Evangeliums zu zweifeln und sanken in ihr altes, durch Resignation bestimmtes Leben zurück, aus dem sie die christlichen Missionare herausgeholt hatten (vgl. Mt 24, 48f.: „Wenn aber der Knecht schlecht ist und denkt: Mein Herr kommt noch lange nicht und seine Mitknechte schlägt, wenn er mit Betrunkenen zecht und praßt ...“; in unserem Gleichnis 25, 19: „Nach langer Zeit“ kam der Herr ...). In dieser Situation sagt Matthäus mit seinem Gleichnis: Wenn es auch lange dauert, der Herr wird einst kommen und die belohnen, die in tätiger Liebe und lebendigem Glauben ausgeharrt haben; die anderen aber, die zwar nicht offiziell aus der Gemeinde ausgetreten sind, aber ihre Hoffnung und ihren Glauben auf ein „Abstellgleis“ geschoben und dort sich selbst überlassen haben, wird er bei seiner Ankunft verstoßen[18].

Eine entsprechende *Rahmengeschichte* könnte dann etwa folgendermaßen aussehen: Jüdische Händler, Fischer und Bauern in der Gegend von Kapharnaum am See Genezareth[19] fühlten sich in ihrer jüdischen Religion nicht mehr zu Hause. Sie mußten zuviel arbeiten und waren zuwenig gebildet, um, wie die Pharisäer und Schriftgelehrten, alle Einzelgebote der Thora und alle Überlieferungen genau zu kennen, geschweige sie alle einzuhalten. Deshalb hatten sie immer ein schlechtes Gewissen und glaubten nicht mehr daran, daß sie zu jener „heiligen Restgemeinde“ aus Israel gehören werden, die der Messias bei seiner Ankunft zusammenrufen wird. Sie lebten einfach so dahin. Einige von ihnen kamen dann mit Christen in Berührung. Diese machten ihnen klar, daß es nicht auf eine peinlich genaue Befolgung der Thora ankomme, sondern auf die Liebe zu Gott und den Menschen. Sie erzählten, daß ihnen Jesus aus Nazareth, von dem sie auch schon gehört hatten, bei seiner Hinrichtung als der neue Messias aufgegangen sei und in Kürze für alle sichtbar als Messias erscheinen werde; dann werde er, der als unschuldig Gekreuzigter ja selbst zu den Ärmsten der Armen und Ausgestoßenen gehört, gerade die Ungebildeten und religiös am Rande Stehenden, ja sogar noch die außerhalb Israels stehenden Heiden, in das messianische Reich rufen. Einigen von seinen Anhängern sei der Gekreuzigte nach seinem Tode schon lebendig-leibhaftig als rettender und Frieden stiftender Messias erschienen. – Diese Hoffnung und dieser Glaube wirkten anstekkend auf die einfachen Leute von Karpharnaum. Sie schlossen sich der Christengemeinde an, ließen sich von Jesus erzählen und nahmen an den Zusammenkünften teil, in denen die Christen immer neu den gekreuzigten

[18] Vgl. J. Jeremias, Die Gleichnisse Jesu, München–Hamburg 1969 (Siebenstern-Taschenbuch Nr. 43), S. 39–44.

[19] Matthäus schreibt für Judenchristen als Adressaten.

> Jesus vergegenwärtigten und als ihren Messias priesen; auch waren sie begeistert von der Liebe und Brüderlichkeit, die unter den Christen herrschten und nahmen daran Anteil. Als aber Jahre auf Jahre vergingen und sich die Verheißung, der gekreuzigte Jesus würde für alle sichtbar als Messias und Weltenrichter erscheinen, nicht erfüllte, wurden sie traurig und begannen zu zweifeln. Sie blieben zwar äußerlich Christen, begannen aber zu resignieren: sie nahmen nicht mehr begeistert an allem teil, fielen zurück in ihre frühere Lebensart, wo sie sich nur um die alltäglichen Dinge, um Essen und Trinken, um Wohnung und Kleidung und das Wohlergehen ihrer nächsten Angehörigen gekümmert hatten. Diesen Menschen erzählte der Verfasser des Matthäus-Evangeliums folgendes Gleichnis: „Ein reicher Mann ging auf Reisen. Er rief seine Diener und vertraute ihnen sein Vermögen an ...“.

Ohne der Tendenz von J. Jeremias[20], den Sitz der Gleichnisse im Leben der Urgemeinde abzuwerten und nur deren Sitz im Leben Jesu gelten zu lassen, folgen zu müssen, kann der Lehrer bei entsprechend motivierten Klassen nun auch noch nach dem Sitz des Gleichnisses in der Verkündigung Jesu zurückfragen. Diese Frage ist zwar bei dem Wenigen, was wir über Leben und Wirken Jesu wissen, sehr schwierig und wird von den Fachexegeten kaum einmal übereinstimmend und eindeutig beantwortet. Dennoch ist es didaktisch wertvoll, diese Frage wenigstens als *Frage* zu stellen, um dadurch die Schüler anzuregen, sich Jesu Wirken in seiner Zeit mit Hilfe der Phantasie (natürlich anhand des verfügbaren historischen Materials) zu vergegenwärtigen. Auch wenn diese Arbeit nicht genau das historisch Richtige trifft, wird in ihr (durch retrospektive Projektion) ein Stück jener Aneignung des Bibeltextes geleistet, auf die es didaktisch ankommt.

Der Lehrer kann in unserem Beispiel über die Vermutung von J. Jeremias referieren, Jesus habe das Gleichnis ursprünglich an die Schriftgelehrten und Pharisäer gerichtet, welche die befreienden, hoffnungstiftenden und aufrichtenden religiösen Überlieferungen ihres Volkes unter einem Wust von Auslegungen und Einzelvorschriften „vergruben“[21]. Dann könnte eine nach dem historischen

[20] Vgl. J. Jeremias, Die Gleichnisse Jesu, a.a.O., S. 15ff.
[21] Ebenda, S. 42f.

Hintergrund fragende Rahmenerzählung etwa folgendermaßen aussehen:

> Jesus wurde von den religiösen Führern seiner Zeit scharf angegriffen. Man warf ihm vor, er verschleudere die heilige Überlieferung seines Volkes, weil er, wie schon vor ihm Johannes, der Täufer, die Verheißung des messianischen Reiches auch den ungebildeten und einfachen Menschen im Volk zusprach, die das Gesetz nicht in seinem ganzen Ausmaß kennen und einhalten konnten; ja sogar den Zollpächtern, die mit der römischen Besatzungsmacht zusammenarbeiteten und dadurch das Volk Jahwes an die Heiden verrieten, wandte er die Verheißungen zu. Diesen Angriffen gegenüber verteidigte sich Jesus mit einem Gleichnis. Den religiösen Führern, welche die ihnen anvertrauten Verheißungen und Überlieferungen des Volkes als „Heiligtum" sorgfältig behüteten, sie nur für wenige zugänglich machten und die große Masse des Volkes davon ausschlossen, erzählte Jesus einmal folgende Geschichte: „Ein reicher Mann ging auf Reisen ...".

Trotz der Unterschiede, die zwischen dem Sitz des Gleichnisses im Leben der Urgemeinde und dem (denkbaren) Sitz im Leben Jesu bestehen, läßt sich doch eine gemeinsame Grundtendenz erkennen, die in beiden „Verwendungssituationen" gleich ist: das Gottesreich gehört (paradoxerweise) den Armen und Ungebildeten des Volkes Israel, die im Glauben lebendig geblieben sind; eines Tages wird es ihnen, sofern sie nur in tätiger Liebe und Hoffnung daran glauben, aufgehen und ihnen Heimat sein. Denn im gekreuzigten Jesus, einem von den jüdischen Behörden aus dem Heilsvolks Israel verstoßenen und an die Heiden ausgelieferten jüdischen Bauhandwerker, der bis zum Tod im Glauben lebendig und tätig geblieben ist, hat es bereits begonnen, wirksam zu werden und ist es schon für einige sichtbar geworden. Diese Grundtendenz, die auf ihre Weise das *eine* Bekenntnis des Christusglaubens – Jesus ist der Christus – artikuliert[22],

[22] Sofern alle Gleichnisse, wenn auch auf je ihre Weise, diese Grundtendenz zum Ausdruck bringen, ist es nur folgerichtig (eben ein Zeichen der Einhaltung des oben erörterten Kriteriums), wenn bei Übertextungen die Grenzen der einzelnen Gleichnisse zueinander fließend werden. Dies gilt auch für den Einwand K. Sorgers gegenüber einem Übertextungsvorschlag zum Gleichnis von den Talenten, wie ihn W. Bartholomäus (mit positivem Ausgang) entworfen hat: K. Sorger, Zum Problem der Funktionalisierung biblischer Texte, in: „Religionspädagogische Beiträge", a.a.O., S. 69.

gilt es bei der nun folgenden Aneignung des Textes durch Assoziationen und Kontextbildungen als Kriterium festzuhalten.

Erster Assoziationsschritt: Freies Assoziieren gegenwärtiger Lebenssituationen zum analysierten Erzählrahmen.

Mit diesem Lernschritt wird der durch Analyse gewonnene Übertragungsrahmen – noch freischwebend – an die gegenwärtige Erfahrungswelt herangetragen. Dabei ist es entscheidend wichtig, daß der Lehrer die Assoziationen wirklich *frei* kommen läßt und in diesem „stadium nascendi" des Übertragungsvorgangs nicht schon wertet und dadurch mögliche Assoziationsfelder abwürgt. Jede Assoziation, so „dumm" oder „peinlich berührend" (vgl. Anm. 14, S. 108) sie auch erscheinen mag, ist wertvoll und wichtig, sofern sie nur *echt* ist (d.h. eine tatsächlich gegebene Situation widerspiegelt und nicht etwas sagt, das vielleicht nur der Lehrer hören will) und sofern sie von der linguistischen und historischen Beschäftigung mit dem Bibeltext angestoßen ist. Um diese *Wertfreiheit* der Assoziation zu demonstrieren, werden im folgenden bewußt Assoziationsketten als Beispiele herausgegriffen und weiter bearbeitet, die zwar gewiß echte Verhältnisse widerspiegeln, aber gemessen an der Textwelt der Bibelperikope, alltäglich-banal und wenig ergiebig erscheinen. Denn *wenn* dies tatsächlich echte Problemsituationen sind, die den Schülern bei der dargestellten Beschäftigung mit dem Talentengleichnis einfallen, dann muß zu ihnen hin die Brücke gebaut werden, soll sie nicht ins „Blaue" münden (wo zwar der Exeget und Religionspädagoge „schweben" kann, aber der Schüler nicht zuhause ist).
Zunächst gilt es nochmals an die Erzähl-Matrix zu erinnern, die als Ergebnis der Aufgabe C/D des ersten Analyse-Schrittes erarbeitet wurde (vgl. oben S. 111/112). Dann lautet die Aufgabe, die sowohl in Gruppen, als auch in Einzel- und Plenumsarbeit geleistet werden kann:

> Welche Erlebnisse, Gedanken und Vorstellungen fallen Dir zu dieser Geschichte ein?

Um den Assoziationsprozeß ins Rollen zu bringen, sollte diese allgemeine Grundfrage entsprechend der jeweiligen Geschichte noch weiter aufgefächert werden. Etwa in unserem Beispiel:

Wer ist in Deinem Leben „höhergestellte" und „abhängige" Person?
Wie empfindest Du Dich in diesem Verhältnis?
Kommst Du Dir eher wie der dritte Knecht oder wie die zwei belohnten Diener vor?
An welche Situationen denkst Du dabei? usw.

Es ist grundsätzlich niemals voraussehbar, was bei diesen Fragen an Assoziationen in der Lerngruppe kommt. Erfahrungen haben gezeigt, daß nach einigen Anstößen der Assoziationsfluß so reich und vielfältig fließt, daß es mehrerer gefüllter (und sicher sinnvoll angewendeter) Religionsstunden bedarf, um die Probleme, Fragen und Werthaltungen, die dabei ans Tageslicht kommen, im Vergleich mit dem ursprünglichen Bibeltext und unter Hinzunahme literarischer Kontexte auf der Basis christlicher Lebenshaltung im Gepsräch aufzuarbeiten.
Schüler des 5./6. Jahrgangs assoziierten zu unserem Beispiel am häufigsten folgende Lebenssituationen[23]:

1. *Das Lehrer-Schüler-Verhältnis:* Der Lehrer stellt die Schüler vor Aufgaben. Wer fleißig ist und es versteht, richtig mit dem Lehrstoff umzugehen, wird durch gute Noten belohnt, wer faul ist und im Unterricht schläft, bekommt schlechte Noten und fällt durch. In den Assoziationen erscheint dies zunächst völlig systemkonform und so in Spannung zum Gleichnis, das von seinem Sitz im Leben her die jeweils geltende und „übliche" Haltung und Einstellung kritisiert. Die Ausarbeitung der Assoziationen zum Text bringt dann oft schon einen anderen Impuls ins Spiel. Jedenfalls muß diese Spannung beim abschließenden Vergleich aufgedeckt und aufgearbeitet werden.
2. *Das Eltern-Kind-Verhältnis:* Die Eltern vertrauen den Kindern etwas an (meistens Taschengeld) und fragen später, was die Kinder damit gemacht haben. Auch hier ist beim Sammeln der Assoziationen meist noch nicht zu sehen, in welche Richtung der Impuls laufen wird. Darüber geben die

[23] Für diese Beispiele bin ich Herrn A. Wolf sehr zu Dank verpflichtet, der entsprechende Unterrichtsversuche in der 6. Klasse eines Dortmunder Gymnasiums durchgeführt hat; Herrn Wolf und meinem Mitarbeiter Christoph Wellens verdanke ich darüber hinaus wichtige Impulse und kritische Hinweise bei der Entwicklung des Konzeptes.

Neukonstruktionen dann oft überraschende Aufschlüsse und liefern damit Ansatzpunkte zum Gespräch.
3. Lebenssituationen aus Spiel und Umgang mit Gleichaltrigen: Bei einer Geburtstagsfeier wird Knetgummi verteilt. Die Kinder sollten „etwas aus der Sache machen". Einer hat Angst, den Knetgummi zu verformen und sich zu blamieren; er bringt dadurch nichts zustande. Hier steht das Motiv der Angst, das auch im Gleichnis eine große Rolle spielt, im Mittelpunkt und bildet den Ansatzpunkt für das vergleichende Gespräch.
4. Außenseiterprobleme: 3 Kinder kommen neu in eine Klasse (bzw. Wohngegend u.ä.). Zwei sind offen, „engagieren" sich und haben sich bald mit den anderen „zusammengerauft", während der Dritte das nicht kann (will) und dadurch „abseits" bleibt. In dieser Assoziationskette tendieren die Kinder am stärksten, oft schon bei den Assoziationen selbst, auf eine Matrix-Änderung, die am Ende auch das „schwarze Schaf" integriert sein läßt und dadurch zu einem positiven Ausgang der Geschichte führt. Dieser Änderungsanstoß – besonders wenn er als Text ausformuliert vorliegt – führt zu intensiven Gesprächen.

Es sei nochmals betont, daß die Assoziationsketten je nach Lerngruppe vollkommen anders verlaufen. Sie spiegeln ja die jeweiligen konkreten Lebenssituationen wider. Eine Gruppe von Grundschullehrern, mit denen ich in dieser Weise arbeitete, hat z. B. das Gleichnis in engagierter Weise auf die heutigen Theologen und „Schriftgelehrten" bezogen, die in ihrem Bemühen um – wie man sagte – „verbale Orthodoxie" und in ihrer „Fußnoten-Gelehrsamkeit" die sinn- und hoffnungstiftende jüdisch-christliche Überlieferung vor den einfachen Menschen eher abschließen und „vergraben" und sie dadurch ihrer Wirksamkeit berauben. Hier brauchte dann in der Übertextung wenig verändert zu werden. Sie bestand im Grunde darin, eine neue, situative Rahmengeschichte zu dem Gleichnis zu bilden. Auch durch eine Neukonstruktion der Rahmengeschichte ist also eine analytisch-assoziative Übertragung möglich[24].

[24] Bei älteren Schülern und bei Erwachsenen kann an die Stelle der Neukonstruktion auch die Rekonstruktion treten. Diese liegt vor, wenn die gegenwärtigen Fragen und Problemsituationen, wie sie in der Assoziationsphase auftreten, in die historische Textwelt hineinkomponiert, d. h. innerhalb der historischen Paradigma ausgedrückt werden. Dies setzt ein reflektiertes symbolisches Denken voraus. Bei meinen „Entwürfen zu einer narrativen Christologie" (vgl. Wahrer Gott ALS wahrer Mensch, München 1977) handelt es sich um solche Übertextungen durch Rekonstruktionen (Für sie gelten dieselben Kriterien wie für Neukonstruktionen).

Zweiter Assoziations-, bzw. Konstruktionsschritt: Aufbau einer gegenwärtig-aktuellen Textwelt

Dieser Arbeitsschritt baut auf den spontanen Assoziationsketten auf. Diese spontanen Einfälle, wie sie im vorausgehenden Arbeitsschritt kommen, zeigen nur die Bereiche auf, die den Schüler beschäftigen und seine Lebenswelt ausmachen. Die Beziehung zum Bibeltext, der den Anstoß zu den Assoziationen gebildet hat, ist dabei oft sehr formal (die „fleißigen Schüler" werden belohnt, der „faule Schüler" bekommt schlechte Noten und fällt durch). Auch das eigene moralische Empfinden kommt dabei noch wenig zum Tragen. Erst wenn jetzt die Schüler durch die Mühe der schriftlichen Formulierung und durch das Nachdenken über die passende Abfolge der einzelnen Erzählschritte etwas Abstand zu ihren Assoziationen gewonnen haben und die Überlegung darüber einsetzt, ob die zu bauende Geschichte „gut" und „richtig" ist oder nicht, fließen *wertende Stellungnahmen* in den zu formulierenden Text ein (bei einzelnen Schülern führt dies zu bewußten Matrix-Änderungen), die gute Ansatzpunkte für das abschließende vergleichende Gespräch bilden.
Auf keinen Fall dürfen die Neukonstruktionen als das *„Ergebnis"* der analytisch-assoziativen Übertragung betrachtet und gewertet werden. Sie sind ähnlich wie die Assoziationen, auf denen sie aufbauen, nicht unmittelbar einer theologischen (noch weniger natürlich einer literarischen) Wertung zugänglich, sondern spiegeln, wenn auch in einer etwas reflektierteren Weise, die Situation der Schüler wider. Diese gegenwärtig-aktuelle Textwelt bildet nicht mehr und nicht weniger als *einen* der vier Pfeiler des Brückenbaus von damals zu heute, wobei dieser Pfeiler dem Ufer des Heute am nächsten steht. Erst die Aufarbeitung der Assoziationen im Vergleich mit dem Bibeltext und dessem jeweiligen „Sitz im Leben" bringt das Ergebnis; erst in diesen Gesprächen wird die gebaute Brücke tatsächlich begangen; erst dadurch werden Impulse des Bibeltextes *lebendig* in die Lebenssituation des Schülers eingebracht und erst dadurch wird umgekehrt der 2000 Jahre alte Text durch die gegenwärtige Lebenssituation neu zum Sprechen gebracht. Dabei darf freilich der Übertextungsvorgang als ganzer auch nicht an *diesem* Ergebnis *allein* gemessen werden. Auch RU als biblischer Unterricht ist nicht pro-

duktorientiert; auch bei ihm kommt es, wie beim RU im ganzen, stärker auf den *Prozeß* an[25], der sich auch schon während des „Brükkenbaus“ (in allen vier Arbeitsschritten) als Auseinandersetzung und Kommunikation mit dem Bibeltext vollzieht.

Um die Neukonstruktion zu ermöglichen, wird die im ersten Analyse-Schritt gewonnene Matrix zugrunde gelegt. Sie stellt den roten Faden zur Verfügung, der die Assoziationen zu einer Geschichte verbindet, wobei der Faden auch anders gesponnen werden kann, wenn dies dem Schüler richtiger erscheint (Matrix-Änderung). Die Rahmengeschichten zeigen dabei die ursprünglichen Richtungen (Tendenzen, Wirkabsichten) des Bibeltextes, die freilich den Schüler, der ja in der Neukonstruktion primär sich selbst, seine von ihm gewählte Lebenssituation und sein eigenes moralisches Empfinden zum Ausdruck bringen soll, nicht in starrer Weise binden können, sondern ihm nur ein freilassendes Richtungs-*Angebot* bereitstellen. Oft zeigt sich auch bei der anschließenden Auswertung, daß gerade *die* Schüler, die in ihren Neukonstruktionen starr und blind an der Matrix und der Tendenz des Bibeltextes festgehalten haben, sich dadurch am weitesten vom Geist des Evangeliums und seiner Grundbotschaft entfernen (während eine Änderung der Matrix, die bis zum Kontrast-Schema gehen kann, diesen Geist oft sehr lebendig zum Ausdruck bringt, vgl. unten!).

Einige Beispiele:

1. Zum Lehrer-Schüler-Verhältnis: Während die meisten Schüler, die diesen Bereich assoziiert haben, auch ihren Text systemkonform und dadurch *scheinbar* genau dem Bibeltext entsprechend niederschrieben (nach dem Schema „fleißiger Schüler“ gewinnt, „fauler Schüler“ verliert und das ist „richtig“ so), schrieb in unserer Erprobung ein Schüler, nachdem er zuerst auch die Geschichte so zu Papier gebracht hat, folgenden Nachsatz: „Ich finde, das größte Ereignis ist in diesem Gleichnis, daß der Herr den 3. Knecht so hart tadelt und bestraft. Ich hätte gedacht, der Herr wäre Jesus und hätte dem faulen Knecht verziehen“. Der Schüler wagte

[25] Dabei besteht der Prozeß sowohl in dem, was je innerhalb der einzelnen Arbeitsschritte geschieht, als auch (besonders) im aufgezeigten *Zusammenspiel* der Arbeitsschritte untereinander, das im abschließenden Vergleich ausmündet. – Zur Prozeß-Orientiertheit des RU vgl. G. Baudler, Der RU als curricular strukturierter offener Sprach- und Denkprozeß, in: ders., RU im Primarbereich, Zürich–Einsiedeln–Köln 1973, S. 13–33. Sowie G. Hilger, RU als offener Lernprozeß, München 1975.

also keine Matrix-Änderung, kritisierte aber am Ende seine eigene (matrix-konforme) Geschichte vom Geist des Evangeliums her. Hier muß das vergleichende Gespräch ansetzen und erörtern, wieweit diese Kritik berechtigt ist und ob nicht, auch gemessen an der ursprünglichen Tendenz des Gleichnisses, ein „verzeihender" Schluß hier tatsächlich „richtiger" wäre. Sind dazu einmal die Gedanken befreit, ist es erstaunlich, welche kreative Phantasie die Schüler entwickeln, um die geltenden Verhältnisse durch eine Geschichte zu durchbrechen, die innerhalb des gewählten Assoziationsbereichs einen solchen versöhnlichen Schluß möglich macht.

2. *Zum Eltern-Kind-Verhältnis:* Die meisten Schüler folgen wiederum starr der Gleichnis-Matrix; einige kommen dabei zu Schlußsätzen, die geradezu brutal klingen und die bei der folgenden Aufarbeitung auch den meisten Schülern fraglich erschienen (oft sogar nachträglich auch den Autor der Geschichte selbst betroffen machen); etwa wenn am Ende der Geschichte vom verschleuderten Taschengeld ein Schüler schreibt: „Deshalb sehen die Eltern Torsten und Maria (die mit ihrem Taschengeld gut gewirtschaftet haben) als etwas Besonderes an und verachten Hansi, weil er sein Geld nicht gut angelegt hat". Hier ist in der Aufarbeitung sehr behutsam vorzugehen, sofern die Geschichte möglicherweise die tatsächlichen Verhältnisse im Elternhaus widerspiegelt. Bei einem Schüler zeigte sich in unserer Erprobung hier eine interessante Matrix-Änderung: Die Geschichte spielt mit einem Vater, der trinkt. Als dann am Ende dieser Vater den Sohn, der sein Taschengeld für Schleckereien ausgegeben hat, entsprechend dem Gleichnis tadeln möchte, begehrt dieser auf: „‚Warum schimpfst du mit mir, du gibst auch das meiste Geld für dich aus'. Da sagte der Vater nichts mehr". Hier ist (wahrscheinlich infolge eines gestörten Vater-Bezuges) schon für einen Zwölfjährigen das Abhängigkeitsverhältnis der Menschen im Gleichnis zur Frage geworden und damit (wie bes. Schnider/Stenger ausgeführt haben[26]) tatsächlich ein „Nerv" des Gleich-

[26] Das Verhältnis höhergestellte-abhängige Person (Herr-Knecht-Verhältnis des Gleichnisses) wird von Schülern des 5./6. Jahrgangs noch nicht als *grundsätzliches* Problem gesehen. Wenn Eltern und Lehrer gerecht und gut sind, fühlen sich Jugendliche in diesem Alter wohl, auch *in* der Abhängigkeit, die ja hier noch lebens- und entwicklungsmäßig bedingt ist. Wo jedoch dieses Verhältnis gestört ist (etwa weil der Vater Trinker ist), kann es auch in dieser Altersstufe schon als Problem aufbrechen und wird dann auch von den anderen Mitschülern meistens gut verstanden. Vgl. zu dieser Problematik im Zusammenhang einer Übertextung des Gleichnisses von den Talenten F. Schnider/W. Stenger, Texttransformationen, a.a.O., S. 91ff.; die dort vorgeschlagene Übertextung wäre im ganzen jedoch eher für die Sekundarstufe II (bzw. für Erwachsene) geeignet.

nisses getroffen. Der 3. Knecht wagt es nicht, sich während der Abwesenheit aus dem Abhängigkeitsverhältnis zu lösen und frei, wie der Herr selbst, mit dem Gut umzugehen. In diesem Fall ist besonders deutlich, was es heißt, wenn ein Gleichnis-Impuls wirklich *lebendig* in die (sehr konkrete) Lebenssituation eines Schülers hineingetragen wird.

3. Zu Lebenssituationen aus Spiel und Umgang mit Gleichaltrigen: In den meisten Geschichten dieses Assoziationsbereichs ist es Unsicherheit und Angst, die das Kind lähmen und zu keinem kreativen und lustigen Spiel und Umgang mit Gleichaltrigen kommen lassen. Dies entspricht genau dem Gleichnis. Die Aufarbeitung könnte hier mit der Frage ansetzen, woher diese Angst kommt, wie sie zu überwinden ist und ob sie, bezogen auf das Gleichnis, wirklich berechtigt ist (sofern man die Rahmenerzählungen hinzunimmt: Jesus will gerade die niedergebeugten Menschen wieder aufrichten und ihnen Mut und Hoffnung machen!).

4. Zum Außenseiterproblem: Wie schon oben dargelegt (S. 120, Pkt. 4) kommen in diesem Assoziationsbereich die Kinder relativ häufig zu einer Matrix-Änderung mit versöhnlichem Schluß. „Nun spielen alle miteinander Fußball" heißt es typisch für viele am Ende einer der Geschichten. Das vergleichende Gespräch fragt danach, ob diese Änderung, die die Schüler meist in vermeintlicher Frontstellung zur Geschichte vollziehen – sie halten es „einfach nicht für richtig", einen Mitschüler im „Abseits" zu belassen – tiefer gesehen nicht *doch* dem Geist des Evangeliums und *auch* dem Geist des Gleichnisses (von dessen ursprünglichen Verwendungssituationen her gesehen) nicht besser entspricht als ein eventueller Matrix-konformer Schluß der Geschichte.

Vergleich (als Dialog zwischen gegenwärtiger und damalig-biblischer Versprachlichung der jeweiligen Lebenssituation)

Es wurde schon bei den verschiedenen Arten der Rekonstruktion darauf hingewiesen, wie in unserem Beispiel die vergleichende Aufarbeitung jeweils ansetzen könnte. Die konkrete Durchführung ist ein individuell-situativer Vorgang. Er ist stark geprägt einerseits von den konkreten einzelnen Lebenssituationen der Schüler, die jetzt (zumindest teilweise) ausdrücklich als solche zur Sprache kommen, und andererseits vom Glaubensverständnis und Glaubensbewußtsein des Lehrers, d.h. von der Art und Weise, wie *er* die Grundbotschaft des NT versteht und auf sich bezieht. Jedes konkrete „Fallbeispiel“ würde hier nur irritieren. Wichtig ist, daß der Lehrer der sich ihm erschließenden Lebenssitutation des Schülers wirklich offen und einfühlend (nicht schon im Ansatz wertend) gegenübersteht und dabei authentisch (entsprechend *seinem* spezifischen Glaubens- und Bibelverständis) biblische Impulse lebendig (d. h. Mut und Hoffnung stiftend) in die Situation einbringt.

Die Arbeit kann (mindestens bei älteren Schülern) zunächst ein Stück weit arbeitsteilig in Gruppenarbeit (entsprechend den einzelnen Assoziationsbereichen) erfolgen (Arbeitsaufgaben: Entspricht die jeweilige Neukonstruktion der Grundbotschaft des Evangeliums und der ursprünglichen Wirkabsicht der biblischen Perikope? Inwiefern? Inwiefern nicht? Wodurch sind Abweichungen zu begründen?); nach nicht zu langer Zeit aber (damit ohne sachverständige Gesprächsführung nicht zu viel zerredet und abgeblockt wird) sollten die Fragen und Stellungnahmen, die sich in der Gruppenarbeit als besonders virulent herauskristallisiert haben, ins Plenum getragen werden, damit der Lehrer sich intensiv am Gespräch aller beteiligen und sowohl sein Glaubensverständnis als auch (darauf gründend) seine therapeutische Hilfeleistung einbringen kann.

Hier ist auch ein möglicher Ort, wo sinnvoll vorgegebene literarische Kontexte in das Gespräch eingebracht werden. Diese können auch schon im ersten Assoziationsschritt herangezogen werden, um den Assoziationsfluß anzuregen. Dabei muß aber darauf geachtet werden, daß nicht alle Assoziationen nun in eine Richtung gelenkt werden. Eine wahre „Fundgrube“ für Kontexte dieser Art sind die sogenannten „Keunergeschichten“ von Bertolt Brecht[27]. Daraus ist

[27] B. Brecht, Geschichten von Herrn Keuner, Suhrkamp-Taschenbuch Nr. 16, Frankfurt a. M. 1972; hier S. 26; Schnider/Stenger, Texttransformationen, a.a.O., S. 97 wählen als literarischen Kontext zum Talentengleichnis die Brecht-Geschichte „Die dumme Frau“ (Gesammelte Werke 11, Prosa I, Frankfurt 1967, S. 49–51). Jüngere Schüler assoziierten bisweilen Märchen, in denen der König oder Vater vor seinem Tod seinen Besitz an seine Söhne austeilt und dabei derjenige, der am wenigsten erhält und deshalb von den anderen verlacht wird, am meisten daraus zu machen versteht und am Ende viel reicher und glücklicher ist als seine Brüder (z. B. „Der gestiefelte Kater“).

für unsere Altersstufe und unsere Perikope folgende Geschichte besonders geeignet:

> Das Wiedersehen.
> Ein Mann, der Herrn K. lange nicht gesehen hatte, begrüßte ihn mit den Worten: „Sie haben sich gar nicht verändert". „Oh", sagte Herr K. und erbleichte.

In dem Maße, als den Kindern aufzudämmern beginnt, warum Herr K. „erbleichte", geht ihnen jener (sicher „echte") Impuls des Gleichnisses auf, daß das Leben tot ist (das Leben der überlieferten Thora wie das eigene Leben), wo es keine Entwicklung und Veränderung mehr hervorbringt. Ist dieser Impuls an der Kontext-Geschichte aufgegangen, kann er nun auch *nachträglich* wieder auf das eigene Leben zurückgelenkt werden und Assoziationen und Neukonstruktionen hervorbringen, die dann wiederum mit dem biblischen Ausgangstext und der Grundbotschaft der Evangelien konfrontiert werden.

Das Beispiel wurde im Detail ausgeführt, um dem Praktiker zu zeigen, daß es sich beim didaktischen Prinzip der analytisch-assoziativen Übertragung nicht bloß um eine am Schreibtisch „ausgebrütete" Idee, sondern um eine schon bis ins Detail erprobte Möglichkeit der selbständig-kreativen Verbindung von christlicher Überlieferung und gegenwärtiger Lebenssituation handelt. Das detailliert vorgestellte Beispiel könnte nun aber dazu verleiten, das veranschaulichte didaktische Prinzip als genau durchstrukturierte Methode mißzuverstehen, die nur so und nicht anders durchgeführt werden kann. Dieser Eindruck täuscht: Das Prinzip ist beinahe unbegrenzt variabel und läßt der didaktischen Phantasie einen völlig freien Spielraum.
Im folgenden Kapitel soll auf katechetische Varianten des Prinzips reflektiert werden. Um die Variationsmöglichkeiten auch innerhalb des Religionsunterrichts wenigstens noch anzudeuten, hier noch ein kurzer Hinweis, wie sich schon mit 7–8jährigen Kindern (also auch in der Grundschule) nach diesem Prinzip arbeiten läßt.

Eine Lehrerin[28] wollte das Gleichnis vom Schalksknecht Mt 18, 23–35 ihren Kindern nahebringen. Das Gleichnis lautet:

> Deshalb ist es mit dem Himmelreich wie mit einem König, der Abrechnung halten wollte mit seinen Knechten. Da er nun anfing abzurechnen, wurde einer vor ihn gebracht, der zehntausend Talente schuldig war. Da er nicht zahlen konnte, befahl der Herr, ihn zu verkaufen samt seiner Frau und seinen Kindern und seiner ganzen Habe und (so) die Zahlung zu leisten. Da fiel ihm der Knecht zu Füßen und flehte ihn an: ‚Habe Geduld mit mir, ich will dir ja alles bezahlen'. Da erbarmte sich der Herr jenes Knechtes, ließ ihn frei und erließ ihm die Schuld. Kaum war aber jener Knecht draußen, da traf er einen seiner Mitknechte, der ihm hundert Denare schuldig war. Den packte er, würgte ihn und sagte: ‚Bezahle, was du schuldig bist.' Da fiel der Mitknecht ihm zu Füßen und bat ihn: ‚Habe Geduld mit mir, ich will es dir ja bezahlen. Aber der wollte nicht, sondern ging hin und ließ ihn ins Gefängnis werfen, bis er die Schuld bezahlt hätte. Als nun seine Mitknechte sahen, was da vor sich ging, empörten sie sich darüber, gingen hin und berichteten ihrem Herrn alles, was geschehen war. Da ließ sein Herr ihn zu sich rufen und sprach zu ihm: ‚Du böser Knecht, jene ganze Schuld habe ich dir erlassen, weil du mich gebeten hast. Hättest nicht auch du dich deines Mitknechtes erbarmen müssen, so wie ich mich deiner erbarmt habe?' Und voll Zorn übergab ihn der Herr den Folterknechten, bis er ihm die ganze Schuld bezahlt hätte. So wird auch mein himmlischer Vater mit euch verfahren, wenn nicht jeder von euch seinem Bruder von Herzen verzeiht".

Die Lehrerin entwarf in ihrer häuslichen Vorbereitung eine Comic-Übertextung, die völlig aus dem Leben der Kinder gegriffen ist und fertigte damit folgendes Arbeitsblatt an, das sie vervielfältigte und an die Kinder austeilte (s. Seite 128).
Hier geschieht folgendes: Die Lehrerin hat in ihrer Unterrichtsvorbereitung das „bibeldidaktische Viereck" für sich durchgespielt und dabei aus ihrer Kenntnis der Schülersituation eine *Assoziationsvorlage* erarbeitet wobei sie den für Kinder ziemlich brutalen Schluß zunächst offen läßt. Mit dieser Hilfe steigen nun die Schüler im assoziativen Teil der analytisch-assoziativen Übertragung in den Aneignungsprozeß ein und assoziieren durch Schreiben und/oder Malen ihre ganz persönliche und individuelle Lebenssituation wobei sie

[28] Der Unterrichtsentwurf stammt von Monika Wallbrecht, In der Heide 14, 465 Gelsenkirchen.

① Schau dir folgende Geschichte genau an.

② Schreibe <u>ganz schnell</u> (in Stichworten) auf, was dir zu dieser Geschichte einfällt!

③ Weißt du eine Überschrift für die Geschichte?

④ Ist dir schon einmal etwas Ähnliches passiert? Schreibe es ganz kurz auf! Du kannst auf der Rückseite weiterschreiben und auch ein Bild zu deiner Geschichte malen!

auch einen Schluß hinzuerfinden können. Dann erklärt die Lehrerin den Schülern, daß die auf dem Arbeitsblatt aufgezeigte Geschichte in ihren Grundzügen von Jesus aus Nazareth stammt und erzählt sie in der Form des biblischen Gleichnisses. Dabei gibt sie auch einige Hinweise auf die Situation, in der Jesus die Geschichte erstmals erzählt hat[29]: Jesus fordert in dem Gleichnis die unbegrenzte offene Zuwendung und Vergebungsbereitschaft derer, die sich (wie z.B. die Pharisäer) elitär von der breiten Masse des Volkes absondern und diese „anawim" als für das Reich Gottes verloren abschreiben; denn Gott hat ja zuvor auch jedem von ihnen vergeben, als er sie zur Teilnahme am Gottesreich berief. Danach ist unmittelbar der Weg frei für den kritisch-dialogischen Vergleich der situativen Kindergeschichten mit der biblischen Perikope. Die Brücke über den „garstig breiten Graben" zwischen damals und heute ist gebaut, zwar schmal und leicht, aber für Kinder dieses Alters durchaus tragfähig.

1.3. Das Prinzip der analytisch-assoziativen Übertragung in der Gemeindekatechese.

In der Gemeindekatechese sind die Möglichkeiten, biblische Überlieferung nach dem Prinzip der analytisch-assoziativen Übertragung mit gegenwärtigen Lebenssituationen zu verbinden, noch vielfältiger als im Religionsunterricht. Denn nach übereinstimmender Auffassung der Religionspädagogen und Pastoraltheologen soll die Gemeindekatechese in kleinen, gesprächsfähigen Gruppen (von etwa 10 Personen) stattfinden und den Charakrer eines freien, freizeitgestaltenden Tuns besitzen. Dadurch ergibt sich eine wesentlich größere Spontaneität und Flexibilität der Lern- und Arbeitsweisen, als sie im Religionsunterricht als einem „ordentlichen Lehrfach" der Institution Schule möglich sind. Es ist deshalb hier noch weniger als im vorausgehenden Kapitel möglich, eine systematische Übersicht über mögliche Methoden einer analytisch-assoziativen Übertragung biblischer Texte in der Katechese zu geben. Es soll lediglich auf einige für die Katechese typische Aspekte und Akzentuierungen dieser Über-

[29] Vgl. J. Jeremias, Gleichnisse Jesu, a.a.O., S. 138ff.

tragung hingewiesen werden. Konkrete Beispiele können dabei das ganze veranschaulichen und den Realitätsbezug herstellen.
Wie schon in Kapitel 2 des ersten Hauptteils herausgearbeitet, besteht von der Zusammensetzung der Lerngruppe aus gesehen der wesentlichste inhaltliche Aspekt des Unterschieds zwischen schulischem Religionsunterricht und gemeindlicher Katechese darin, daß sich im schulischen Religionsunterricht als einem ordentlichen Lehrfach der Institution Schule in exemplarischer Weise die weltanschauliche Pluralität unserer Gesellschaft widerspiegelt und *als solche* mit der christlichen Überlieferung in Kontakt und Kommunikation zu kommen versucht, während demgegenüber die Gemeindekatechese *jene* Menschen zusammenruft und versammelt, die in ihrer weltanschaulichen Einstellung mindestens in *dem* Punkt homogen sind, daß sie alle in der christlichen Überlieferung eine ihr Leben mit Sinn bereichernde Orientierung und Aufhellung zu finden hoffen und deshalb ihre Freizeit für diese Gespräche opfern. Ihnen ist die in den Kapiteln 1.1 und 1.2 des ersten Hauptteils beschriebene religiöse Dimension des Lebens schon so weit erschlossen, daß sie (bzw. bei noch unmündigen Kindern: ihre Eltern) die Notwendigkeit einer solchen, das Leben tragenden und perspektivisch eine jeweils neue Zukunft erschließenden Sinnorientierung erkannt und im Denken und Handeln realisiert haben. Von dieser gemeinsamen Basis aus kann nun der katechetische Lernprozeß in einer gegenüber dem Religionsunterricht qualitativ anderen Weise in die Dimension des christlichen Glaubens vorstoßen und eine je aktuelle Identifikation mit dem Ganzen dieses Glaubens oder wesentlichen Überlieferungszügen anstreben.
Dabei ist hier schon auf eine theologisch äußerst wichtige Eigenart dieser spezifisch katechetischen Zielsetzung hinzuweisen. Die analytisch-assoziative Übertragung zielt im Religionsunterricht auf eine assoziative Erschließung der Sinndimension in konkreten gegenwärtigen Lebenssituationen und führte zu einer Auseinandersetzung mit der von diesen Situationen aus je neu sichtbar gewordenen christlichen Sinnorientierung. Schon diese Zielsetzung ist nicht in einem genau durchkonstruierten und mehr oder weniger vorprogrammierten Lernprozeß zu erreichen. Ein Religionsunterricht dieser Art verlangt ein sogenanntes „offenes Curriculum“, das die ablaufenden

Lernprozesse nicht festlegt, sondern Raum für die Spontaneität von seiten der Schüler und von seiten des Lehrers läßt[30].Dem entsprechend ist das Erreichen des Zieles, nämlich die Erschließung der Sinndimension in konkreten Lebenssituationen, von so verschiedenartigen und so komplex miteinander verflochtenen äußeren und inneren Faktoren (persönliche Gestimmtheit des Lehrers, Atmosphäre in der Klasse nach einer Klassenarbeit und dergl.) abhängig, daß ein religionspädagogisch noch so überzeugender Entwurf im konkreten Unterricht dennoch nicht *notwendig* zu einer religiösen Erschließungserfahrung der Lerngruppe im ganzen (die von den einzelnen Teilnehmern nochmals verschieden intensiv und in je verschiedener Art und Weise mitvollzogen werden kann) führt. Wo sich die Erschließung der Sinndimension tatsächlich einstellt und ihre mögliche Bewältigung durch analytisch-assoziativ aus der Bibel übertragene Strukturen und Perspektiven aufscheint, dort erfahren dies Lehrer und Schüler trotz intensiver (evtl. gemeinsamer) Planung und Projektion des Lernprozesses als ein Geschenk der Stunde.

Diese Eigenart in der Erreichung der Zieldimension bei religiösen Lernprozessen ist noch einmal qualitativ gesteigert in der Gemeindekatechese. Denn hier geht es nicht nur um die letztlich anonyme, wenn auch zur Identifizierung mit dem jüdisch-christlichen Gott *einladende* Erschließung der das menschliche Leben umgreifenden Sinnfrage und Sinndimension, sondern um eine bewußte, ganzmenschlich *vollzogene* (d.h. das Denken, Fühlen und Handeln des Menschen einbeziehende) Identifizierung dieses anonymen, fraglichen und das menschliche Leben in Frage stellenden Daseinsgrundes als des Gottes der biblischen Überlieferung, der sich konstitutiv zu erkennen gab in der Befreiung der Moses-Sippe aus der ägyptischen Sklaverei und im Leben und Sterben des Jesus aus Nazareth. Wo diese Identifizierung durch die Gruppe als ganze *geschieht* (wenn auch von den einzelnen Teilnehmern je verschieden stark mitgetra-

[30] Ein solches sogenanntes „offenes Curriculum“ fordert der Synodenbeschluß „Zum Religionsunterricht an der Schule“ (vgl. Zeitschrift „Synode“, Heft 1/1975, S. 66, Pkt. 2.5.4.) vgl. dazu G. Baudler, Der Religionsunterricht als curricular strukturierter offener Sprach- und Denkprozeß, in: ders. (Hg.), Religionsunterricht im Primarbereich, a.a.O., S. 13–33; sowie G. Hilger, Religionsunterricht als offener Lernprozeß, a.a.O., bes. S. 25ff.

gen), dort leuchtet der Geschenkcharakter, die „Ungeschuldetheit" und das Unkalkulierbare dieser Erfahrung in einer so überwältigenden Dichte auf, daß der qualitative Unterschied zur *auch* relativ spontan sich einstellenden Erschließung der Sinndimension nicht nur theologisch postuliert werden muß (Glaube ist ja theologisch übernatürliche Gnade), sondern ganz konkret erlebt werden kann. Wo diese Erfahrung *glückt* – und dies ist keineswegs in jeder Katechese-Gruppe notwendig der Fall – mündet deshalb die Katechese bruchlos und fast übergangslos in die religiöse Feier und den liturgischen Vollzug.

So sehr indes der im katechetischen Lernprozeß angestrebte Glaube (als Identifizierung des eigenen Lebensgrundes mit dem Gott der Bibel) ein ungeschuldetes Geschenk ist, darf daraus dennoch nicht gefolgert werden, daß die Katechese ohne möglichst genau reflektierte didaktische Prinzipien auskommen könne. Jeder weiß, daß Glaube nicht methodisch und didaktisch „hergestellt" werden kann, jeder Christ weiß darüber hinaus, daß dieser Glaube oft völlig unvermutet und ohne daß vorher irgendwelche Lernprozesse organisiert worden wären, in das Leben eines Menschen einbrechen kann. Aber es ist ebenso klar, daß die kirchliche Pastoral seit jeher unbeschadet dieses Geschenk- und Gnadencharakters des Glaubens[31] immer schon sich bemüht, Kommunikations- und Lernprozesse anzuregen und zu organisieren, in denen sich nach menschlicher Erwartung und Hoffnung dieser Glaube leichter und sicherer als sonst einstellen kann. Die Tatsache, daß der Glaube ein Geschenk ist, befreit uns nicht von der Pflicht, nach ihm zu suchen.

Diese katechetische Suche nach dem Glauben erfolgt von seiten der christlichen Überlieferung her ebenfalls nach dem didaktischen Prinzip der analytisch-assoziativen Übertragung. Denn auch hier kommt eine Gruppe von Menschen zusammen, um die christliche Überlieferung auf ihr gegenwärtiges Leben zu beziehen und sie selbständig-kreativ mit diesem zu verflechten.

[31] Vgl. dazu das letzte Kapitel dieses Bandes, in dem auf die systematisch-theologischen Perspektiven einer Religionspädagogik und Katechetik der Korrelation von christlicher Überlieferung und gegenwärtiger Lebenssituation reflektiert wird.

Entsprechend dem spezifischen Ziel der Gemeindekatechese, nämlich der gemeinschaftlichen Identifizierung des sinngebenden Daseinsgrundes als des Gottes der Bibel, stehen dabei stärker als im Religionsunterricht die assoziativen Elemente des Übertragungsvorgangs im Mittelpunkt. Die Assoziationen haben hier nicht nur die Aufgabe, den Bibeltext auf das je eigene Leben zu beziehen, sondern auch die einzelnen Teilnehmer der Lerngruppe und ihre durch Assoziation aufgedeckten Situationen untereinander in Kontakt zu bringen, um dadurch eine wirklich *gemeinschaftliche* (wenn auch nochmals von jedem einzelnen verschieden intensiv und verschieden akzentuiert vollzogene) Erfahrung zu ermöglichen.
Dieses Spezifikum des katechetischen Lernprozesses wird in christlichen Selbsterfahrungsgruppen, die von ihrer äußeren Organisationsform her in den meisten Fällen eine geradezu ideale Katechese-Gruppe bilden könnten (gesprächsfähige Gruppen, Atmosphäre des Vertrauens, meistens auch Homogenität in Bezug auf eine positive Einstellung zur christlichen Überlieferung) jedoch häufig überakzentuiert, während die analytischen Prozesse zu sehr vernachlässigt werden. Ohne ausreichende (sowohl historisch-kritische als auch sprachliche) Analyse ist es nämlich auch in der Katechese und in Kleingruppen nicht möglich, einen jahrhundertealten und aus einem anderen Kulturraum stammenden Text so auf das gegenwärtige Leben zu übertragen, daß sich daraus tragfähige Strukturen sowohl für die Lebensorientierung des einzelnen als auch für eine gemeinschaftliche Erfahrung und ein darauf aufbauendes gemeinschaftliches Handeln und Feiern ergeben; der Übertragungsvorgang bleibt sonst leicht im Bereich des Emotionalen stecken.
Katechetische Lernprozesse und Lernsituationen sind ungeheuer vielfältig. Sie reichen von der Vorbereitung noch unmündiger Kinder zum ersten Empfang der Eucharistie über die Arbeit in kirchlichen Jugendgruppen und über Zusammenkünfte von Menschen, die in ähnlichen kirchlichen Berufen stehen und sich darüber austauschen, bis hin zu Altenkreisen, in denen die spezifische Problematik dieser Lebensphase im Mittelpunkt steht. Bei dieser Vielfalt von Situationen und Lernorganisationen ist es nicht möglich, ähnlich wie im Religionsunterricht einen idealtypischen „Fall“ einer analytisch-assoziativen Übertragung eines biblischen Textes durchzuspielen.

Statt dessen sollen hier an einigen Beispielen lediglich die Akzente herausgearbeitet werden, die den Übertragungsvorgang zu einem spezifisch katechetischen Lernprozeß machen können.
In einer aus Religionslehrern zusammengesetzten Selbsterfahrungsgruppe wird der Text Lukas 9, 23–25

> Zu allen sagte er: Wer zu mir gehören will, der verleugne sich selbst, nehme täglich sein Kreuz auf sich und folge mir nach. Denn wer sein Leben retten will, wird es verlieren; wer aber sein Leben um meinetwillen verliert, wird es retten. Was nützt es einem Menschen, wenn er die ganze Welt gewinnt, dabei aber sich selbst verliert und Schaden erleidet!“

nach der sogenannten „Västeras-Methode“ behandelt[32]: Jeder hat die Verse einzeln untereinander geschrieben auf einem Blatt vor sich und schreibt hinter jeden Vers ein Fragezeichen, wenn er sich mit ihm schlecht identifizieren kann, ihm der Sinn der Stelle unklar ist, „nicht eingeht“ usw., ein Ausrufezeichen, wenn ihm ein Vers inhaltlich klar und den anderen gegenüber erklärbar scheint, und einen Pfeil, wenn er sich von einem Vers besonders angesprochen und in seiner Existenz betroffen fühlt. Nach dieser Einzelarbeit bilden sich kleine Gruppen von 3–4 Personen, die das Ergebnis ihrer Arbeit miteinander austauschen und im Gespräch auf die biographischen Hintergründe, sozialen Situationen und augenblicklichen Verfassungen eingehen, von denen die jeweilige Reaktion auf den Text möglicherweise bestimmt ist. Nach der spezifischen Västeras-Methode, wie sie Barth/Schramm im Anschluß an H. Hillmann vorschlagen, kann dann die Übung damit abschließen, daß in einer Schlußrunde im Plenum alle Stellungnahmen zu dem Text „veröffentlicht“ werden. Bei Barth/Schramm fehlt dabei die für Hillmann wesentliche Phase der „Objektivierung“, in der die Diskrepanz zwischen der historisch intendierten Bedeutung des Ausgangstextes und der individuellen Aktualisierung bewußt gemacht und aufgearbeitet werden soll[33]. Dadurch bleiben am Ende lediglich subjektive Äußerungen und Stellungnahmen stehen, die mir zwar den anderen in seiner Subjekti-

[32] Vgl. die Darstellung der „Västeras-Methode“ bei H. Barth/T. Schramm, Selbsterfahrung mit der Bibel, München 1977, S. 140ff.
[33] Vgl. ebenda, S. 145, wo von Barth/Schramm Hillmann referiert wird.

vität besser erschließen und ihn mir deutlicher erkennbar machen, aber sonst keine gemeinsame religiöse Erfahrung stiften. Ähnlich wie beim „integrativen Drama“, das im ersten Abschnitt dieses Kapitels besprochen wurde[34] und ähnlich dem bei W. Wink berichteten Beispiel[35] bleibt der Bibeltext hier ein letztlich beliebig austauschbarer Impuls zum besseren Kennenlernen des eigenen Selbst und des anderen.

Die oben genannte Lehrergruppe hat in ihrer Arbeit die Västeras-Methode auf folgende Weise modifiziert: nach dem Austausch über die je verschiedenen ersten Reaktionen auf die einzelnen Verse des Textes folgte nochmals eine Phase der Einzelarbeit, in der jeder versuchte, den Text so umzuändern (zu kürzen, zu erweitern, umzuformulieren), daß er dem eigenen Lebensgefühl entsprach. Diese „Übertextungen“ wurden dann sowohl in den Kleingruppen als auch im Plenum untereinander ausgetauscht und vorgestellt. Zwei Gruppenmitglieder, die auch in der Kleingruppe zusammengearbeitet hatten, erstellten dabei folgende Übertextungen:

Übertextung a) (Irene)

1. Jesus sagt mir
2. Du gehörst zu mir, wenn Du Dich selbst LOSLÄSST, das NICHTS riskierst,
3. Dich mit Deinen Wunden, Kämpfen, Tränen, mit Deinen Minderwertigkeitsgefühlen, Deinen Schattenseiten, Deinem Scheitern ernst nimmst, Dich damit für lebenswert und wertvoll hältst.
4. Du bist dann in guter Gesellschaft, denn ich bin auch gescheitert und konnte erst danach auferstehen.
5. Wenn Du das, was Du HAST (krampfhaft, unverändert), festhalten willst, dann wirst Du es mit Sicherheit verlieren.
6. Wenn Du aber das, was Du hast (= bisher erreicht, gemacht hast) losläßt, (= ge-lassen bist, ins Nichtshaben hineingehst), dann kannst Du Auferstehung erfahren, beginnen zu SEIN und Deine tieferen, inneren Lebenskräfte wecken (eine kleine Blume in Deiner Dürre werden).

[34] Vgl. dazu das Kap. 1.1., des zweiten Hauptteils (und dazu die Anm. 6)!
[35] Vgl. dazu ebenda.

7. Was nützt es Dir, wenn Du – gemessen an den Normen dieser Gesellschaft – alles hast und Dich anpaßt, um es zu behalten, dabei aber Dich selbst mit Deinen Sehnsüchten verlierst.

Übertextung b) (Dieter)

Weil ich zu ihm gehören will, verleugne ich mich selbst und spiele meine Rollen, als Lehrer, als Vater und Gatte. Ich schränke meine Wünsche ein, passe mich an, so sehr, daß ich glaube, in einer permanenten Lügehaltung zu leben. Das ist mein Kreuz, das ich auf mich nehme, täglich aufs neue. Also scheine ich ihm nachzufolgen.
Natürlich möchte ich immer wieder mein individuelles, gewünschtes Leben retten; aber dann gibt es Krach. Um den Frieden wiederzugewinnen, muß ich mich ganz unterwerfen, alles akzeptieren, verliere mich also ganz.
(Dieser Text ist fortzusetzen und zu vollenden durch den Text von Irene, Punkt 7)

In dieser Transformationsarbeit wird wesentlich stärker als durch bloße mündliche Stellungnahmen zur Perikope und ihren einzelnen Versen der Text in die eigene Lebenswelt übertragen. An den vorgestellten Transformationen ist unmittelbar deutlich, wie die Struktur und Intention, das formale und inhaltliche „Gefälle" des Ausgangstextes mit dem Lebensgefühl und der Lebenssitutation des je gegenwärtigen Lesers/Hörers in eine spannungsreiche Auseinandersetzung eintritt. Dabei ist es erstaunlich und überraschend zu sehen, daß trotz starker Gegensätzlichkeit des Selbst- und Lebensgefühls, wie es in den Übertextungen der ersten Verse zum Ausdruck kommt, beide Bearbeiter des Textes für den letzten Satz der Perikope, eine gemeinsame Formulierung fanden. Diese Gemeinsamkeit ist deutlich eine Wirkung, die der alte Text selbständig und kreativ auf die offenbar sehr verschiedenartigen Leser/Hörer ausübt. Der Text hat trotz seiner im Grunde gegensätzlichen assoziativen Rezeption doch eine *gewisse* Gemeinsamkeit im Zeit- und Lebensgefühl der beiden sonst so verschiedenen Menschen aufgedeckt.
In dem Beispiel, von dem ich berichte, wurden die Übertextungen im Respekt vor der sich darin ziemlich ungeschützt äußernden Subjektivität ihrer Verfasser, so wie sie waren, stehengelassen. Für eine Therapie-Gruppe wären diese Äußerungen sicher Ausgangspunkt eines wichtigen und schwierigen Arbeitsprozesses. Aber auch eine

spezifisch katechetische Lerngruppe, der es um den christlichen Glauben und damit ja *auch* um Heil und Heilung des Menschen geht, dürfte nicht bei diesen Äußerungen stehenbleiben.

Es liegt hier ein deutliches Beispiel vor, an dem sich zeigt, wie konstitutiv wichtig *auch* im katechetischen Lernprozeß der *analytische* Umgang mit dem überlieferten Text ist. Es waren zwar in der Kleingruppenarbeit gelegentlich Fragen nach der Exegese des Textes gestellt und erörtert worden, aber es wurde kein Kommentarwerk nachgeschlagen[36], kein synoptischer Vergleich durchgeführt und nicht nach dem sprachlichen Aufbau der Perikope und der einzelnen Verse gefragt.

Eine solche Analyse-Arbeit hätte etwa folgende, für eine möglichst gemeinschaftliche Rezeption des Textes wichtige Elemente zutage fördern können: Vom sprachlichen Aufbau her gesehen handelt es sich um eine Folge von ursprünglich unverbundenen Einzelsprüchen, die zuerst von Markus so zusammengefügt worden sind. Dabei bildet nach seinem Verständnis der erste Spruch die grundlegende Aussage, während die folgenden Aussprüche jeweils mit „denn", also begründend und weiterführend, angeschlossen sind[37].

Ein einfacher Blick in eine Synopse hätte dann gezeigt, daß dieser (nach markinischem Verständnis) grundlegende erste Satz von Lukas gegenüber der Vorlage durch ein einziges eingefügtes Wort entscheidend verändert worden ist: Im ursprünglicheren Markustext fordert Jesus von dem, der ihn auf seinen Wanderungen durch Palästina begleiten will, die Bereitschaft, „das Kreuz auf sich zu nehmen", also ebenso wie die zelotischen Freiheitskämpfer zur Zeit Jesu bewußt der sehr realen Gefahr ins Auge zu sehen, die von seiten der Römer auf die jüdischen Freiheitskämpfer angewandte grausame Art der Hinrichtung zu erleiden. Erst Lukas fügt das „täglich" in den Spruch ein und deutet dadurch die aus einem ungebändigten Freiheitswillen erwachsende Bereitschaft zur Hinrichtung am Galgen um in eine

[36] Etwa durch Heranziehung des handlichen „Ökumenischen Taschenbuchkommentars" zum Neuen Testament, hg. von E. Gräßer und K. Kertelge; hier: Bd. 3/1, G. Schneider, Das Evangelium nach Lukas, Kap. 1–10, Würzburg 1977.

[37] Vgl. Ebenda, S. 211.

Bereitschaft, die Schwierigkeiten des alltäglichen Lebens, die in der lukanischen Gemeindesituation wesentlich durch die soziologische Stellung der Christen bedingt waren, auf sich zu nehmen und zu tragen. Wie die Verse 25 und der unserer Perikope nachfolgende Vers 26 zeigt, meint Lukas damit konkret den Verzicht auf Besitzstreben und das tapfere Bekenntnis zum Evangelium: dies ist das nach Lukas täglich aufzunehmende „Kreuz" des Nachfolgers Jesu.

Aus beiden Fassungen des Spruches, besonders aber aus der ursprünglichen Fassung, wird durch solche Analyse deutlich, daß der Spruch ganz bestimmt nicht eine devote, unterwürfige Haltung von seiten des Jesusjüngers fordert. Vielmehr fordert er umgekehrt jene Art von „Selbstvergessenheit", die dort entsteht, wo der Mensch eine ihm sich stellende Aufgabe (etwa den Kampf um die Befreiung des eigenen Volkes aus römischer Unterdrückung und Fremdherrschaft oder eben das Eintreten für die jesuanische Konzeption eines erfüllten menschlichen Lebens in der Gottesherrschaft) mit solcher Begeisterung und Hingabe ergreift, daß er bereit ist, dafür „alles andere" (Besitz, Ansehen, körperliche Unversehrtheit, biologisches Leben) aufs Spiel zu setzen. Gefordert ist also ein Mensch, der es wagt, ganz zu sich und seiner Aufgabe zu stehen. Der Lukasspruch 9, 24 verheißt einem solchen Menschen, daß der so von ihm ergriffene Lebenssin sein Leben, selbst wenn er es biologisch verliert, in einer tieferen, umfassenderen, auch noch den Tod umgreifenden Weise „retten" (d. h. bewahren und glücken lassen) wird.

Es ist nun freilich entscheidend wichtig, daß solche Ergebnisse der Analyse nicht als ein ehrfürchtig bestauntes gelehrtes theologisches Wissen im Raum stehenbleiben, sondern, wie die Verse selbst, noch einmal assoziativ auf die eigene Lebenssituation bezogen werden. In unserem Beispiel wird dadurch die Basis für eine möglichst gemeinschaftliche Rezeption des Textes wesentlich verbreitert. Denn es ist deutlich, daß die historische Tendenz der Perikope gerade in jenem letzen Satz Nr. 7 der Übertextung Irenes, dem sich auch Dieter am Ende anschließen konnte, am deutlichsten getroffen wird. Von dieser analytisch verbreiterten gemeinschaftlichen Rezeptionsbasis aus stellt sich nun *vom Text selbst her* (also ohne eine sicher unangemessene von außen herkommende Bewertung einer subjektiven Äußerung vorzunehmen) sowohl an Irenes durch E. Fromm angeregtes Votum für das „Sein“ gegenüber dem „Haben“[38] als auch andererseits an Dieters schmerzliche Einschränkung seiner Wünsche zugunsten des häuslichen Friedens je individuell die Frage, ob das jeweils Angezielte als ein das Leben über den Tod hinaus tragender *Sinn* (als Lebensaufgabe nach Art des patriotischen Kampfes um Freiheit oder nach Art des Eintretens für die jesuanische Lebens- und Gottesreichkonzeption) erfahren und ergriffen werden kann. Es ist dies eine Frage, die der jeweilige Verfasser des Textes letztlich nur für sich selbst lösen kann. Ebenso wie Irene und Dieter ist jedes andere Mitglied der Gruppe danach gefragt, worin für ihn dieser todumgreifende Daseinssinn, diese „rettende“ Lebensaufgabe besteht.

So verschiedenartig dabei die einzelnen Antworten ausfallen mögen, aufgrund der für das didaktische Prinzip der analytisch-assoziativen Übertragung charakteristischen Zuordnung von Analyse eines Textes einerseits und seiner assoziativen Verflechtung mit der Lebenssituation anderseits eröffnet sich in solcher Textarbeit die Gemeinsamkeit einer Lebenshaltung, die in der radikalen Hingabe an eine Lebensaufgabe den Weg zu einem Glücken des Lebens sieht, das Leiden und Tod umgreift. Worin immer der einzelne in seiner hier und heute gegebenen Lebensphase diese Aufgabe für sich erkennt und artikuliert, es haben sich in solcher Arbeit und solchem Bemühen doch alle Versammelten grundsätzlich eingelassen auf diese spezifisch Jesuanische Lebenseinstellung. Die Gruppe kann sich deshalb in diesem Sinne als „Jesus-Gemeinde“ verstehen und die Erinnerung an ihn, der durch sein Leben, Sterben und im Tode gewonnenes neues Lebendigsein diese Lebenshaltung als absolut gültig und eschatologisch siegreich erwiesen hat, feiern und preisen. Erst dadurch kommt der katechetische Lernprozeß an sein Ziel.

Tim Schramm bietet in dem mit H. Barth herausgegebenen und hier schon öfters zitierten Buch[39] „Selbsterfahrung mit der Bibel“ etwa ein Dutzend konkreter praktischer Vorschläge, wie in gesprächsfähigen Kleingruppen vorwiegend assoziativ und durch Interaktion

[38] Vgl. E. Fromm, Sein und Haben, dtv, Stuttgart 1976.
[39] Barth/Schramm, Selbsterfahrung mit der Bibel, a.a.O.

biblische Texte mit gegenwärtigen Lebenssituationen und Erfahrungen verflochten werden können. Alle diese Übungen können so, wie dies in dem eben erzählten Beispiel geschah, nach dem Prinzip der analytisch-assoziativen Übertragung gestaltet und dadurch für den spezifisch katechetischen Lernprozeß umgearbeitet werden. In den meisten Fällen muß dabei die analytische Arbeit ein stärkeres Gewicht bekommen und jeweils konstitutiv für den gesamten Lernprozeß den Assoziationen zugeordnet werden.

Eine Übung sei noch genannt, in der diese für die Gemeindekatechese charakteristische Zuordnung auch bei Schramm selbst deutlich zum Ausdruck kommt. Schramm nennt die Übung „Sympathie/Antipathie". Es geht dabei darum, der Gruppe eine Reihe von biblischen Perikopen vorzulegen, die aus ganz verschiedenen Büchern und von ganz verschiedenen Verfassern stammen, aber um ein ähnliches Thema kreisen. Schramm erzählt z. B., wie er auf einer Wochenendtagung für Kirchenvorsteher zum christlichen Schöpfungsgedanken insgesamt 7 Texte (von Mose über die Psalmen und den Prediger bis zu Jesaja und den Römerbrief) vorlegte und die Teilnehmer aufforderte, unter dem Motto „Mein Text – kein Text für mich" *den* Text herauszusuchen, der dem gegenwärtigen Lebensgefühl des jeweiligen Teilnehmers am stärksten bzw. am wenigsten entspricht. Die Teilnehmer sollten versuchen, unter den Texten eine Sympathie-Reihenfolge von 1–7 aufzustellen, zumindest jedoch diejenigen zwei oder drei Texte zu benennen, die sie ganz oben bzw. ganz unten rangieren lassen würden[40]. Dabei wurde zuerst in Einzelarbeit gearbeitet, danach wurden Fünfergruppen gebildet, die im Gespräch eine *gemeinsame* Reihenfolge aufzustellen versuchen sollten: Welcher Text entspricht *unserem* Lebensgefühl am stärksten?

Dabei ergab sich, daß alle Einzelgruppen die Perikope aus dem Buch Kohelet, in der eine optimistisch-positive Lebenseinstellung zum Ausdruck kommt (z.B. Koh. 3, 12: „Da merkte ich, daß es nichts besseres gibt unter der Sonne als fröhlich sein und sich gütlich tun in seinem Leben"), am sympathischsten fanden, während Jesaja 65, welcher das endzeitliche Jerusalem, den „neuen Himmel und die neue Erde" beschreibt, als „unrealistisch" betrachtet wurde und an

[40] Vgl. Ebenda, S. 148–153.

das Ende der Sympathie-Liste rutschte. Schramm sieht selbst, daß mit diesem Ergebnis die Übung nicht schon zu Ende „zu sein braucht“[41].

Von unserem Zusammenhang aus gesehen wäre es konstitutiv wichtig, daß sich nun in der Weiterarbeit analytische und assoziative Umgangsformen mit dem Text so einander zuordnen, daß dadurch die Gemeinsamkeit vertieft und mit Glaubensinhalt gefüllt wird. Wie auch Schramm hervorhebt, könnte dabei die analytische Arbeit mit der Feststellung einsetzen, daß in der üblichen Exegese das Koheletbuch ziemlich abgewertet wird, während der visionäre Jesajatext in der kirchlichen Verkündigung eine große Rolle spielt. Die Rückfrage nach dem jeweiligen „Sitz im Leben“ der verschiedenen Perikopen könnte eine solche etwas apodiktische Wertung der beiden Texte relativieren und deutlich machen, daß die Verfasser beider Texte je in ihrer Situation und aus je ihrem Blickwinkel heraus vom selben Gott ergriffen sind. Weitere assoziative Verfahren (Rede an den Text, Testbeschimpfung, Rollenspiel mit dem personifizierten Text) können die Ergebnisse der Analyse wieder assoziativ mit dem gegenwärtigen Lebensgefühl verflechten. Durch diese Arbeit kann insgesamt das Bewußtsein wachsen, daß unbeschadet der Verschiedenheit der Lebensgeschichte und des Lebensgefühls der Teilnehmer der Lerngruppe, doch eine Gemeinsamkeit der Lebenshaltung besteht, die in dem Ergriffensein von dem gemeinsamen Gott der Bibel begründet ist. Auch hier wird durch diese Identifikation des Gottes des eigenen Lebens mit dem Gott der Bibel christliche Gemeinde konstituiert und der Weg geebnet zur Feier und zum Lobpreis dieses Gottes[42].

[41] Vgl. Ebenda, S. 152.

[42] Auch wenn sich nicht, wie in dem von Schramm berichteten Beispiel schon im ersten Anlauf eine so starke Gemeinsamkeit einstellt, sollte im spezifisch katechetischen Lernprozeß diese Gemeinsamkeit gesucht werden. Es wäre dabei nach jenem Text oder nach jenen Texten zu fragen, die in allen Teilgruppen oder bei allen einzelnen Teilnehmern der Gruppe doch eine *relative* Sympathie gefunden haben. Hier müßte dann die analytische Arbeit ansetzen, deren Ergebnisse wiederum assoziativ weiterverarbeitet werden müßten. Auf diese Weise ist es in jedem Falle möglich, das spezifische Ziel des katechetischen Lernprozesses im Rahmen der dargestellten Schrammschen Übung anzustreben.

1.4. Die analytisch-assoziative Übertragung und das religionspädagogische Modell der mehrdimensionalen Wirklichkeit (x-y-z).

Das religionspädagogische Modell der mehrdimensionalen Wirklichkeit (x-y-z) geht davon aus, daß die *eine* Wirklichkeit aus mehreren Perspektiven betrachtet werden kann und sich je nach dem Blickwinkel der Betrachtung verschiedene und verschieden tiefe Dimensionen dieser einen Wirklichkeit enthüllen. Religiöses Lernen besteht nach diesem Modell darin, Kindern, Jugendlichen und Erwachsenen eine solche mehrdimensionale Sicht der Wirklichkeit zu erschließen. Dabei werden, wie in Kap. 1.3.1. des ersten Hauptteils („Grundsätzliche Perspektiven im Verhältnis von Religion und Glaube“) dargestellt, vornehmlich drei Sichtweisen dieser einen Wirklichkeit unterschieden: 1. die oberflächlich daliegende („empirische“) Alltagswirklichkeit (x), 2. die ganzheitliche Sicht des Lebens und der Welt, die konstitutiv mit der Sinnfrage verknüpft ist und damit vor ein „unbedingtes Anliegen“ (Tillich) dh. vor die religiöse Frage stellt (y) und die spezifisch christliche, aus der Identifikation mit der Sicht- und Lebensweise des Evangeliums gewonnene Blickrichtung, nach welcher der gekreuzigte Jesus aus Nazareth die höchste Verwirklichung menschlichen Lebens und darin die unüberbietbare, als personaler Anspruch ergehende Offenbarung des Göttlichen ist (z).
Viele Religionslehrer, die ihren Unterricht nach diesem religionspädagogischen Modell gestalten, sind der Meinung, diese letztgenannte Dimension des christlichen Glaubens (z) wäre schon dort erreicht, wo die Bibel als Inhalt des Unterrichts fungiert. Dies ist jedoch ein Irrtum. Die Bibel ist ja nur dort selbstverständlich übernommene und das Leben prägende Norm des Denkens und Handelns, also *Heilige* Schrift, wo der in ihr enthaltene christliche Glaube nach Art einer weltanschaulich homogenen Gesellschaft als gesellschaftlich sanktionierte und damit jedes einzelne Mitglied dieser Gesellschaft verpflichtende Sinn-Konstruktion das menschliche Leben überwölbt. Nur in einer solchen Gesellschaft öffnet sich gleichsam ein „heiliger“ Denk- und Lebensraum, wenn dieses (heilige) Buch geöffnet wird und der Mensch sich lesend und meditierend darin vertieft.
Anders in einer weltanschaulich pluralen Gesellschaft, wie sie sich repräsentativ in unseren Schulklassen widerspiegelt: dort ist die Bibel

zunächst ein Buch unter anderen Büchern, ein Buch, das besonders weit verbreitet ist und eine besondere Wirkungsgeschichte hat, für viele aber als überholt und für das gegenwärtige Denken und Handeln irrelevant gilt. Es besteht aus einer bunten Sammlung von Geschichten, weisen Aussprüchen, Liedern, chronikartigen Zusammenstellungen und Briefen, die beim Durchblättern dem einzelnen Menschen recht unterschiedlich interessant und ansprechend vorkommen. Ja, vielen Menschen erscheint diese Schriften- und Geschichtensammlung heute ebenso skurril wie etwa der „Pali-Kanon" (die heilige Schrift des Buddhismus), der eine schier unübersehbare Sammlung von Lehrtexten, Gedichten und Erzählungen, Märchen und Legenden enthält. Schriften dieser Art gehören zu dem vielen Überraschenden und Erstaunlichen, das es in dieser Welt gibt; sie sind, den einen mehr, den anderen weniger interessierend, „vorhanden", können aufgeschlagen, gelesen und wieder weggelegt werden: Sie gehören in der weltanschaulich pluralen Gesellschaft zu dem vorhandenen, stückweise in einer schier endlosen Reihe aneinandergereihten Bestand der Lebenswirklichkeit, die flächenhaft, „empirisch" greifbar, daliegt. Ein biblischer Text gehört also im Religionsunterricht vom Ansatz her weder in die y, noch in die z-Dimension, sondern wird x-haft erfahren.
Anders ist die Lage in der gemeindlichen Katechese. Sofern die Menschen, die sich hier versammeln, Mitglieder einer weltanschaulich pluralen Gesellschaft sind, ist allerdings auch für sie dieses Buch nicht von vornherein fraglos übernommene absolute Norm des Denkens und Handelns. Sie kommen ja aus einer Welt, in der, wie im Religionsunterricht, dieses Buch einfach zum vorhandenen – notwendigen oder nicht notwendigen – „Bestand" der Wirklichkeit gehört. Aber die Mitglieder der Katechese treffen sich in der Hoffnung und in der Erwartung, daß ihnen die in diesem Buch ausgedrückte Sichtweise des Lebens und der Welt hilft, eine ganzheitliche Lebensperspektive zu finden, in der dieses Leben, bei all den Problemen, die es mit sich bringt und trotz des Todes, in den hinein es mündet, einen umgreifenden Sinn erhält. Dabei steht zum Zeitpunkt der Zusammenkunft einerseits dieser Sinn noch keinesfalls fest, er soll eben in der Verflechtung der eigenen Lebenswirklichkeit mit der biblischen Lebens- und Weltsicht gewonnen werden, aber anderer-

seits ist von diesem Arbeitsansatz aus die Bibel auch nicht bloß ein subjektiv beliebiges Buch: es ist ein Buch, das der Teilnehmer einer Katechese in der Hoffnung aufschlägt, darin einen tragenden, Orientierung gebenden Lebenssinn zu finden. So wie die Mitglieder der Katechese zusammenkommen, weil sie (bzw. bei Kindern: ihre Eltern) die Sinnfrage bewegt und sie so in der y-Dimension stehen, so steht auch die Bibel in der Katechese unter dieser religiösen, ganzheitlichen Perspektive der Wirklichkeit.

Entsprechend diesen beiden verschiedenen Ausgangslagen ist auch das Ziel des Umgangs mit dem biblischen Text verschieden. In der Katechese geht es darum, ausgehend von den meist lebensphasenspezifischen Problemen, die das Leben als ganzes zur Frage machen, eine Identifikation mit dem biblischen Text zu finden, die Sinn und befreiende Orientierung in das Leben hineinbringt. Dadurch wird je aktuell im Vorgang des katechetischen Lernprozesses die Bibel zur befreienden Norm, d. h. zur „heiligen Schrift". (z-Dimension)

Konkret, anhand des im vorausgehenden Kapitel ausgeführten Beispiels erläutert, bedeutet dies: Dieter und Irene sind als Menschen in eine unter dem Thema „Christlicher Glaube in Selbsterfahrung" sich treffende Gruppe von Menschen gegangen, für die das Leben nicht nur flächenhaft daliegt, sondern die durch das je verschiedene Lebensschicksal und durch ihr Nachdenken sich der alles umgreifenden Sinnfrage bewußt geworden sind und die nun hoffen, in dieser Suche nach Sinn und Lebensorientierung in der Arbeit mit der Gruppe ein Stückchen weiterzukommen. Da sie sich einer Gruppe angeschlossen haben, die ausdrücklich diesen Sinn und diese Orientierung im „christlichen Glauben" sucht, ist für sie auch die Bibel, als Fundament und Ausdruck dieses Glaubens, keine beliebige Schriftensammlung, sondern ein Buch, das in besonderer Weise und genuin in diese Sinn-Dimension des Lebens hineingehört. Es ist freilich auch nicht in jedem Wort und in jedem Satz selbstverständlich zu übernehmende Norm, deren Inhalt nur kognitiv erarbeitet zu werden bräuchte, damit ich mich ihr einfach unterwerfen kann; vielmehr kommen sie als Menschen, die *erfahren* wollen, daß sich aus den Texten dieses Buches *tatsächlich* eine befreiende, von innen her anzueignende Orientierung gewinnen läßt. Erst wenn sie beginnen, im Vorgang der analytisch-assoziativen Übertragung die eigene Lebenssituation im Lichte des biblischen Textes zu sehen und in dem Maße, als ihnen dabei tatsächlich ein neues „Licht aufgeht“, d. h. bisher noch nicht gesehene, neue, Zukunft erschließende Perspektiven ihres Lebens aufgedeckt werden, und in dem Maße, als sie sich diesen neuen Perspektiven zuwenden, deren befreiende Kraft spüren und sich mehr und mehr auf sie einlassen, wird das betreffende Bibelwort für sie, für ihre je aktuelle Erfahrung, zur „Offenbarung“; und nur als solche je aktuelle Offenbarung ist die biblische Überlieferung lebendiger christlicher Glaube[43]. Dabei ist diese zu gewinnende Lebensorientierung umso tragfähiger, d. h. der Lernprozeß dringt umso weiter aus der y- in die z- Dimension vor, als es gelingt, die konkrete, alltägliche Lebenspraxis, also x, mit den Bibelworten zu verflechten. X ist also die Basis, der Grund, das Material, auf dem und mit dessen Hilfe in der Katechese der Weg von y nach z gegangen wird.

Anders ist die Lage dort, wo, wie repräsentativ und exemplarisch im schulischen Religionsunterricht, der religiöse Lernprozeß bei der säkularisierten, oberflächlich daliegenden („empirischen“) Alltagswirklichkeit ansetzt. Hier ist zunächst sowohl der biblische Text als auch das Leben, das zu diesem Text in Beziehung gesetzt werden soll, ein Stück dieser „empirisch“ vorhandenen Wirklichkeit. Allen jedoch ist bekannt, daß es Menschen gibt, die durch die Beschäftigung mit der Bibel eine befreiende und sinngebende Lebensorientierung erfahren haben, die ihnen ihr Leben tiefer und ganzheitlicher sehen und glücken läßt. Der Lehrer als Initiator des Lernprozesses und im allgemeinen auch einige Mitglieder der Lerngruppe haben selbst diese Erfahrung gemacht und können sie bezeugen. Ausgehend von dieser Lage der Dinge geht nun die Lerngruppe „probeweise“ daran, Bibel und Alltagsleben so zueinander in Beziehung zu setzen, daß beide Bereiche in ihrer Tiefendimension sichtbar werden. Diesem Ziel dient das in Kap. 1.2. des zweiten Hauptteils dargestellte „Bibeldidaktische Viereck“: Indem die Handlungsstruktur des Talentengleichnisses als eine Art „Sonde“ (Erschließungsimpuls) über das x-haft („empirisch“) ausgebreitete Alltagsleben gleitet, stellt es

[43] Vgl. zu diesem (heute evtl. möglichen) Offenbarungsverständnis das Schlußkapitel der Arbeit, wo die genaueren Bedingungen eines solchen Verständnisses erläutert sind.

„Knotenpunkte", „Erhebungen"[44] in diesem Alltagsleben fest, die sich bei näherer Betrachtung (eben unter der „Linse" des biblischen Erzählrasters[45] als Punkte erweisen, in denen die Weichen gestellt werden für Haltungen, die das ganze Leben prägen und über dessen Sinn oder Unsinn, über das „Glücken" oder Mißlingen dieses Lebens entscheidend wichtig sind. In dieser „Enthüllung " (disclosure) erweist sich rückwirkend auch der biblische Text als nicht bloß in unserem Kulturraum „empirisch" (x-haft) vorhanden und geschichtlich wirksam, sondern als für das Gelingen je meines Lebens im ganzen bedeutsam: es wird also die religiöse Dimension sowohl des konkreten Alltagslebens als auch und in eins damit die religiöse Dimension und der Erschließungs-Anspruch des biblischen Textes erschlossen.

Der Schüler, der erkennt und sieht, um diesen Assoziations-Kreis aus dem in Kap. 1.2. des zweiten Hauptteils dargestellten Unterrichtsbeispiel herauszugreifen, wie der von ihm bisher nur dunkel gespürte Drang, sich gegenüber dem Vater als eigenständige Person zu behaupten (wie dies in der Assoziation zum Bibeltext seinen Ausdruck fand), durch die Sichtweise des Gleichnisses als konstitutiver Teil eines „rettenden", d. h. todumgreifenden Lebenssinnes in das Licht gehoben wird, sieht sich vor tiefgreifende, sein Leben als ganzes prägende Fragen gestellt. Er weiß sich mit dieser seiner Erfahrung nicht wie die im Katechese-Beispiel (Kap. 1.3. des zweiten Hauptteils) beschriebene Lerngruppe unmittelbar mit seinen Mitschülern, die ja jeweils ganz andere Erfahrungen machen, in eine Jesus-Gemeinde hineingestellt, aber er findet bestätigt, was als Ausgangsbasis des Lernprozesses vorausgesetzt war: daß nämlich die Beschäftigung mit einem bliblischen Text tatsächlich bisher nicht gesehene Perspektiven und Dimensionen des eigenen Lebens aufzudecken vermag.

[44] Vgl. G. Lange, Religion und Glaube, a.a.O., S. 738.

[45] Vgl. G. Baudler, Der Religionsunterricht als curricular strukturierter offener Sprech- und Denkprozeß, in: ders. (Hg) Religionsunterricht im Primarbereich, a.a.O., S. 23; vgl. zum ganzen auch W. Faber, Religion und Glaube als Erfahrungsprozeß. Erleben und Erfahren als Voraussetzung und Ziel religiöser Lernprozesse in Religionsunterricht und Katechese, Aachen 1975 (hrsg. vom Katechetischen Institut des Bistums Aachen).

Gleichzeitig erfährt er, ohne daß dies ausdrücklich und verbal hervorgehoben zu werden bräuchte, diesen so verlaufenden Lernprozeß als eine freilassende Einladung, sich noch intensiver mit diesen Texten zu beschäftigen, um in jeder Lebensphase neu eine Identifikation mit jener Lebenshaltung zu suchen, von der als vollendet ausgedrückt im Leben und Sterben Jesu aus Nazareth das Buch der Bibel erzählt: Ein Religionsunterricht, der nach dem didaktischen Prinzip der analytisch-assoziativen Übertragung biblische Texte und konkrete Lebenssituationen miteinander zu verbinden sucht, beschreitet einen Weg, der aufgrund der probeweise übernommenen Voraussetzung, christliche Glaubensüberlieferung könne wichtige Dimensionen des menschlichen Lebens erschließen (also auf der Basis von z), von x nach y führt und in eins dadurch dazu einlädt (in einem Lernprozeß eigener Art), den Weg nach z weiterzugehen.

2. Von der Situation zur Überlieferung durch situativ-existentielle Konzentration des Glaubens

2.1. Situativ-existentielle Konzentration in der neueren Theologie und Religionspädagogik („Kurzformel des Glaubens").

In Kapitel 2.4. des ersten Hauptteils wurde der heute wieder aufkommenden Tendenz zur Arbeit mit systematischen Katechismen in der religiösen Erziehung die Forderung zum Umgang mit „Kurzformeln des Glaubens" (und anderen ähnlichen Verdichtungen der Glaubensüberlieferung) gegenübergestellt. Die jüngst auf den Markt gekommenen Katechismen belegen sehr anschaulich die dort vorgetragene These, daß es in der weltanschaulich pluralen Gesellschaft einer auf Vollständigkeit bedachten theologisch deduzierenden Zusammenstellung der Glaubenswahrheiten trotz guter Absicht niemals gelingen kann, die für unsere Welt unverständlich gewordene „Insider-Sprache" der herkömmlichen dogmatischen Theologie zu durchbrechen und das in Jesus ergangene Heil (seine „Messianität", sein „Christus-Sein") für heutige Menschen verständlich auszusagen. So bestätigen G. Stachel und J. Hilberath dem im Auftrag der Bischöfe von Essen und Augsburg von A. Baur und W. Plöger herausgegebenen Religionsbuch „Botschaft des Glaubens. Ein katholischer Katechismus"[46], daß es ein „überflüssiges Buch" ist, das die Dialogfähigkeit des überlieferten Glaubensgutes mit der säkularisierten Welt und vor allem mit der heutigen Jugend nicht stärkt sondern verringert[47]; und der im Generalvikariat Trier tätige Religionspädagoge Josef Quadflieg spricht von einem „schädlichen Buch", dessen Sprache ein „Chormanteldeutsch" ist, von dem junge Menschen eher abgeschreckt als angezogen werden[48].

[46] Donauwörth/Essen 1978.

[47] G. Stachel/J. Hilfrath, Glaubensbotschaft als „gesunde Lehre"? Zum Katechismus der Bistümer Augsburg und Essen, in: Herder-Korrespondenz Heft 1/1979, S. 36.

[48] J. Quadflieg, Wie wenig der Katechismus „die Botschaft des Glaubens" taugt. Unveröffentlichtes Mskrpt., Trier 1979, S. 7.

Von theologisch deduzierenden Katechismen ist jene Art einer Zusammenschau des Glaubens zu unterscheiden, deren „Vollständigkeit" nicht einseitig an einer bestimmten, als endliche Summe gedachten Anzahl von Glaubenswahrheiten orientiert ist, sondern die innerhalb eines bestimmten Lebensraumes vom Glauben her zu bewältigenden Lebenssituationen konstitutiv und gleichberechtigt mit zum „Pleroma", zur „Fülle" des christlichen Glaubens rechnet. Typisch für „Katechismen" dieser Art sind der sogenannte „Holländische Katechismus"[49] und der „Katechismus" des Don Mazzi aus Isolotto[50]. Für sie ist kennzeichnend, daß der Ort, der Lebensraum, für den sie gelten (Holland, Isolotto) als konstitutiv bedeutsam im Titel mitgenannt ist. „Vollständigkeit" bedeutet dann primär, daß alle jene Glaubenswahrheiten angesprochen werden, die für Lebenssituationen *innerhalb dieses Lebensraumes*[51] relevant sind und zwar so, daß diese Lebensrelevanz in der Artikulation der jeweiligen Wahrheit zum Ausdruck kommt und unmittelbar einsichtig wird. In dieser dialogischen Einheit und Zusammenschau von Lebenssituationen und der (dafür relevanten) Glaubensüberlieferung sind *diese* „Katechismen" eher eine breiter ausformulierte und weiter entfaltete „Kurzformel des Glaubens" (im unten näher zu entfaltenden Sinne), als ein „Katechismus" im herkömmlichen Sinne des Wortes (vgl. dazu die S. 157, Anmerkung 78 gegebene Definition von „Katechismus im herkömmlichen Sinne").

Kennzeichnend für „Kurzformel-Katechismen" dieser Art ist ferner, daß sie nicht eine konstatierende Sprache sprechen, in der bestimmte Aussagen einfach „festgemacht" und (durch Fettdruck und Merksatz hervorgehoben) „festgehalten" werden; der „Holländische Katechismus" z.B. besitzt stattdessen eine „konsequente Fragestruktur";

[49] Glaubensverkündigung für Erwachsene. Deutsche Ausgabe des Holländischen Katechismus, Freiburg ^{2}1971.

[50] Don Mazzi. Die Botschaft im Isolotto, Mainz 1969.

[51] Dem widerspricht es natürlich nicht, wenn sich *nachträglich* auch Menschen aus anderen Lebensräumen (z. B. aus Deutschland) als in ähnlichen Situationen lebend verstehen und sich deshalb von der hier gegebenen situativen Zusammenschau des Glaubens angesprochen fühlen.

Einwände und andere Meinungen werden dynamisch und offen einbezogen; sie stehen am Ende nicht als „erledigt„ da und werden nicht von einer zusammenfassenden konstatierenden Aussage (als „erledigt“) beiseite geschoben[52]. Weil situativ formuliert und nicht theologisch-systemimmanent deduziert, sprechen „Katechismen“ *dieser* Art eine Sprache, die nicht konstatiert und festlegt, sondern Einsichten *erschließt* und neue Lebensperspektiven eröffnet.

Solche „situative“, auf bestimmte Lebensräume bezogene „Katechismen“ drücken auf fragende, nicht festlegende, sondern offen lassende Weise jene Basis aus, auf der Gesprächsgruppen innerhalb des Gebiets, für den der Katechismus gilt, sich bewegen und die Überlieferung auf ihr Leben beziehen. Der „Holländische Katechismus“ ist aus der Arbeit von über 60.000 Gesprächskreisen der niederländischen Kirche herausgewachsen[53]; er zeigt an und gibt wieder, auf welche Weise und mit Hilfe welcher Überlieferungsstränge in dieser Kirche der Glaube auf das Leben bezogen wird und lädt dazu ein, diesen Prozeß mitzuvollziehen. Er legt nicht etwa fest, was nur so und nicht anders zu übernehmen ist, sondern fordert dazu auf, daß sich – was z. B. in Deutschland vielfach geschehen ist – neue Gesprächsgruppen bilden[54], die auf je ihre Weise den Glauben mit dem Leben in Korrespondenz bringen und eine solche geglückte Verbindung eventuell in einer für die betreffende Gruppe geltenden Kurzformel des Glaubens zum Ausdruck zu bringen.

Während systemimmanente, theologisch deduzierende Katechismen das produzieren, was die Jugendlichen nach einem Bericht Roman

[52] Vgl. G. Bitter, Leben suchen und Leben erproben. Der Holländische Katechismus als Zeugnis einer Theologie des Volkes, in: A. Exeler/N. Mette (Hg.), Theologie des Volkes, Mainz 1978, S. 67. Eine zu sehr konstatierende Sprache ist m. E. – wenn auch in einem historisch-existentiellen und nicht in einem dogmatischen Duktus – auch in H. Küngs „Christ sein“ gegeben. Vgl. G. Baudler, Das Sprachproblem in H. Küngs Christ sein als Paradigma der theologischen Sprachkrise, in: Zeitschrift für kath. Theologie, Heft 1/1979. [1](Bd. 101), S. 28–37.

[53] Vgl. den Report über den „Holländischen Katechismus“. Dokumente, Berichte, Freiburg 1969.

[54] Vgl. W. Bless/D. Emeis, Befreiender Glaube. Ein Angebot für die Glaubensbildung im Anschluß an den Holländischen Katechismus, Freiburg-Basel-Wien 1971.

Bleisteins als „dogmatischen Sprachmüll“ bezeichnen[55], der das eigentliche Fundament des christlichen Glaubens verdeckt und zuschüttet, statt es zu erschließen, wird von situativ erschließenden Katechismen und Kurzformeln des Glaubens dieser „Müll“ so gefiltert und aufgearbeitet, daß in der sprachlichen und lebensmäßigen Assimilation an eine bestimmte Situation daraus wieder die befreiende und frohmachende Botschaft vom gekreuzigten Jesus als dem Christus wird.

Es waren vor allem die Jugendlichen der sechziger Jahre, die – wohl weitgehend intuitiv – die epochal neue glaubensgeschichtliche Situation der Menschen in einer weltanschaulich pluralen Gesellschaft erkannten. Sie begriffen, daß die einst gesamtgesellschaftlich akzeptierte übergreifende Sinnkonstruktion, die den todtranszendierenden Sinn des einzelnen, an sich unbedeutenden Lebens garantierte, zerbrochen, und, wie Nietzsche es vorausverkündet hatte „der Himmel über ihnen leer“ war. Deshalb suchten sie die Wahrheit, die ihrem Leben Sinn und Halt gibt, nicht, wie die theologisch deduzierenden Katechismen alter und neuer Prägung aus den Trümmern dieses zerbrochenen Himmels zusammenzuflicken, sondern gruben sie neu aus der Erde: aus dem Boden, aus den Situationen, in denen sie lebten und aus den alten Geschichten, die von ähnlichen Situationen erzählen. Zwar ist die sinngebende Wahrheit *weder* (deduktiv) aus einem übergeordneten System *noch* (induktiv) aus der Situation *abzuleiten,* aber sie kann, wie ein Edelmetall, das auch qualitativ von der es umgebenden Erde verschieden ist, immer neu aus der *Zusam-*

[55] R. Bleistein, Kurzformel des Glaubens, a.a.O., S. 15. Dieser „dogmatische (besser wäre: ‚dogmatistische‘) Sprachmüll“ entsteht überall dort, wo Glaubenssätze ohne irgendeinen situativen Bezug ausgesagt und weitertradiert werden. Auch die Dogmatik und Dogmengeschichte sieht heute die Notwendigkeit, die überlieferten Dogmen durch die Erzählung und Beschreibung ihrer Entstehungssituation zu erklären; diesen Weg verfolgt bes. die sogenannte „wissenssoziologische Methode“, wie sie z. B. G. Greshake zur Erläuterung der scholastischen Erlösungslehre angewandt hat: vgl. ders; Erlösung und Freiheit. Zur Neuinterpretation der Erlösungslehre Anselms von Canterbury, in: Theol. Quartalsschrift, Tübingen 153. Jg. (1973), S. 303–345.

menschau der alten überlieferten Geschichten mit denen, die das eigene gegewärtige Leben schreibt, gewonnen werden.
Die Jugendlichen versuchten das, indem sie in ihren Gottesdiensten und Jugendfreizeiten jene „Kurzformeln des Glaubens" entwickelten, in denen sie den Kern des überlieferten christlichen Glaubens aus der Situation heraus, in der sie lebten und handelten, neu zu strukturieren und in Sprache zu formen suchten. Im Zusammenhang dieser Bewegung stehen auch die beschriebenen situativen Katechismen.
In der wissenschaftlichen Theologie hat als erster Karl Rahner diesen – nicht „von oben" sondern „von unten", von den an mangelndem Sinnbewußtsein und an Orientierungslosigkeit leidenden jungen Menschen her kommenden – Anruf aufgegriffen und in seine theologische Arbeit einbezogen. In einem zuerst für die holländische Zeitschrit „Euros" geplanten Beitrag[56] zeigt er auf, daß und warum in einer *pluralistischen* Gesellschaft eine solche Kurzformel dringend notwendig ist. Ausdrücklich sagt er – und ist die heutige Situation anders, weniger plural als damals in den sechziger Jahren? – daß ein (theologisch deduzierender) Katechismus nicht in der Lage ist, in einer solchen Gesellschaft das Sinn und Orientierung vermittelnde Fundament des christlichen Glaubens auszusagen[57]. Vielmehr muß dieses Fundament so formuliert werden, daß es für eine bestimmte Sprechsituation Gültigkeit besitzt[58], in dieser Situation ohne lange

[56] Der Beitrag war 1964 entstanden; er erschien zuerst (leicht verändert) in der Zeitschrift „Geist und Leben", Jg. 38 (1965), S. 374–379 und später in einer erweiterten Fassung in den „Schriften zur Theologie", Bd. VIII, Einsiedeln–Zürich–Köln 1967, S. 153–164 (danach wird hier zitiert).

[57] Ebenda, S. 153/154 (Hervorhebung von Rahner).

[58] Die von Rahner intendierte Sprechsituation „Heutiges Europa" bzw. der Adressat „gebildeter Abendländer" (vgl. ebenda S. 158) ist dabei unter religionspädagogischem Aspekt gesehen noch wesentlich zu weit. Eine sprachliche Neuformulierung des Glaubensfundaments kann religionspädagogisch nur dann „unmittelbar ‚existentiell' assimilierbar" (S. 154) sein, wenn sie die konkret arbeitende Lerngruppe oder Schulklasse als den Ort und die Sprechsituation nimmt, zu welcher die „Kurzformel des Glaubens" in Dialog tritt und für die sie ihre Gültigkeit besitzt. Wir brauchen heute nicht mehr „mehrere" Kurzformeln des Glaubens" (S. 157), sondern exakt

Erklärung unmittelbar von der Lebenserfahrung her einsichtig ist und die Sprache spricht, die auch sonst in dieser Sprechsituation üblich ist[59]. Auf diese Weise, meint K. Rahner, könnte es geschehen, daß der bleibende Wert der überkommenen Glaubensformeln nicht mehr dadurch dokumentiert wird, daß sie in immer neuen Katechismen in jeweils kaum veränderter Form bloß wiederholt werden (was sie für das Empfinden des heutigen Menschen notwendig zum „Sprachmüll" werden läßt), sondern dadurch, daß „die alte Wahrheit, die bleibt ... *anders* gesagt wird, als es in den traditionellen Formeln geschieht"[60], nämlich so, daß unmittelbar und ohne lange Erklärung und ohne ausdrückliche moralische Forderung deutlich wird, wie der überkommene Glaube das je gegenwärtige, konkrete Leben befreit, es aufhellt und das Dunkel der möglichen Sinnlosigkeit von ihm nimmt.

Rahners Initiative hat in der katholischen Theologie ein breites Echo geweckt. Einige griffen seine Gedanken dadurch positiv auf, daß sie unmittelbar dem Appell folgten und selbst Versuche einer ‚Kurzformel des Glaubens' entwarfen[61], andere arbeiteten die fundamentaltheologischen[62], dogmengeschichtlichen [63], exegetischen[64] und reli-

so viele, als es konkrete Lernorte und Lerngruppen gibt, in denen sich Menschen, eingefügt in einen bestimmten Kommunikationszusammenhang, auf das eine Fundament des christlichen Glaubens besinnen. Dies bedeutet *deshalb* kein Auseinanderfallen der Einheit des christlichen Glaubens und der Einheit der Kirche, weil sich die unübersehbar vielen Lerngruppen alle auf jenes *eine* Fundament besinnen, das allen gemeinsam ist und das deshalb bei aller Verschiedenheit der einzelnen situativen Glaubenskonzentrationen doch einen echten Dialog und ein echtes Gespräch zwischen den Gruppen und zwischen den einzelnen und ihren Kurzformeln ermöglicht.

[59] Vgl. ebenda S. 154/155.

[60] Ebenda S. 159 (Hervorhebung von mir).

[61] Dazu gehören vor allem Schillebeeckx, Varillon, Schuster, Nastainczyk, W. Kasper, Küng, Bleistein, Scherer; die meisten dieser „Kurzformeln" sind abgedruckt bei R. Bleistein, Kurzformeln, a.a.O., Bd. II (Texte), S. 86–102. Vgl. auch L. Karrer, Der Glaube in Kurzformeln, Mainz 1978, S. 21f.

[62] Vgl. dazu bes. die Arbeiten von K. Lehmann; am ausführlichsten: „Kurzformeln des christlichen Glaubens", in: Handbuch der Verkündigung, Bd. I, Freiburg 1970, S. 274–294. Weitere Literatur von Lehmann zum Thema „Kurzformel" bei L. Karrer, Glaube in Kurzformeln, a.a.O., S. 211.

gionspädagogischen[65] Aspekte, die im Programm einer Kurzformel des Glaubens liegen, stärker heraus und entfalteten sie weiter. Einige fragten kritisch, ob in solchen Kurzformeln nicht eine „Minimalisierung" des Glaubens und eine Auflösung seiner Einheit in eine tendenziell unendliche Vielzahl von Aspekten und Perspektiven erfolgt. Ebenso wie die unmittelbar positiv an Rahner anschließenden Arbeiten fragen sie nach den theologischen Kriterien, denen eine Kurzformel genügen müsse, um dieser Gefahr nicht zu erliegen[66]. Auch von kirchenamtlicher Seite wurde die Initiative aufgegriffen: Paul VI., das Sekretariat für die Nicht-Christen, ein Hirtenbrief der belgischen Bischöfe und die Gemeinsame Synode der Bistümer in der BRD veröffentlichten Bekenntnisse, die in kürzerer oder längerer Form den christlichen Glauben in einer auf die Anliegen und die Sprache unserer Zeit bezogenen Form zusammenzufassen suchen[67].

Ihre theologische Begründung und Legitimierung findet die Theorie und Praxis dieser Versuche einmal in der Tatsache, daß es unbestreitbar in der frühen Kirche eine große Fülle und Vielfalt solcher Formeln gegeben hat, die das Ganze des Glaubens auf eine jeweils verschiedene Verwendungssituation hin aussagten. Dazu gehören die

[63] Vgl. W. Beinert, Glaubensbekenntnisse der Kirche. Geschichte und heutige Bedeutung, in: Baudler/Beinert/Kretzer, Den Glauben bekennen. Formel oder Leben?, Freiburg/Basel/Wien 1975, S. 34–91.

[64] Vgl. K. Lehmann, Auferweckt am dritten Tag nach der Schrift. Quaestiones Disputatae 38, Freiburg 1968, sowie A. Kretzer, Glaubensformeln als Glaubenszeugnisse im NT, in: Baudler/Beinert/Kretzer, Den Glauben bekennen, a.a.O., S. 9–33.

[65] Am umfangreichsten R. Bleistein, Kurzformel, a.a.O., vgl. dazu G. Baudler, Glaube aufgrund von Erfahrung? Zu Kriterien und Möglichkeiten des Umgangs mit Kurzformeln des Glaubens aus praktisch-theologischer Sicht, in: Baudler/Beinert/Kretzer, Den Glauben bekennen, a.a.O., S. 92–127; neuerdings: L. Karrer, Der Glaube in Kurzformeln, a.a.O., S. 185–256. Dort auch weitere religionspädagogische Literatur zum Thema.

[66] Vgl. dazu (neben den Arbeiten K. Lehmanns und K. Rahners) Th. Schneider, Kurzformel des Glaubens. Zur Problematik der Reduktion theologischer Aussagen, in: Catholica 25 (1971), S. 179–197, O. Semmelroth, Kurzformel des Glaubens und ihr Sitz im Leben, in: „Geist und Leben", Jg. 44 (1971), S. 440–452. Weitere Literatur bei L. Karrer, a.a.O., S. 32ff.

[67] Näher dargestellt bei L. Karrer, a.a.O., S. 22f.

Lob- und Preisformeln (Doxologien), die Hoheitstitel Jesu, die Bekenntnis- und Verkündigungsformeln, ebenso wie die Glaubensformeln im engeren Sinne, alle aus den neutestamentlichen Schriften als solche zu erheben und meist auch auf eine klare Sprech- und Adressatensituation zu beziehen[68].

Die zweite theologische Begründung für die Möglichkeit und Notwendigkeit der Entwicklung solcher situationsbezogenen Neuformulierungen des Glaubenskerns, die überall in der Literatur herangezogen wird, liegt in der am 21. November 1964 vom II. Vatikanischen Konzil beschlossenen Aussage, daß der christliche Glaube nicht aus einer Summe einzelner Wahrheiten und Sätze besteht, die nur logisch in einem in sich stimmigen System miteinander verknüpft sind, sondern „daß es eine Rangordnung oder ‚Hierarchie' der Wahrheiten innerhalb der katholischen Lehre gibt je nach der verschiedenen Art ihres Zusammenhangs mit dem Fundament des christlichen Glaubens“[69]. Karl Rahner, einer der geistigen Väter des II. Vatikanischen Konzils, hat in seinen „Reflexionen zur Problematik einer Kurzformel des Glaubens“[70] darauf hingewiesen, daß diese „Hierarchie der Wahrheiten“ nicht bloß als eine statische, „objektive“, stets gleichbleibende Rangfolge verstanden werden darf, sondern daß es darüber hinaus eine „situativ-existentielle Hierarchie der Wahrheiten“ gibt[71]; die einzelnen Wahrheiten haben demnach nicht bloß eine stets gleichbleibende, sachlogisch-statische Nähe oder Entfernung zum Glaubensfundament, sondern sie stehen *je nach der existentiellen Lebenserfahrung* der Menschen, die in einer bestimmten Situation gemeinsam oder einzeln einen Zugang zum Glauben suchen, einmal näher und einmal weiter entfernt zu diesem Fundament und bekommen dadurch je nach der existentiellen Situation für den nach dem Glauben suchenden Menschen einmal ein größeres und einmal ein geringeres Gewicht.

[68] Vgl. die o. g. Arbeiten von K. Lehmann und A. Kretzer, sowie L. Karrer, a.a.O., S. 39–63.

[69] Ökumenismusdekret Nr. 11, in: K. Rahner/H. Vorgrimler, Kleines Konzilskompendium, Freiburg–Basel–Wien 1966, S. 240.

[70] Schriften zur Theologie Bd. IX, S. 242–256.

[71] Ebenda, S. 248.

Besonders R. Bleistein[72] und K. Lehmann[73] haben herausgearbeitet, daß nach dem Kontext und nach der Genese, in dem die Konzilsaussage von der „Hierarchie der Wahrheiten" steht, das Bedeutsame dieser Aussage weniger darin liegt, die einzelnen Offenbarungswahrheiten in ein neues inneres Verhältnis zueinander gebracht zu haben, als vielmehr darin, zwischen diesen vielen einzelnen Wahrheiten und dem einen und einenden *Fundament* des Glaubens unterschieden zu haben[74]. Darin vor allem bestand jene „Großtat des Konzils", wie der Konzilskommentar von Rahner/Vorgrimler diese vom italienischen Erzbischof Pangrazio initiierte Entscheidung des Konzils kennzeichnet[75]. Dabei wurde von Anfang an dieser einende Mittelpunkt im Christusereignis gesehen[76]. Die Grundfunktion der heute zu bildenden Glaubensverdichtungen und Kurzformeln des Glaubens (ebenso wie die Grundfunktion der in urkirchlicher Zeit entstandenen Formeln) besteht nicht darin, die Einzelaussagen und Einzelelemente des Glaubens in eine neue, vielleicht zeitgemäßere Systematik, also eine (wie immer geartete) *statische* innere Zuordnung zu bringen, sondern das *Fundament,* das alle Einzelaussagen verbindet, in sich enthält und geschichtlich aus sich entlassen hat, von einer bestimmten Lebens- und Erfahrungssituation aus neu zu artikulieren und dadurch einen je neuen situativen Zugang zu ihm zu eröffnen.

[72] R. Bleistein, Kurzformel, a.a.O., S. 21ff.

[73] K. Lehmann, Zum Problem einer Konzentration der Glaubensaussagen, in: „Lebendiges Zeugnis", Heft 3/4 1970, S. 19f.

[74] Schon als erstmals am 25. 11. 1963 Erzbischof Andreas Pangrazio den Gedanken von der „Hierarchie der Wahrheiten" in der Konzilsaula vorgetragen hat, wurde diese Tendenz zu einer Unterscheidung zwischen den vielen Wahrheiten und dem einen „Mittelpunkt" deutlich: „Mir kommt die Aufzählung der Glaubenswahrheiten wie eine bloße Aneinanderreihung vor ... Man sollte den Mittelpunkt angeben, auf den diese Elemente zu beziehen sind und ohne den man sie nicht erklären kann" (vgl. Bleistein, Kurzformel, a.a.O., S. 22).

[75] K. Rahner/H. Vorgrimler, Kleines Konzilskompendium, a.a.O., S. 222.

[76] In der schon zitierten Ansprache Erzbischof Pangrazios heißt es: „Dieser Mittelpunkt ist Christus selbst, den alle Christen als Herrn der Kirche bekennen"; infolge dessen sei zu unterscheiden zwischen diesem einen „Mysterium Christi" und den verschiedenen kirchlichen Elementen, durch welche die Kirche begründet wird (Bleistein, a.a.O., S. 22/23).

In diesem Prozeß wiederholt sich ‚in nuce' jener Vorgang, der in besonderen kirchlichen und glaubensgeschichtlichen Epochen innerhalb einer homogenen christlichen Gesellschaft zur je neuen Vergewisserung dieses einen Fundaments durch die Proklamation eines Dogmas drängte und dadurch insgesamt zur geschichtlichen Entfaltung des Fundaments in die einzelnen Glaubenswahrheiten geführt hat. Die Dogmengeschichte ist die Geschichte der Entfaltung des Glaubensfundaments in den Jahrhunderten einer homogen christlichen Gesellschaft. Diese homogene, gesamtkirchliche Auslegungsgeschichte ist dabei der bleibende verbindliche Maßstab für die in einer weltanschaulich *pluralen* Gesellschaft notwendige je neue situativ-existentielle Vergewisserung des Glaubensfundaments in einer situativ konzentrierten Zusammenschau (‚Kurzformel'): Diese darf ihrem Sinn und ihrer Tendenz nach jener gesamtkirchlichen Aneigungs- und Auslegungsgeschichte nicht entgegenlaufen oder widersprechen[77]. Der verantwortliche Leiter des Lernprozesses einer situativ-existentiellen Glaubensaneignung muß deshalb dogmengeschichtliche Kenntnisse besitzen und sie sinnvoll anwenden können (was gerade *nicht* notwendig darin besteht, daß er diese Kenntnisse den Teilnehmern des Lernprozesses (z. B. Kindern und Jugendlichen) inhaltlich weitervermittelt; vielmehr bestimmen diese Kenntnisse die von ihm zu entwickelnde Planung, Vorbereitung und Strukturierung des religiösen Lernprozesses[78].

[77] In meiner „Narrativen Christologie" (G. Baudler, Wahrer Gott ALS wahrer Mensch, München 1977) habe ich im Schlußkapitel (S. 225–250) gezeigt und darüber Rechenschaft abgelegt, daß die in dem Buch beschriebene neue Aneigung des Glaubensfundaments der Auslegunsgeschichte des christlichen Dogmas entspricht. In einer *narrativen* Neuaneignung werden dabei aus kirchlichen Dogmen *Regeln für das aktualisierende Erzählen* von Jesus als dem Christus (vgl. z. B. S. 248, Kursivschrift).

[78] So ist z. B. die Auswahl und der Einsatz der Unterrichtsimpulse der in Kap. 1.3.2. des ersten Hauptteils beschriebenen Lernsequenz für die Grundschule, die von der Erfahrung des Pulsschlags zu einer neuen situativ-erfahrungsorientierten Aneignung des christlichen Schöpfungsgedankens führt, durch das dogmengeschichtliche Wissen bestimmt, daß die christliche Schöpfungslehre in ihrer historischen Entfaltung durch die Abwehr eines gnostisch-manichäischen Dualismus bestimmt ist, wonach ein gutes Prinzip

Auf diese Weise können in der Suche nach einer Kurzformel des Glaubens einzelne Dogmen und Glaubenswahrheiten (wie z.B. der christliche Schöpfungsglaube, die christliche Hoffnung auf Vollendung, Trinität, usw.) heute neu als Vergewisserung des einen bleibenden Glaubensfundaments in Erscheinung treten und dadurch in der gegebenen existentiellen Situation neu aus diesem Fundament heraus entfaltet werden. Nur so, nur in solcher je neuen situativen Entfaltung des einen Glaubensfundaments, nicht aber durch katechismusartige Deduktion aus einem System, können in der weltanschaulich pluralen Gesellschaft die überlieferten Glaubenswahrheiten sinnvoll, ohne ein leeres Gerede („Sprachmüll") zu erzeugen, vom Menschen angeeignet und sprachlich artikuliert werden[79].

Diese eine Grundfunktion heutiger Glaubesverdichtungen, das Fundament des christlichen Glaubens von einer bestimmten Lebenssituation her neu zu erschließen und anzueignen, enthält in sich all jene Funktionen, die in der theologischen und religionspädagogischen Literatur den Kurzformeln des Glaubens zuerkannt worden sind: Sofern die Aneignung im lebendigen Gespräch und Austausch einer Gruppe von Menschen und auf der Basis der die Gepsrächsteilnehmer verbindenden persönlichen Beziehungen geschieht, ist sie, auch wenn sie für den einzelnen innerhalb bestimmter Grenzen variabel bleibt, Ausdruck der im gemeinsamen christlichen Glaubensfundament gefundenen und geglückten Einheit dieser Gruppe. Dieser so verlaufende Lernprozeß ist typisch für die gemeindliche Katechese und wird in Kapitel 2.2. dieses Hauptteils näher erläutert.

Andererseits und in Korrelation zu dieser auf Gemeinde hinzielenden situativ-existentiellen Konzentration des Glaubens müssen sich

(Geist) und ein böses Prinzip (Materie, Leib) in der Schöpfung miteinander in Streit liegen. Der Lernprozeß lädt (freilassend!) dazu ein, das *gesamte* Leben als von dem *einen* gütigen Schöpfergott umgriffen zu denken. In diesem Beispiel erschließt sich den Kindern von der christlichen Schöpfungslehre her situativ-existentiell das fundamental Ganze des Glaubens.

[79] K. Rahner spricht wiederholt davon, daß eine solche Kurzformel kein „kleiner Katechismus" oder keine „Kurzfassung einer systematischen Dogmatik" sein dürfe (vgl. „Reflexionen zur Problematik einer Kurzformel des Glaubens, in: Schriften zur Theologie Bd. IX, a.a.O., S. 248.).

in der weltanschaulich pluralen Gesellschaft Arbeits-, Gesprächs- und Lerngruppen bilden, in denen Christen zusammen mit Nichtchristen oder sogenannten „distanzierten Christen“ gemeinsam an Fragen der Lebensorientierung und der Lebenssinngebung arbeiten. Typisch für solche weltanschaulich plurale Arbeits- und Lernfelder steht der schulische Religionsunterricht[80]. Wenn sich innerhalb einer solchen Lern- und Gesprächsgruppe ein Christ oder mehrere Christen aus dieser Gruppe bemühen, dadurch ihren Beitrag zur Bewätligung und Klärung der Situation beizusteuern, daß sie von dieser Situation aus und auf diese Situation hin das Fundament ihres christlichen Glaubens neu artikulieren und formulieren, dann entsteht das, was Bleistein eine „Kontaktformel“[81] nennt, deren Aufgabe es ist, den christlichen Glauben innerhalb der weltanschaulich pluralen Gesprächsgruppe (und damit innerhalb der weltanschaulich pluralen Gesellschaft) in das Gespräch zu bringen und im Gespräch zu halten (näheres dazu in Kap. 2.3. dieses Abschnittes). In Kap. 2.4. des ersten Hauptteils wurde bereits dargelegt, daß und wie die einmal „nach innen“ und einmal „nach außen“ orientierte situative Glaubensverdichtung aufeinander bezogen sind und miteinander korrelieren.

Beiden Formen der Glaubensverdichtung ist gemeinsam, daß es sich um eine Konzentration, um eine nicht analytisch-sachlogische, sondern situativ-existentielle „Wieder-Einfaltung“[82] der in vielen Jahrhunderten auf vielerlei Weise entfalteten einen Botschaft des christlichen Glaubens handelt. Es erfolgt eine durch die je gegenwärtige Lebenssituation bedingte Rückführung („Re-duktion“) der einzelnen theologischen Aussagen, die sich in jahrhundertelanger geschichtlicher Entfaltung angesammelt haben, auf den Glaubenskern, den lebendig und unverfälscht zu bewahren, der Sinn der gesamtkirchlich-geschichtlichen Enfaltungen war und auch heute der Sinn

[80] Vgl. A. Exeler, Entfremdet der Religionsunterricht von der Kirche?, in: Kat. Bl. Heft 6/1978, S. 413.

[81] R. Bleistein, Kurzformel, a.a.O., S. 150–158.

[82] Th. Schneider, Kurzformeln des Glaubens, a.a.O., S. 191; ähnlich auch H. U. v. Balthasar, Einfaltungen auf Wegen christlicher Einigung, München 1969.

der situativ-existentiellen Entfaltungen ist. Gleichzeitig wird bei einer solchen existentiellen Reduktion deutlich – was die Voraussetzung eines theologisch verantwortbaren Umgangs mit Kurzformeln des Glaubens ist und was durch die Konzilsaussage von der „Hierarchie der Wahrheiten" gesamtkirchlich anerkannt wurde –, daß die einzelnen Glaubenswahrheiten weder wie ein philosophisches oder mathematisches Lehrgebäude in einer zwingend schlüssigen logisch-diskursiven Verknüpfung zueinander stehen (wie dies eine neuscholastische Dogmatik suggeriert) noch eine bloße Aneinanderreihung bilden (wie im Katechismus die Merksätze aneinandergereiht sind), sondern *geschichtlich,* (durch die im Ablauf der Geschichte sich entwickelnden Sprach- und Verstehenshorizonte) miteinander verknüpft sind. Die situativ-existentielle Reduktion stellt diese geschichtliche Struktur des christlichen Glaubens wieder her, indem sie das Glaubensfundament zwar nicht mehr (wie dies in einer weltanschaulich homogenen Gesellschaft möglich und notwendig war) geistesgeschichtlich und zeitgeschichtlich, wohl aber *lebensgeschichtlich* und existentiell (also *auch* geschichtlich) entfaltet.

R. Bleistein spricht deshalb im Anschluß an Congar von einer „Re-Strukturation" (d. h. einer Wiedergewinnung der genuinen geschichtlichen Struktur) des Glaubens durch Kurzformeln[83]. Sofern die Konzentration und Reduktion dabei auf jenes Fundament des Glaubens zurückführt, von dem aus sich die vielen Wahrheiten geschichtlich entfaltet haben und sich heute neu lebensgeschichtlich und in Gruppenprozessen entfalten müssen und sofern dabei eine Verbindung zwischen diesem Fundament und der gegenwärtigen Situation hergestellt wird, beinhaltet der Vorgang für den, dem eine solche situativ-existentielle Glaubensverdichtung gelingt, eine religionspädagogisch in ihrem Wert nicht hoch genug einzuschätzende *Initiation* in die christliche Botschaft[84]: Der betreffende Sinn und Lebensorientierung suchende Mensch findet einen für ihn lebensgeschichtlich und existentiell bedeutsamen Punkt, der gleichermaßen mit seinem Leben wie mit dem Kern der alten christlichen Überliefe-

[83] R. Bleistein, Kurzformel, a.a.O., S. 132.

[84] Diese Funktion der Kurzformel als einer Initiationsformel betont bes. R. Bleistein, ebenda S. 153–158.

rung verbunden ist und der deshalb einen „Erfolg bietenden Ausgangspunkt für das Verständnis des Ganzen des christlichen Glaubens bedeutet“[85].

Es ist in unserem Zusammenhang nicht möglich, detailliert die theologischen und religionspädagogischen Kriterien zu diskutieren, denen ein von einer bestimmten Situation aus erfolgender „Totaleinblick“ in den christlichen Glauben[86] genügen muß, um einerseits theologisch verantwortbar und andererseits religionspädagogisch wirksam zu sein[87]. Unter formaler Hinsicht faßt wohl L. Karrer diese Kriterien am besten zusammen, wenn er davon spricht, daß eine Kurzformel des Glaubens eine „proportionierte Einheit“ zwischen dem fundamentalen Inhalt des Glaubens und dem situativen Kontext besitzen müsse: Einerseits liegt keine situativ-existentielle Glaubensverdichtung vor, wenn die einzelnen Glaubensaussagen etwa des Apostolischen Glaubensbekenntnisses theologisch-sachlogisch auf ihre einende Mitte hin befragt werden und diese Mitte neu artikuliert wird[88]. Das Ergebnis einer solchen Arbeit wäre nicht eine (nach dem Satz von der „Hierarchie der Wahrheiten“ theologisch legitimierte) Reduktion des Apostolischen Glaubensbekenntnisses, sondern eine sachlogische Zusammenfassung und Verkürzung, die am Ende in der gegebenen konkreten (profanen) Sprechsituation noch abstrakter und nichtssagender wirken würde, als das Apostolikum selbst. Andererseits gelingt die gesuchte Verbindung von Lebenssituation und

[85] K. Rahner, Reflexionen zur Problematik einer Kurzformel ..., a.a.O., S. 248.

[86] So faßt L. Karrer die wesentliche Funktion der Kurzformel zusammen: „Nicht Summe, sondern Totaleinblick“ (Glaube in Kurzformeln, a.a.O., S. 59).

[87] Vgl. ebenda S. 161–170; 172–184; sowie G. Baudler, Glaube aufgrund von Erfahrung, a.a.O., S. 105–117.

[88] In seinem Vorschlag des Arbeitens mit Kurzformeln des Glaubens im Religionsunterricht, der in diese Richtung zielt, sucht R. Bleistein (Kurzformeln, a.a.O., S. 164ff.) durch „Lebensformeln“ der Schüler den Kontext zu artikulieren und ins Spiel zu bringen. Ein Mangel besteht dabei jedoch darin, daß bei ihm diese „Lebensformeln“ abstrakt gewonnen (sozusagen „aus der Luft geschöpft“ sind), nicht aber aus einer *konkreten* Lebenssituation herauswachsen.

überliefertem Glaubensfundament ebensowenig, wenn die gesuchte situativ-existentielle Glaubensverdichtung ein bloßer emotionaler Ausdruck oder eine kognitive Beschreibung der Situation ist, wenn auch vielleicht angereichert mit einigen Vokabeln der christlichen Überlieferung. Vielmehr kommt es darauf an, das überlieferte zentrale Fundament des Glaubens auf situativ-existentielle Art und Weise in „proportionierter Einheit" beider Elemente auszusagen.

Dieses sicher gültige formale Kriterium ist jedoch erst dann konkret anwendbar, wenn ich weiß, wie und woran ich erkennen kann, ob und wann dieses Glaubensfundament tatsächlich getroffen und (wenigstens implizit) ausgesagt ist. In dieser Frage sind sich die Theologen und Religionspädagogen weitgehend darüber einig, daß dieses Fundament nur dann an- und ausgesprochen ist, wenn eine explizite oder implizite, jedenfalls aber erkennbare und aufweisbare Beziehung des Ausgesagten zu dem urchristlichen Bekenntnis besteht, daß der gekreuzigte Jesus aus Nazareth der „Christus", der Retter und Heilbringer des menschlichen Lebens ist. Karl Rahner spricht von der notwendigen (expliziten oder impliziten) „christologischen Bekenntnisstruktur" einer solchen situativen Glaubensverdichtung[89].

Diese (wenn auch vielleicht unausdrücklich aber doch wirklich vorhandene) Beziehung zum Glaubensfundament kommt besonders darin zum Ausdruck, daß sich in der situativ-existentiellen Glaubenskonzentration das Ärgernis erregende und doch zugleich befreiende und erlösend-tröstende Paradox durchhält, daß nicht ein mächtiger Gott-Kaiser, sondern ein vom Gott-Kaiser Gekreuzigter, ein „Verlierer"[90] die vergebende und bergende Nähe des umgreifenden Daseinsgrundes zum Ausdruck bringt und in diesem Sinn (und dort, wo er so *erfahren* wird) der „Christus", der Retter und „Heiland" des menschlichen Lebens ist. Eine Aussage, die etwa nur eine problemlose und selbstverständliche Hoffnung und das durch nichts ange-

[89] K. Rahner, Reflexionen zur Problematik einer Kurzformel, a.a.O., S. 249.

[90] Der Ausdruck ist hier verwendet im Sinne der Transaktionsanalyse, die bisweilen etwas vordergründig die Menschen in „Frösche" und „Prinzen", in „Gewinner" und „Verlierer" einteilt, vgl. z. B. R. Rogoll, Nimm dich wie du bist. Eine Einführung in die Transaktionsanalyse, Freiburg–Basel–Wien 1977, S. 81ff.

fochtene Gefühl einer absoluten Geborgenheit (also eine von Anfang an „heile Welt") artikuliert, kann kein situativ-existentieller Ausdruck des christlichen Glaubensfundamentes sein.
Natürlich ist es auch möglich, daß erst aus der *Zusammenschau* von situativem Kontext und ausdrücklicher Rede vom Glaubensfundament das christliche Paradox zum Sprechen kommt. Dies ist z. B. der Fall, wenn Kreuz und Tod in den situativen Kontext verlagert sind und sich die Kurzformel des Glaubens als das *in* diesem situativ gegebenen Leiden identifizierte Heil und die daraus entspringende Hoffnung artikuliert. Umgekehrt fordert etwa eine Sieger- und Gewinnersituation als Ausgangspunkt für eine situativ-existentielle Glaubenskonzentration, daß sich in ihr der wahre Sieg und der wahre Gewinn nicht als problemlos gegebene Macht und Vitalität artikuliert, sondern aus der in Leid und Freude durchgestandenen Treue des Menschen zu sich selbst und zu seinem tragenden Daseinsgrund erwächst. Hier wird nochmals deutlich, wie wichtig es ist, bei der Beurteilung einer Kurzformel des Glaubens den situativen Kontext zu berücksichtigen. Erst im *Dialog* zwischen diesem (evtl. erzählerisch mitzuliefernden[91]) situativen Kontext und dem ausdrücklich (als neu formuliertem Bekenntnis) Gesagtem besteht die gesuchte situativ-existentielle Zusammenschau des christlichen Glaubens[92].

[91] Vgl. G. Baudler, Glaube aufgrund von Erfahrung, a.a.O., S. 94–105.
[92] Die beste Erläuterung einer Glaubensformel – dies gilt sowohl für die kirchen- und dogmengeschichtlich entstandenen Formeln wie für die Kurzformeln des Glaubens heute – ist deshalb die Schilderung und Erzählung der Situation und des Vorgangs, in dem sie entstanden ist. Diese geschichtlich-narrative Struktur auch eines neu und situativ formulierten Glaubensbekenntnisses hervorzuheben, war meine Absicht in dem Beitrag „Glaube aufgrund von Erfahrung? Zu Kriterien und Möglichkeiten des Umgangs mit Kurzformeln des Glaubens aus praktisch-theologischer Sicht (a.a.O.). Denn die meisten Erörterungen von gegenwärtig „auf dem Markt befindlichen" Kurzformeln des Glaubens, wie sie sich in der Literatur finden (vgl. z. B. Bleistein, Kurzformel, a.a.O., S. 66–122, L. Karrer, a.a.O., S. 174f.) behandeln diese sachlogisch und analytisch (welche Elemente sind in welcher Gewichtung enthalten?) und fragen nicht oder kaum nach der Entstehungsgeschichte und dem situativen Kontext einer gegebenen Kurzformel. Diese müssen jedoch herangezogen werden, wenn eine solche Formel beurteilt werden soll; eine „Erzählung" dieser Geschichte und dieser Situation ist

2.2. *Situativ existentielle Konzentration des Glaubens in der Gemeindekatechese*

Vielfach herrscht die Meinung vor, der genuine und bevorzugte Ort, um von Lebenssituationen auszugehen und zur christlichen Überlieferung vorzudringen, sei der schulische Religionsunterricht, während man in der Gemeindekatechese eher den umgekehrten Weg von der Überlieferung zur Lebenssituation gehen könne. Meist verleitet der vom Synodenbeschluß und von der gegenwärtigen Religionspädagogik geforderte curriculare Ansatz des Religionsunterrichts zu dieser Ansicht. Curricularer Unterricht bedeutet jedoch nicht, daß der Lernprozeß von tatsächlich in der Klasse gegebenen Situationen ausgeht und seine Ziele und Inhalte danach ausrichtet, Qualifikationen zur Bewältigung dieser konkret gegebenen schulischen Situation zu vermitteln. Das kann in Einzelfällen geschehen und sollte öfter als dies geschieht, angestrebt werden. Im allgemeinen aber heißt curriculare Unterrichts- und Lehrplangestaltung, daß der Unterricht zur Bewältigung *außerschulischer,* durch den späteren Beruf und durch das Leben in der Gesellschaft bedingter Lebenssituationen zu qualifizieren habe. Im konkreten Unterricht werden deshalb im Normalfall nur *Modellsituationen* vorgestellt und zum Ausgangspunkt des Lernprozesses genommen. Die Schule muß auf das Leben *vorbereiten,* aber sie ist nicht selbst das Leben. Hier ist deshalb der Weg, von der Überlieferung (Bibel) auszugehen und dazu Lebenssituationen zu assoziieren, in besonderer Weise geeignet; das (in- und außerhalb der Schule spielende, aber nicht je konkret gegenwärtige) Leben wird dadurch (in der Perspektive christlicher Überlieferung) in den Unterricht hineingeholt (vgl. die Unterrichtsbeispiele in Kap. 1.2. dieses Hauptteils, deshalb werden dort die Beispiele aus dem Religionsunterricht *vor* den Beispielen aus der Gemeindekatechese behandelt).

m. E. die wirklich adäquate Erklärung einer solchen Formel. Auf diese zentrale These meiner Arbeit geht L. Karrer, der sich sonst relativ detailliert mit meinem Ansatz auseinandersetzt (z. B. kritisiert er, daß eine bestimmte Literatur nicht hinzugezogen wurde), leider nicht ein (vgl. L. Karrer, Glaube in Kurzformeln, a.a.O., S. 254–256).

Anders in der Gemeindekatechese. Zwar spielt sich gegenwärtig in den meisten Gemeinden die Katechese so ab, daß die Schulkinder eines bestimmten Jahrgangs, die aufgrund ihres Alters, wie man sagt, zur Bußerziehung, zur Erstkommunion oder zur Firmung „anstehen", in größtmöglicher Vollzähligkeit in pfarreigenen Räumen zusammengerufen und dort, wenn die Organisation gut ist, in kleinere Gruppen aufgeteilt und „unterrichtet" werden. Es handelt sich um eine Art „außerschulischen Religionsunterrichts", in dem stärker und breiter entfaltet als in der Schule und stärker mit Frömmigkeitsübungen wie Beten und Singen durchsetzt, die jeweils als „Thema" vorgegebenen Glaubensgehalte (Buße, Eucharistie, Firmung) „durchgesprochen" und eingeübt werden. Dies ist jedoch, wenn auch vielfach geübt, eher eine *Karrikatur* von Katechese, gemessen an dem, was die Gemeinsame Synode der Bistümer in der BRD als Gemeindekatechese konzipiert hat[93]. Dort ist als, wenn auch nur formales, so doch wesentliches Unterscheidungskriterium herausgestellt, daß Religionsunterricht und Gemeindekatechese verschiedene Adressaten haben, weil sich der Religionsunterricht „naturgemäß nur an Schüler wendet", während „sich die Katechese grundsätzlich an Menschen aller Altersstufen richtet, vor allem an die Erwachsenen"[94].

Dieser zuletzt genannte Gesichtspunkt, daß Gemeindekatechese primär eine Einrichtung für Erwachsene ist, wird im Katechese-Papier der Synode mehrfach betont. Der sogenannte „spezielle Teil"

[93] Vgl. das Arbeitspapier der Sachkommission I der Gemeinsamen Synode der Bistümer in der BRD „Das katechetische Wirken der Kirche" (Sonderdruck aus „Synode", Heft 3/1974).

[94] M. E. liegt in der ungenügenden, weil nur formalen Unterscheidung von schulischem Religionsunterricht und gemeindlicher Katechese durch die Synode (es wird im wesentlichen nur unterschieden nach Adressaten und Trägern des Lernprozesses, nicht aber nach den je verschiedenen Zielen) mit ein wesentlicher Grund dafür, daß sich in den meisten Pfarreien Katechese lediglich als außerschulischer Religionsunterricht entwickelt hat. Vgl. dazu meine schon 1975 vorgebrachte Kritik in: G. Baudler (Hg.), Erneuerung der Kirche durch Katechese. Zum Synodenpapier „Das katechetische Wirken der Kirche", Düsseldorf 1975, S. 144–146. Die dort unter Nr. 2 genannte Gefahr sehe ich weitgehend eingetreten.

beginnt mit einer umfangreichen Beschreibung der Katechese als einem „Dienst am Glauben der Erwachsenen“[95]. Die „Hinführung zu den Sakramenten“ ist dabei nicht, wie von der heute geübten Praxis aus zu erwarten wäre, im Kapitel „Kinderkatechese“, sondern religionspädagogisch richtig im Kapitel „Erwachsenenkatechese, Zielgruppe Eltern“ beschrieben[96]. Unter methodischer Hinsicht wird hervorgehoben, daß die Adressaten der Katechese nicht (wie dies in den meisten Kinderkatechesen der Fall ist) als bloße „Empfänger“ verstanden werden dürfen, sondern (entsprechend dem allgemeinen Priestertum *aller* Gläubigen) ein „gegenseitiger Austausch von Erfahrungen, Fragen und Einsichten[97] in „gesprächsfähigen Gruppen“ (ca. 6–10 Personen)[98] stattfinden müsse[99]. Dadurch soll einer „dro-

[95] „Das kat. Wirken der Kirche“, a.a.O., S. 17–22.

[96] Ebenda, S. 27f. Religionspädagogisch ist dies sehr sinnvoll, weil sich bei unmündigen Kindern in erster Linie die *Eltern* fragen müssen, was sie bezwecken, d. h. was der in den Kindern zu realisierende Glaube für sie selbst bedeutet, wenn sie (oft mit großem finanziellem und gesellschaftlichem Aufwand) ihre Kinder zur Erstkommunion oder Firmung führen.

[97] Ebenda, S. 5.

[98] Ebenda, S. 21.

[99] Dieses dialogische Element von Katechese, die Einsicht, daß „die Teilnehmer keine ‚passiven Konsumenten‘ der von den Amtsträgern verwalteten Gnadengüter“ sind, daß in ihr vielmehr *jeder von jedem* lernt, wird von sehr vielen Autoren hervorgehoben, vgl. z. B. J. Müller, Gemeindekatechese, Perspektiven zu einer pastoralen Konzeption, Mainz 1976, S. 16 (daraus obiges Zitat); W. Bless, Die Glaubensbildung der Erwachsenen, in: Bless/Emeis, Befreiender Glaube, a.a.O., S. 46/47 u. S. 65, J. Lange, Möglichkeiten und Grenzen der Gruppendynamik im kirchlichen Bereich, in: Diakonia, Heft 3/1978, S. 190 im Anschluß an D. Stollberg, Seelsorge durch die Gruppe, Stuttgart 1971 (dort auch bes. der Hinweis auf das allgemeine Priestertum), X. Pfister, Erwachsenenbildung aus konkreten Situationen menschlichen Lebens, in: Diakonia, Heft 5/1978, S. 338: „Der Glaube ist eine zu lebendige Sache, als daß er den Theologen und Kirchenleitungen überlassen werden könnte“; nach J. B. Metz, der in „Glaube in Geschichte und Gesellschaft“, Mainz 1977, das „solidarische Subjektwerden aller vor Gott“ als das Ziel der christlichen Heils- und Offenbarungsgeschichte beschreibt, sind gerade „die Kleinen“, „das Volk“ jenes Subjekt der Theologie, auf das zu hören (‚fides ex auditu‘) den Glauben schafft; dies ist auch der Grundgedanke jener von A. Exeler u. N. Mette herausgegebenen „Theologie des Volkes“, Mainz 1978, von der weiter unten noch ausführlicher zu reden sein wird.

henden Verschulung" entgegengewirkt [100] werden und „das gruppendynamische Moment stärker berücksichtigt werden[101]. In diesem Austausch von Lebenserfahrung als Glaubenserfahrung soll deutlich werden, daß der christliche Glaube „eine Chance für ein sinnvolles Leben ist[102] und mithilft, „daß das Leben gelingt"[103].
Dieser unmittelbare Bezug der Gemeindekatechese zum konkreten Leben kommt organisatorisch darin zum Ausdruck, daß die Gemeinde ihre Angebote zum katechetischen Austausch auf die einzelnen Lebenssituationen und Lebensphasen abstimmt, in denen die Menschen stehen[104]. In diesem Sinne werden jeweils die Jugendlichen angesprochen, die sich heute besonders schwer tun, in das berufliche und gesellschaftliche Leben hineinzuwachsen, oder junge Erwachsene, die eine Ehe schließen wollen, Eltern, die Kinder zur Taufe bringen, Eltern mit Kindern im Vorschulalter, Eltern, die sich schwer tun, mit ihren schon jugendlichen Kindern im Gespräch zu bleiben oder neu in das Gespräch zu kommen, Menschen in der Lebensmitte, Menschen, die aus dem Berufsleben ausscheiden, ältere

[100] Eine Verschulung der gegenwärtigen gemeindlichen Katechese kritisiert bes. auch J. Müller, Gemeindekatechese, a.a.O., S. 29/30 u. S. 39f.; einer Verschulung der Sakramentenkatechese sucht entgegenzuwirken: D. Emeis, Allgemeine Ziele der Sakramtenkatechese, in: Diakonia, Heft 4/ 1977, S. 245–251, bes. S. 245.

[101] Synodenpapier „Das katechetische Wirken der Kirche", a.a.O., S. 8.

[102] Ebenda, S. 6.

[103] Ebenda, S. 5. Dieses „Gelingen des Lebens" in einem nicht vordergründigen sondern das Bestehen von Leid und Scheitern einschließenden Sinn wird als „oberstes Ziel des katechetischen Wirkens" genannt.

[104] X. Pfister, Erwachsenenbildung aus konkreten Situationen menschlichen Lebens, a.a.O. (hier ist „Erwachsenenbildung" mehr im Sinne von „Erwachsenenkatechese" genannt. Zur genaueren Unterscheidung und Zuordnung beider vgl. J. Müller, Gemeindekatechese, a.a.O., S. 32–38). Einen Entwurf des katechetischen Wirkens der Kirche, das die Menschen in allen Lebensphasen vom Vorschulalter bis zum Altsein anspricht und zum Austausch einlädt, bietet W. Nastainczyk, Katechese als Dienst an Menschlichkeit, Glauben und Heil, in: ders. (Hg.), Neue Wege für RU und Katechese, Würzburg 1975, S. 224–258. Auch das „Katechese-Papier" der Synode geht von dieser Konzeption aus, setzt dabei jedoch (richtiger) bei den Erwachsenen an (vgl. Spez. Teil: 1. und 2. Erwachsene, 3. Kinder, 4. Jugendliche, a.a.O., S. 17ff., 39ff., 45ff.).

Menschen[105]. Alle diese Lebensphasen und Lebenssituationen bringen spezifische Probleme, Fragen und Erfahrungen mit sich, die in je verschiedener Weise den Eingeladenen gemeinsam sind und zu einem fruchtbaren Austausch führen können.

Anders als in der Schule ist deshalb in der richtig verstandenen Gemeindekatechese die Lebenssituation, von der aus ein je neuer konzentrierender und re-strukturierender Einblick in das Fundament des christlichen Glaubens gesucht wird, nicht durch unterrichtliche Impulse und Medien (Filme, Geschichten, Collagen, Berichte der Schüler usw.) bloß *vorgestellt* und gleichsam bloß erinnert, sondern sie ist in den Menschen, die eingeladen sind und sich versammeln, konkret verkörpert. Die Situation, von der ausgegangen wird, bildet hier das Strukturprinzip zur Zusammensetzung der einzelnen Gesprächsgruppen (nicht wie in den Schulklassen der Altersjahrgang und/oder das Intelligenzniveau). Ferner ist durch die kleine „gesprächsfähige Gruppe" von „6–10 Personen", sowie durch die Freiwilligkeit der Zusammenkunft und durch die Freiheit von institutionellen Einengungen (Stundenplan, Lehrpläne usw.) wesentlich leichter ein intensiver gruppendynamischer Austausch möglich, der die für eine bestimmte Katechesegruppe spezifische Lebensproblematik unmittelbar, und konkret greifbar gegenwärtig werden läßt. Hier ist deshalb der Weg von der Situation zur Überlieferung durch eine situativ-existentielle Konzentration des Glaubens wesentlich effektiver, deutlicher und gradliniger zu gehen, als im schulischen Religionsunterricht[106].

Die „Kurzformel des Glaubens" als besonders typische und häufig geübte From der situativ-existentiellen Glaubenskonzentration hat

[105] Vgl. „Das katechetische Wirken" a.a.O. S. 20 und S. 28ff.

[106] Ein solcher Weg ist am Beispiel einer Familiengruppe ausführlich geschildert und reflektiert bei G. Baudler, Glaube aufgrund von Erfahrung, a.a.O., S. 94–117. In diesem Abschnitt unten ein weiteres Beispiel, vgl. auch X. Pfister, Erwachsenenbildung aus konkreten Situationen menschlichen Lebens, a.a.O. Auch J. Müller, Gemeindekatechese, a.a.O. S. 29 unterscheidet den Religionsunterricht als (relativ) stärker *„inhaltsorientiert"* von der „notwendig *‚teilnehmerorientierten'*" Katechese (Hervorhebung von mir).

deshalb ihren genuinen „Sitz im Leben“ in der Gemeinde[107]. Gemeinde ist dabei aber nicht im kirchenamtlichen Sinne als „Pfarrei“ zu verstehen, sondern im ursprünglichen Sinn des Wortes als Gemeinschaft von Menschen, die in einem gemeinsamen Erlebnis- und Erfahrungskontext stehen und von dort aus einen je neuen Zugang zum christlichen Glaubensfundament suchen. In dem Maße, als diese Suche gelingt, verwirklicht sich der *theologische* (nicht kirchenamtliche) Begriff von Gemeinde[108]. Gemeinde in theologischem Sinne entsteht durch den gemeinsam gewonnenen, gleichwohl für den einzelnen nochmals verschiedenartig akzentuierbaren situativ-existentiellen „Totaleinblick“ in die christliche Botschaft. Jede dieser Gemeinden, die notwendig immer nur für eine bestimmte Zeit bestehen (eben für die Zeit der gemeinsamen Lebenssituation und des gemeinsamen Austausches in dieser Situation) hat in der Kurzformel (oder in einem anderen konzentrierten Glaubenssymbol, z. B. einer Geschichte, einem Bild u. dgl.) ihr je eigenes Glaubensbekenntnis. Dieses bringt im Dialog mit der Situation, aus der es erwachsen und in der es gesprochen ist, (lebens-) geschichtlich das Fundament des christlichen Glaubens, das Paradox des Christusmysteriums („der gekreuzigte Jesus aus Nazareth ist der ‚Christus‘“: die Offenbarung des tragenden und sinngebenden Daseinsgrundes) zum Ausdruck.

Viele sehen in einer solchen Konzeption von Katechese die Gefahr, daß sich die gesamte Kirche in „esoterische Zirkel“ und der eine Glaube in eine unendliche und unübersehbare Zahl von Einzelbekenntnissen auflöst. Diese bei einem ersten Hinsehen verständliche und naheliegende Sorge[109] ist jedoch nach dem hier – und anders-

[107] Vgl. L. Karrer, Glaube in Kurzformeln, a.a.O., S. 136–138.

[108] Gemeinde ist „im theologischen Verständnis“ nach J. Müller, Gemeindekatechese, a.a.O., S. 15, weniger eine „territorial umschriebene kirchliche Verwaltungseinheit“, als vielmehr „der im Glauben erfolgende Zusammenschluß von Menschen, die sich zum Evangelium Jesu Christi bekennen“; ähnlich auch K. Lehmann, Was ist eine christliche Gemeinde? Theologische Grundstrukturen; in: Int. kath. Zeitschr. „Communio“, Heft 6/1972, S. 481–497.

[109] Vgl. H. G. Koch, Religionsunterricht – Last oder Chance? in: „Herder-Korrespondenz“, Heft 9/1977, S. 433–436; dazu meine Stellungnahme in Heft 1/1978, S. 46–48.

wo[110] – entwickelten Konzept einer situativ-existentiellen Glaubenskonzentration unbegründet. Im Gegenteil: wenn es gelänge, die gegenwärtige Verschulung der Gemeindekatechese zu überwinden und diese wirklich im Sinne der Synode aufzubauen und zu strukturieren, könnte sich die Hoffnung der Synode erfüllen, daß durch die von ihr angestoßene neue katechetische Praxis Glaube und Kirche von innen her erneuert werden[111]. Voraussetzung dafür wäre allerdings, daß der sicher notwendige „weite"[112] Katechesebegriff der Synode dort, wo er abgrenzt (z. B. gegenüber dem schulischen Religionsunterricht[113]) nicht nur formal bleibt (Abgrenzung durch verschiedene Adressaten und Träger), sondern auch inhaltlich aufgefüllt wird.

[110] Vgl. die vielen Belegstellen im vorausgehenden Abschnitt dieses Kapitels.

[111] Vgl. „Das kat. Wirken der Kirche", a.a.O., S. 10: „Das Leben mit der Kirche, zu dem die Katechese befähigen soll, darf nicht verstanden werden als problemlose Anpassung an den vorgefundenen Zustand der Kirche … Katechese soll dazu helfen, daß die einzelnen Gläubigen das, worum es in der Kirche geht, auf ihre Weise neu entdecken, neu akzentuieren und in ihre Lebenswirklichkeit umsetzen können … Gegenüber der Gemeinde hat die Katechese darum nicht nur eine bestätigende, sondern auch eine kritische und zur Reform anregende Funktion". Diese (kirchen-) kritische Funktion der Katechese betont (etwas einseitig) H. Halbfas, Die Katechese der Kirche, in: ders., Aufklärung und Widerstand, Stuttgart-Düsseldorf 1971, S. 288–322, bes. S. 298f.

[112] Vgl. A. Exeler, Ekklesiozentrische Katechese?, in: G. Baudler (Hg.), Erneuerung der Kirche durch Katechese, a.a.O., S. 50–59, bes. S. 51–54; zur Frage, ob der Begriff der Katechese *so* weit sein muß, daß er prinzipiell auch religiöse Lernprozesse in weltanschaulich pluralen Sprechsituationen (z. B. Religionsunterricht) mit einschließt, vgl. A. Exeler/G. Baudler, Zwei Grundtypen kirchlichen Handelns?, in: ebd. S. 137–170, bes. S. 143ff.; J. Müller, der im Anschluß an Exeler Religionsunterricht und Katechese auch von der Zielsetzung her unterscheidet (Gemeindekatechese, a.a.O., S. 28) sieht dennoch in beiden Lernprozessen, auch hier Exeler folgend, zwei „Pole" innerhalb des „Katechetischen Wirkens der Kirche" (so daß letzteres auch den RU mit einschließt). Im Sinne einer präziseren Begrifflichkeit wäre wohl besser von zwei Polen innerhalb des *religionspädagogisch*-katechetischen Wirkens der Kirche zu sprechen; so nennt z. B. auch die Domschule e. V. Würzburg ihren Lehrgang, der die Qualifikation zum Religionslehrer *und* Katecheten vermittelt „religionspädagogisch-katechetischen Kurs" (nicht „katechetischen Kurs").

[113] „Das kat. Wirken der Kirche", a.a.O., S. 15.

Dabei wäre Gemeindekatechese zu bestimmen als *der in den verschiedenen Lebensphasen und Lebenssituationen jeweils neu ansetzende Versuch des Menschen, zusammen mit anderen, die in derselben Situation stehen und dasselbe Ziel haben, den tragenden, vergebenden und einen todübergreifenden Sinn gewährenden Grund des eigenen Lebens im offenen Erfahrungsaustausch aufzudecken und als den aus der Leidensgeschichte des Volkes Israel und unüberbietbar aus der Gestalt des gekreuzigten Jesus aus Nazareth seit Jahrtausenden zum Menschen sprechenden „Gott" zu identifizieren und dadurch einen je neuen, individuell-situativen Zugang zum christlichen Glauben zu gewinnen*[114]. In Lernprozessen dieser Art entsteht dann die oben genannte Gemeinde in theologischem Sinne, jene „Kirche im Kleinen"[115], die dadurch bestimmt ist, daß in ihr weder bloß die zufällig innerhalb eines gleichen Territoriums wohnenden Menschen (Territorialgemeinde) noch die innerhalb eines bestimmten Raumes zu einem bestimmten „Stand" gehörenden Personen (z. B. Studentengemeinde) zusammengeschlossen sind, sondern Menschen, die in einer gemeinsamen Lebensphase und Lebenssituation stehen und diese in gegenseitigem Austausch vom christlichen Glauben her bewältigen wollen.

Dies bedeutet dann nicht eine Auflösung der Einheit des Glaubens und der Einheit der (Gesamt-) Kirche; vielmehr wird umgekehrt erst auf solche Weise die Gesamtkirche aus einer Massengesellschaft, in

[114] Dies ist mein Versuch einer inhaltlichen Definition von Katechese, die den weitgehend nur formalen Katechesebegriff des Synodenpapiers zu ergänzen sucht: Vgl. G. Baudler, Der Glaube als Unterscheidungskriterium der Gemeindekatechese, in: ders. (Hg.), Erneuerung der Kirche durch Kat., a.a.O., S. 71.

[115] „Kirche im Kleinen", „Ekklesiola" nennt man herkömmlicherweise die christliche Familie. In einer weltanschaulich pluralen Gesellschaft (in der „nebenan" vielleicht Atheisten wohnen) ist die heutige Kleinfamilie jedoch als Einheit zu klein, um eine Sprachgemeinschaft bilden zu können, in der das christliche Glaubensfundament selbstverständlich in der Alltagssprache artikuliert werden kann. Vgl. dazu G. Baudler, Die Familie als Ort religiöser Bildung und Erziehung, in: E. Feifel u. a. (Hg.), Handbuch der Religionspädagogik Bd. I, Zürich–Einsiedeln–Köln–Gütersloh ^{2}1977, S. 178–190; hier bes. S. 138f. u. S. 188f.

der alle nur „nachbeten", was einige wenige vorsagen, zu einer strukturierten Gemeinschaft, die nicht von der genügend starken Organisation, sondern vom *gegenseitigen Austausch* lebt. Dieser Austausch ist durch zwei Elemente ermöglicht: Einerseits besitzt diese hier anvisierte „Gemeinschaft von Gemeinschaften" ein alle tragendes Glaubensfundament, das seit der Zeit der Urkirche in allen geschichtlichen Epochen und in allen geographischen Lebensräumen gleich geblieben ist und für alle Zukunft auch in den unendlich vielen individuellen existentiellen Lebenssituationen unüberholbar gleich bleiben wird; andererseits ist dieses einende Fundament von den einzelnen Gruppen und von den einzelnen Christen je nach Lebensgeschichte und Lebenssituation verschieden assimiliert und angeeignet und dadurch auch verschieden akzentuiert, so daß sich ein gegenseitiger Austausch nahelegt, der auf eine nicht mehr statische, sonder dynamisch-kommunikative Weise dem einzelnen Halt und Orientierung gibt. Erst dies ist Kirche als kommunizierende Gemeinschaft: Sie ist dann nicht mehr, wie das nur bei einer homogenen Masse möglich ist, bloß regional entsprechend den zufälligen Wohnorten der Christen gegliedert, auch nicht nur nach der immer noch relativ äußerlichen Zugehörigkeit zu einer gesellschaftlichen Gruppe, sondern nach der existentiellen Erfahrungssituation, in der Menschen derselben Lebensphase stehen. *Solche* Einheiten können dann nicht mehr von einer zentralen Behörde aus bloß „verwaltet" und mit einem bestimmten religiösen „Service" versorgt werden, sondern leben vom Dialog und Austausch.

Dabei kann sich im Gesamtdialog der vielen innerhalb einer Region, einer Diözese, eines Landes, eines Erdteils arbeitenden Gesprächsgruppen auf neue Weise die ganze Vielfalt und Fülle (das „Pleroma") des christlichen Glaubens entfalten und in der Welt verkörpern. Erst in einem solchen Dialog und Austausch kann die Glaubensfülle der christlichen Botschaft lebendig sein und lebendig wirken; auf Papier, in theologisch deduzierenden Katechismen zusammengetragen, ist und bleibt sie ein toter Ballast.

Gerade die zahlenmäßige Kleinheit und die vom Ansatz her notwendig nur sehr begrenzte Lebensdauer dieser durch eine situativ-existentielle Konzentration des Glaubens in der Katechese zu gewinnenden Gemeindezellen macht die auf solche Weise angestrebte Erneuerung der Kirche weniger utopisch. Denn diese Gemeinden bedürfen zu ihrer jeweils neuen Gründung, zu ihrer Arbeit und zu ihrem Abschluß eines stabilen institutionellen Rahmens. Auch ist der notwendige Austausch zwischen den einzelnen Gruppen nur möglich, wenn eine übergreifende Organisationsform besteht und die Gruppen (etwa innerhalb eines gemeinsamen Gottesdienstes) zusammenführt. Die notwendig gegebene begrenzte Lebensdauer, das immer neue Auseinandergehen und immer neue situationsbedingte Sichbilden solcher Gesprächsgruppen bewahrt diese davor, sich esoterisch und sektiererisch in sich abzukapseln.

Es ist hier also keineswegs einer elitären „Gemeindekirche" im Gegensatz zu einer sogenannten „Volkskirche" das Wort geredet, sondern eine Zuordnung beider Elemente gesucht, die dem Leben des Glaubens in einer weltanschaulich pluralen Gesellschaft entspricht. Die für den christlichen Glauben spezifische *Dienstfunktion* der Institution und des kirchlichen Amtes gegenüber dem in Gespräch und Austausch lebendig sich aufbauenden Glauben käme in einer solchen Zuordnung konkret und sichtbar zum Ausdruck. Wie dies in der Bildung von Pfarrverbänden und überpfarrlichen Einrichtungen (Regionalstellen, Katholischen Bildungswerken usw.) heute schon geschieht, wäre für die beschriebenen Gruppen eine tragende Organisationsform aufzubauen, die jeweils eine so große räumliche Ausdehnung hat, daß sich innerhalb der Region die Menschen mit modernen Verkehrsmitteln ohne allzu großen Aufwand treffen und miteinander austauschen können. Das auch durch den mangelnden Priesternachwuchs zu erwartende Absterben der vielen einzelnen Kleinpfarreien wäre durch ein solches neues Glaubensleben positiv aufgefangen[116].

[116] Es ist nicht möglich, hier auf die vielfältigen Fragen nach der notwendigen künftigen Gemeindestruktur einzugehen. Vgl. dazu N. Hepp (Hg.), Neue Gemeindemodelle, Wien-Freiburg-Basel 1971 und die dort angegebene Literatur. Das didaktische Prinzip der situativ-existentiellen Konzentration des Glaubens (wie übrigens ebenso das der analytisch-assoziativen Übertragung) schließt lediglich Gemeinde als „kirchlich verwaltete Service-Station", in der die Gläubigen von kirchenbehördlicher Seite aus seelsorglich „versorgt" werden, aus, läßt sonst jedoch eine Vielfalt von Gemeinde-Modellen zu. Die Arbeit mit diesen Prinzipien schärft lediglich das Bewußtsein vom theologischen Begriff der Gemeinde und von deren größerer

Es kann in diesem Band, dessen Ziel die Herausarbeitung der möglichen *Grundprinzipien* einer Didaktik der Korrelation ist, nicht darum gehen, das hier behandelte Prinzip der situativ-existentiellen Konzentration des Glaubens (hier bezogen auf die Gemeindekatechese) systematisch als Methode zu entfalten und detailliert in seinen einzelnen Aspekten darzustellen[117]. Vielmehr soll, wie schon im vorigen

Heilsbedeutung gegenüber der „Pfarrei" als einer kirchenamtlichen Verwaltungseinheit, so daß langfristig die theologisch verstandene Gemeinde auch den ihr gebührenden Stellenwert im Ganzen des kirchlichen Lebens erhalten könnte.

[117] So kann vor allem nicht der Frage nachgegangen werden, wie die vielfältigen (gegebenen oder möglichen) kirchlichen Aktivitäten organisiert werden könnten, um ein Arbeiten nach diesen Grundprinzipien zu erleichtern. Die folgenden Beispiele – das ist immer die Gefahr einzelner Beispiele – sollen keineswegs suggerieren, daß kirchliches und gemeindliches Leben nur noch in den dargestellten Bahnen ablaufen sollte. Wenn man vielmehr das didaktische Prinzip der analytisch-assoziativen Übertragung hinzunimmt und wenn man ferner bedenkt, daß ich die religiösen Lernprozesse in weltanschaulich *pluralen* Gesprächssituationen *nicht* nur auf den schulischen Religionsunterricht beschränkt sehen möchte, sondern diese auch sonst (etwa im Rahmen der Erwachsenenbildung, der sog. „öffentlichen Jugendarbeit" usw.) als dem „religionspädagogisch-katechetischen Wirken der Kirche" aufgegeben betrachte, läßt sich sagen: Die Prinzipien der analytisch-assoziativen Übertragung und der situativ-existentiellen Konzentration des Glaubens schließen lediglich eine Einbahn-Kommunikation (nach Art einer pastoralen „Versorgung von oben herab") aus. Im übrigen haben alle pastoralen und theologischen Aktivitäten (auf welcher Ebene auch immer vollzogen) von Pfarrgottesdienst und Sakramentenspendung über Jugendarbeit und Eheseminare bis hin zu Veranstaltungen der katholischen Akademien eine (je mehr oder weniger große) religionspädagogische und/oder katechetische Komponente, die (sofern keine Einbahn-Kommunikation vorgeschrieben ist) das Arbeiten mit den hier erörterten didaktischen Prinzipien ermöglicht. Bei der Arbeit „vor Ort" wird sich dann von selber ergeben, in welcher Organisationsform sie am effektivsten gleichermaßen dem Leben wie dem Glauben dienen kann (vgl. dazu die Vision einer religionspädagogisch-katechetischen Wirksamkeit der katholischen Kirche im Jahre 1989 von W. Nastainczyk, Katechese als Dienst an Menschlichkeit, Glauben und Heil, a.a.O.; alle diese vielfältigen Aktivitäten können an Wirksamkeit gewinnen, wenn sie in einem geschärften didaktischen Bewußtsein Überlieferung und gegenwärtige Lebenserfahrung – je nach Situation und Aufgabenstellung modifiziert – nach den hier erörtertern Prinzipien zueinander in Beziehung setzen).

Kapitel das Prinzip der analytisch-assoziativen Übertragung hier das Prinzip der situativ-existentiellen Konzentration des Glaubens am praktischen Beispiel konkretisiert werden. Während dabei im vorigen Kapitel das Buch von Barth/Schramm, „Selbsterfahrung mit der Bibel“[118] fast eine Art „Handbuch“ für die analytisch-assoziative Übertragung biblischer Texte in katechetischen Lernprozessen bildete, so erfüllt für die situativ-existentielle Konzentration des Glaubens in der Gemeindekatechese die von A. Exeler und N. Mette herausgegebene „Theologie des Volkes“ eine ähnliche Funktion[119]. In seinen drei Teilen „These“, „Konkretionen“ und „Reflexionen“ entfaltet sie (allerdings stärker theoretisch als praktisch) die Notwendigkeit einer Theologie, die sich aus den Erfahrungen, Freuden und Leiden, Hoffnungen und Enttäuschungen, Problemen und Schwierigkeiten der vielen im konkreten Leben stehenden Menschen her aufbaut und den Glauben „von unten“, von den *wirklichen* – nicht bloß von Fachtheologen „angepredigten“ – Situationen her neu und jeweils anders zur Sprache bringt. Die im Kapitel „Konkretionen“[120] zusammengestellten Erfahrungsberichte und Vorschläge zeigen Möglichkeiten, wie eine Gruppe (hier speziell junge Erwachsene) in den Erfahrungsaustausch einsteigen und zum Reden über sich und die in der Gruppe gegebenen Fragen und Schwierigkeiten kommen kann, um dann von da aus zu einer neuen situativ-existentiellen Konzentration des Glaubens zu gelangen. In der Praxis sich stellende Schwierigkeiten werden genannt und wichtige praktische Hinweise gegeben.

Wichtig scheint mir in diesen „Konkretionen“, daß die von J. H. Schneider vorgestellten Einstiegsübungen (z. B. Erarbeitung von thematisch offenen oder thematisch bestimmten Collagen, Sammlung von Anstoßfragen, Schreibgespräche, Musikhören und dabei Assoziationen aufschreiben, Metaphern zu einem Thema suchen und dazu assoziieren, anonyme Briefe an Eltern, Kinder, Partner, sich selbst

[118] Vgl. oben das Kap. 1.3. dieses Hauptteils.
[119] A. Exeler/N. Mette, Theologie des Volkes, a.a.O.
[120] Ebenda S. 41–62 (von F. J. Ortkemper u. J. H. Schneider).

usw. schreiben, u. dgl.[121]) mit den Arbeits- und Ergebnisberichten *zusammengelesen* werden, die F. J. Ortkemper zu Beginn der „Konkretionen" beschreibt[122]. Erst aus einer solchen Zuordnung ergibt sich die hier und auch in den theoretischen Beiträgen der „Theologie des Volkes" angestrebte situativ-existentielle Neuartikulation des christlichen Glaubens. Denn wenn Ortkemper davon berichtet, daß die Jugendlichen ihre situativen Glaubensbekenntnisse, wie er sie in dem Band vorstellt, dadurch gewannen, daß sie vom apostolischen Glaubensbekenntnis und drei Versuchen von Glaubensbekenntnissen aus unserer Zeit ausgingen und aus diesem Material etwas eigenes formulierten oder malten[123], dann ist es eben gerade *nicht* die eigene, konkret gegebene Lebenssituation, von der her der neue „Totaleinblick" in den Glauben gesucht und gewonnen wird, sondern die aus einer *anderen* Situation gewonnene Glaubenssicht eines *anderen,* von der der Prozeß ausgeht: Die neue Formel bringt dann die eigene Situation nicht als solche zur Geltung, diese ist ja nicht bewußt gemacht, nicht ausgetauscht und im Austausch vertieft worden; es entsteht ein „Kurzschluß" von Formel zu Formel (über die gegebene Situation hinweg).

Umgekehrt können die von Schneider vorgestellten Kommunikations- und Interaktionsübungen (von denen ich aufgrund eigener Versuche bestätigen kann, daß sie zu einem lebhaften Austausch innerhalb einer Gruppe führen) im allgemeinen nicht schon von sich aus zu einer situativ-existentiellen Glaubensverdichtung führen. Es bedarf dazu noch weiterer Impulse, wie etwa der Einbeziehung von Kurzformeln, die aus einer ähnlichen Situation heraus geschrieben worden sind und deshalb dann auch zu einer eigenen Formulierung aus der *eigenen* Situation heraus anregen, oder der Betrachtung verschiedenartiger moderner Jesusbilder (etwa von Peter Litzenbur-

[121] J. H. Schneider nennt 11 solche Übungen (ebenda S. 54–62). Vgl. auch B. Grom, Methoden für Religionsunterricht, Jugendarbeit und Erwachsenenbildung, Düsseldorf 1976, wo auch solche Übungen zusammengetragen sind.

[122] Exeler/Mette, Theologie des Volkes, a.a.O., S. 41–49.

[123] Ebenda S. 42.

ger, Salvador Dali, Emil Nolde, Georges Rouauld u. a.[124]) aus denen eine individuell-situative Auswahl getroffen wird und zu denen einzelne oder die Gruppe einen Text erarbeiten, der die Beziehung des ausgewählten Bildes zur gegebenen Situation herstellt und dadurch das Fundament des Glaubens (das Christusmysterium) aus einer situativ-existentiellen Perspektive heraus neu zur Sprache bringt.
Besonders für Multiplikatoren im kirchlich-theologischen Bereich (in welcher Weise auch immer tätig: ob als Priester, Diakon, Religionslehrer, Sozialhelfer, Katechet, Pfarrgemeinderatsmitglied usw.) ist ein religiöser Lernprozeß dieser Art unabdingbar. Denn er vermittelt die für alle diese Tätigkeiten konstitutive Fähigkeit, den Glauben nicht als eine in eine theologische Kunstsprache eingepackte fertige Überzeugung bloß mit sich herumzutragen und gelegentlich Kopien dieser Kunstprodukte auszuteilen, sondern ihn, von je neuen Situationen aus *neu* als tragende, Sinn und Orientierung gebende Lebensperspektive zu formulieren. Nur in solcher Sprache kann in einer weltanschaulich pluralen Gesellschaft der Glaube andere dazu anregen, daß sie sich von ihrer je eigenen Situation aus um diese Perspektive bemühen. Gleichzeitig entsteht dabei die Erfahrung, daß erst das Gespräch und der Austausch mit anderen ähnlich suchenden Menschen den Blick für eine solche Perspektive freimacht und die Zunge löst, um den Glauben im Material der eigenen Lebenserfahrung auszusagen und dadurch beides, Leben und Glauben (beides in Einheit) neu zu gewinnen. Auch wenn im späteren Berufsleben, etwa als Religionslehrer, die Arbeit zur Routine zu erstarren droht, werden sie, die in solcher Erfahrung ausgebildet sind, immer wieder wenigstens sporadisch diesen Austausch mit anderen Menschen einer ähnlichen Lebenssituation und einer ähnlichen Lebenszielsetzung suchen und sich dadurch vor einem religiösen „Austrocknen" bewahren.
Überlegungen dieser Art brachten mich dazu, daß ich schon seit Jahren Lernprozesse dieser Art in die von mir zu verantwortende

[124] Gut zu verwenden: Lichtbildserie „Das Christusbild des 20. Jahrhunderts" mit 10 Farbdias und einem Textheft, hergestellt in der Evangelischen Zentralbildkammer und in den meisten Kat. Instituten und dergl. auszuleihen.

Religionslehrer-Ausbildung einbaue. Davon will ich abschließend ein Beipsiel berichten, um dadurch nochmals den Prozeß der situativ-existentiellen Konzentration des Glaubens in der Gemeindekatechese zu veranschaulichen[125].

Die Lehrveranstaltung trug das Thema: „‚Kurzformel des Glaubens'. Ein situativ-existentieller Zugang zum Fundament kirchlicher Überlieferung" und war als Seminar für das Hauptstudium ausgeschrieben. Es meldeten sich 90 Teilnehmer. In den ersten Wochen des Seminars gab ich in Form von Vorlesung, Referat und Diskussion einen gedrängten Überblick über den Begriff der Kurzformel, seine Entstehungsgeschichte, seine theologische Problematik und Zielsetzung und seine bibeltheologische und sprachtheologische Grundlegung. Schon während dieser Arbeit hatten sich Kleingruppen von je 8–10 Studenten gebildet. Diese Gruppen wählten nun je einen gleichbleibenden Sprecher, der später als Tutor in der Gruppe wirken sollte. Mit diesen Tutoren (und zusammen mit unserem Lehrbeauftragten für Religionspsychologie, der eine psychologisch-therapeutische Ausbildung besitzt) zog ich mich dann für vier Tage in das Priesterseminar in Essen-Werden zurück. Durch Kommunikationsübungen der oben beschriebenen Art kam relativ rasch ein intensiver Austausch über die Lebenserfahrungen, die Freuden und Leiden, Enttäuschungen und Hoffnungen der Mitglieder der Gruppe zustande, wobei auch schon religiöse Erfahrungen eine wesentliche Rolle spielten. Über weite Strecken hin war dieser Austausch innerhalb des sich bildenden Beziehungsgeflechts so stark und teilweise auch so erschütternd, daß ich selbst ernsthaft daran zu zweifeln begann, ob angesichts der Dichte und Unmittelbarkeit des Lebens,

[125] Vgl. zum folgenden G. Baudler, RU – Last oder Chance?, in: „Herder-Korrespondenz" a.a.O., S. 47f. Ähnliche Lernprozesse werden auch in der Religionslehrer-Fortbildung angeboten; vgl. z. B. den Veranstaltungskalender des Kat. Instituts in Aachen, 1. Halbjahr 1979, wo ein 14-tägiger Kurs „Bibel verstehen als ganzheitlich-integrativer Erschließungsprozeß" (im Kontext näher erläutert als „Vermittlung von Selbst- und Lebenserfahrung mit Glaubensüberlieferung") ausgeschrieben ist. Obwohl der Kurs in den Sommerferien stattfindet und Lehrer im übrigen kaum für eine Fortbildung in den Ferien zu gewinnen sind, haben sich jetzt schon (vor Ostern!) über 80 Teilnehmer zu dem Kurs angemeldet.

das sich im Austausch artikulierte, die jahrtausendealte, in fest geprägte Formeln und Bilder gegossene Glaubensüberlieferung hier noch etwas zu sagen habe und ob es noch angebracht sei, sie in den Prozeß einzubringen. Lebendig wurde in dem Austausch der Gruppe z. B. deutlich, wie die Bedrohung durch eine Krankheit ein Menschenleben überschatten kann und wie die Befreiung von dieser Drohung von dem Betreffenden selbst als seine ihm eigene „Gotteserfahrung" gedeutet wurde; die Last und Enttäuschung einer gescheiterten Ehe und Freundschaft stand im Raum und unmittelbar daneben artikulierte sich das religiös begriffene Glück einer gelungenen Partnerschaft. Sollte man diese Lebens- und Glaubensfülle nicht einfach so stehenlassen? Konnte der von diesen Erfahrungen her sich öffnende Blick auf das Fundament des christlichen Glaubens hier noch weiterhelfen, noch weitere Gemeinsamkeit, noch tieferen Sinn und noch klarere Orientierung in das pulsierende Leben bringen? Oder würde er „zudecken"?

Schon vor Beginn der „Klausur" hatte jeder zu Hause für sich seine Glaubensüberzeugung in eine kurze Formel zu bringen versucht. Dieser Text sollte als eine Art „Rohstoff" dienen, um daraus gemeinsam, aus dem konkreten Erfahrungsaustausch heraus, einen neuen Zugang zum Glaubensfundament zu formulieren. Zunächst schien diese Aufgabenstellung vergessen. Aber in den letzten Stunden wuchs doch spürbar das Bedürfnis, der gemeinsam gemachten Erfahrung auch einen gemeinsamen Ausdruck zu geben[126]. Viele konnten mit ihrem zu Hause angefertigten Text nach den gemachten Erfahrungen nichts mehr anfangen. Einige formulierten die Texte um und trugen sie vor. Aber nicht mein Vorschlag und auch nicht der meines Mitarbeiters, sondern ausgerechnet der Vorschlag eines der jüngsten aus unserem Kreis, der Theologie nur sehr „schmal" studierte (als sogenannten „Stufenschwerpunkt" mit insgesamt 12 Semesterwochenstunden in 6 Semestern; sein Hauptfach war Kunsterziehung),

[126] Dieser Ausdruck des Glaubens kann auch non-verbal etwa durch ein Bild, eine Collage oder auch durch eine Geste erfolgen. Eine der Studentengruppen, die dann zu Hause ähnlich arbeiteten wie wir im Priesterseminar, brachte als *ihren* Glaubensausdruck selbstgebackenes Brot mit zur Abschlußfeier des Gesamtseminars, die als Eucharistiefeier geplant war.

traf mit seiner Formulierung am besten die gegebene Situation; dieser Text wurde mit wenigen Änderungen als gemeinsamer situativ-existentieller Ausdruck des Fundaments christlichen Glaubens anerkannt.

Die Formel lautete:

> „Wir glauben an eine gemeinsame Grundlage aller Menschen
> die über Leiden und Tod hinaus Halt und Kraft vermitteln kann,
> so wie Jesus es vorgelebt und vorgestorben hat.
>
> Diese Basis ermöglicht es,
> daß wir offen sind für die Freuden und Sorgen unserer Mitmenschen.
>
> Dieser Glaube verpflichtet uns, zu versuchen,
> diese Gemeinschaft anderen zu vermitteln,
> damit ein wirklich menschliches Dasein ermöglicht wird“.

Um die Formel zu erklären, müßte ich im einzelnen – was hier nicht möglich ist – von den konkreten „Freuden und Sorgen“ und von den Menschen, die sie äußerten und in der Gruppe lebendig werden ließen, erzählen. Dann würde deutlich werden, daß die in Jesu Leben und Sterben offenbar gewordene „gemeinsame Grundlage aller Menschen“, diese im Glauben zu findende „Gemeinsamkeit“ ‚wirklich jenes Fundament meint, das Jesus als seinen „abba“ angerufen hat und das als Geist des Friedens und der Versöhnung vom Gekreuzigten ausströmt und seit Jahrtausenden den Menschen im Einflußbereich der christlichen Überlieferung durch alle geschichtlichen Verdunkelungen hindurch das Leben sinnvoll und menschlich bewältigbar macht. Ein Vergleich mit den dogmengeschichtlichen Entwicklungen der frühen Kirche bezüglich der gegenseitigen Stellung und Zuordnung von „Vater“, „Sohn“ und „Geist“ in der Erfahrung des Gekreuzigten als des Retters und Messias könnte dann aufdecken, daß hier aus der gegebenen existentiellen Situation heraus (und deshalb in einer für diese Situation spezifischen, unüblichen und ungewohnten, auch etwas holprigen, aber gerade dadurch „greifenden“ Formulierung) ein „heilsökonomisch-trinitarischer“[127] Zugang zum Fundament des Glaubens gefunden wurde und daß dieser Zugang nur dann wirklich offen bleibt und zur richtigen („orthodoxen“) Sicht und Aneignung dieses Fundaments führt, wenn die einzelnen Elemente dieses Zugangs („Grundlage“, „Basis “ – offenbar geworden in Jesus – Tröstung, Offenheit, „Gemeinsamkeit, die anderen weiterzuvermitteln ist“) nicht einander über- oder untergeordnet, sondern je für sich als *eigenständige*[128] und für sich gültige Größen der einen Erfahrung genommen werden (so daß der einzelne in der Gruppe sich noch einmal je nach der individuellen Erfahrung und Sensibilität stärker auf dieses oder stärker auf jenes Element stützen kann). Kennzeichnend für die zum Ausdruck gekommene Geist-Erfahrung ist dabei das sehr nüchtern formulierte Bewußtsein der Verpflichtung (jenseits eines missionarischen Eifers und eines elitären Sendungsbewußtseins), die gefundene und erfahrene „Gemeinsamkeit“ anderen – den Mitstudenten zu Hause und später den Schülern – weiter zu vermitteln, „um dadurch ein wahrhaft menschliches Leben zu ermöglichen“. Auch im Neuen Testament ist ja die Erfahrung des Geistes, der tröstet und eint mit der Verpflichtung verbunden, das erfahrene Heil „in Jerusalem, in ganz Judäa und Samaria, ja bis an die Grenzen der Erde“ zu vermitteln (Apg. 1,8)[129].

[127] Vgl. die dogmatische Konstitution über die Kirche des II. Vatikanums, wo in den Abschnitten 2, 3 und 4 dieser heilsökonomische Trinitätsbegriff entfaltet wird (K. Rahner/H. Vorgrimler, Kleines Konzilskompendium, a.a.O., S. 123–125).

[128] In der neueren Trinitätstheologie wird stark darauf hingewiesen, daß unser moderner (psychologisch bestimmter) Personbegriff nicht einfach auf die Trinität übertragen werden darf. „Hypostase“, „Subsistenz“, „Person“ im Sinne der frühkirchlichen Trinitätstheologie meint vielmehr nur *ein* Element des „psychologisch verstandenen“ Personseins, nämlich ein „letztes, ganzheitliches Insichselberstehen“ (Artikel „Person“ in: K. Rahner/H. Vorgrimler, Kleines theologisches Wörterbuch, Freiburg-Basel-Wien 1961, S. 283), eben das, was hier mit „Eigenständigkeit“ gemeint ist.

[129] Diese „Dialektik von Sammlung und Sendung“ betont im Anschluß an K. Lehmann, Was ist eine christliche Gemeinde?, a.a.O. S. 485f. auch J. Müller, Gemeindekatechese, a.a.O. S. 15. Vgl. dazu meine o. g. Auseinandersetzung mit H. G. Koch in der „Herder-Korrespondenz“, Heft 9/1977 u. Heft 1/1978 (Koch sieht die „Sendung“, die „öffentliche Verantwortung des Glaubens“, durch die katechetische „Sammlung“ gefährdet).

Mehr kann zur Erklärung dieser Kurzformel hier nicht gesagt werden. Diejenigen, die sie als ihre situativ-existentielle Konzentration des Glaubens gewonnen und formuliert haben, sind durch den Vorgang befähigt worden, das so erschlossene Glaubensfundament auch in anderen Sprechsituationen entsprechend anders auszudrücken. Deshalb wurde die Erfahrung nicht bloß um ihrer selbst willen gemacht, es war nicht bloß ein schönes „warmes", menschlich nahes Beisammensein einiger weniger Auserwählter, sondern ein Lernprozeß, der vom Ansatz und vom Ergebnis her auf andere hin ausgerichtet war und zum Dienst an den anderen befähigte und verpflichtete.

Dieser Dienst wurde nach der Rückkehr aus Essen-Werden geleistet, indem die Tutoren zu Hause in ihren Gruppen – unter ständiger Rückkoppelung mit mir, unserem psychologischen Berater und den anderen Tutoren – ähnliche Lernprozesse initiierten. Die meisten Gruppen sind dabei zu echten Gemeinschaften zusammengewachsen, die sich auch noch nach Ablauf des Semesters aus freien Stücken regelmäßig trafen. Zu Ende des Semsters wurden in einer gemeinsamen Feier die verschiedenen situativ-existentiellen Glaubensbekenntnisse der einzelnen Gruppen zusammengetragen und miteinander ausgetauscht. Dabei war besonders die Verschiedenartigkeit der jeweils gemachten Erfahrungen und dem entsprechend die Verschiedenartigkeit der einzelnen Bekenntnisse eindrucksvoll. Es entstand ein lebendiges Bild jener Vielfalt und Fülle christlichen Glaubens, die nicht in Systemen und Katechismussätzen einzufangen und abzugrenzen ist, sondern nur geschichtlich-situativ erschlossen und erfahren werden kann.

Schon viele Erfahrungen ähnlicher Art bestätigten mir die Fruchtbarkeit dieses Ansatzes einer Vermittlung von Lebenssituation und Glaubensüberlieferung im katechetischen Lernprozeß.

2.3. *Situativ-existentielle Konzentration des Glaubens im Religionsunterricht.*

Der genuine „Ort" für die situativ-existentielle Konzentration und Re-Strukturierung des christlichen Glaubens ist die gesprächsfähige

Gruppe erwachsener Menschen, die in derselben (oder einer ähnlichen) existentiellen Lebenssituation stehen und darin Sinn und Orientierung aus der christlichen Überlieferung suchen (also die Katechese in der Gemeinde). In dem Maße aber, als diese Re-Strukturierung gelingt, erlöst sie das christliche Glaubensfundament aus seiner Einbindung in starre Formeln und macht es situativ – variabel für die verschiedensten Gesprächssituationen – aussagbar. Wie das zuletzt angeführte Katechese-Beispiel zeigt, drängt das auf solche Weise befreite Glaubensfundament von sich aus danach, anderen, grundsätzlich allen Menschen, weitervermittelt zu werden.

Katechese in der Gemeinde ist deshalb die Bedingung der Möglichkeit, den Glauben auch in weltanschaulich pluralen Sprechsituationen wieder sinnvoll zu artikulieren und auf eine Art und Weise zur Sprache zu bringen, die auch dem Außenstehenden vernehmbar und assimilierbar ist. Zwar kann eine Schulklasse *als ganze* (sofern sie eben „öffentliche Schule", d. h. weltanschaulich plurale Gesellschaft ist und darstellt) von ihrer Zusammensetzung und ihrer Arbeitsweise her keine katechetische Lerngruppe im oben beschriebenen Sinne sein (sonst wäre ja auch die Unterscheidung der Synode überflüssig). Wenn jedoch der Lehrer oder einzelne in katechetischen Lernprozessen (etwa im Bereich der kirchlichen Jugendarbeit) engagierte Schüler im Religionsunterricht die christliche Überlieferung nicht nur religionswissenschaftlich informierend, sondern situativ-existentiell (als in konkreten Lebenssituationen Sinn und Orientierung gewährenden Glauben) zur Sprache bringen wollen (und erst diese Zielsetzung macht aus einem sozialethischen Unterricht einen Religionsunterricht), dann können sie dies nur, indem sie ihre in der Katechese gelernte Fähigkeit, den Glauben situativ auszusagen, mit entsprechenden Abwandlungen auch in der weltanschaulich pluralen Sprechsituation zur Geltung bringen[130].

[130] Ich habe in meinem Aufsatz „Glaube aufgrund von Erfahrung", a.a.O., S. 117–119 nicht (wie das H. G. Koch, Religionsunterricht – Last oder Chance?, a.a.O., S. 435 und L. Karrer, Glaube in Kurzformeln, a.a.O., S. 256 anzunehmen scheinen) behauptet, daß „Kurzformeln des Glaubens vom Religionsunterricht ausgeschlossen sein sollen" (Koch, ebenda, S. 435), sondern nur, daß nicht der Religionsunterricht, sondern die Ge-

Wenn der Religionsunterricht von Situationen (und nicht von Texten, wie in Kap. 1.2. dieses Hauptteils dargestellt) ausgeht, werden im allgemeinen diese Situationen im Unterricht erinnert und „vorgestellt". Sie werden (z. B. durch Collagen und Gespräche) von draußen, aus der Umwelt des Schülers in den Unterricht, in die Schulklasse hereingeholt. Im allgemeinen ist dabei (schon wegen der Größe der Schulklasse und der geringen zur Verfügung stehenden Zeit, besonders aber wegen ihrer Organisationsform, wonach eben Schüler nach Altersjahrgängen und Intelligenzstufen, nicht aber nach existentiellen Lebenssituationen in Lerngruppen zusammengefaßt werden) der gruppendynamische Austausch nicht so stark, daß man wie in der Katechese, sagen könnte, die Situation sei eine tatsächlich aktuell in der Gruppe gegebene und für diese in ihrer augenblicklichen Konstellation konstitutive Größe. Nach dem Vorstellen, Erinnern, „Hereinholen" einer für die betreffende Altersstufe geeigneten Lebenssituation besteht deshalb ein zweiter wichtiger Lernschritt darin, diese hereingeholte und vorgestellte Situation durch bestimmte inhaltsbezogene Impulse (Spiele, Filme, Texte usw.) so zu vertiefen und zu verinnerlichen, daß die bloß kognitive Bewußtseinsschicht des Schülers durchbrochen und eine gewisse Tiefenschicht in

meinde der „genuine (d.h. ursprüngliche!) Ort für die Bildung solcher Kurzformeln" ist (Glaube aufgrund von Erfahrung, a.a.O., S. 119). Ausdrücklich führe ich an (ebenda S. 119), daß auch innerhalb der weltanschaulich pluralen Sprechsituation im Kontext von nicht spezifisch christlichen „Weltbekenntnissen" (Bleistein, Kurzformeln I, a.a.O., S. 164ff.) und „Lebensformeln" der übrigen Schüler „der Lehrer und einzelne Schüler ihre Glaubensformel, die sie als Ausdruck von Erfahrungen in ihrer Gemeinde gewonnen haben, mit in die Auseinandersetzung einbringen" (S. 119). Diesen Ansatz möchte ich hier weiter ausbauen. Dabei würde ich heute sagen: Lehrer und im Glauben engagierte Schüler sollten weniger ihre schon *fertige* (in einem bestimmten katechetischen Lernprozeß gewonnene) Glaubensformel einbringen, denn diese würde ja kaum richtig in die neue Sprechsituation passen; was sie vielmehr einbringen können und sollen, ist ihre in der Gemeindekatechese gelernte *Fähigkeit,* das Glaubensfundament situativ zu sehen und auszusagen (wobei durchaus *auch,* wenn auch anders geartete und anders – nämlich nicht als „Einheitsformel" sondern als „Kontaktformel" – funktionierende Kurzformeln entstehen können).

ihm angesprochen wird. Es geht darum, wie besonders in Kap. 1.3 (zusammenfassend in 1.3.2.) des ersten Hauptteils beschrieben, die in der weltanschaulich pluralen Gesellschaft übliche „empirische" Lebens- und Bewußtseinshaltung zu durchstoßen, die thematisierte Situation so zu verdichten und zu vertiefen, daß sie zu einer Art „Linse" wird, durch welche der Mensch (wenn auch vielleicht nur in Umrissen) das Eine und Ganze seines Lebens und damit die Frage nach dem Sinn, nach dem „Glücken" oder „Mißglücken" dieses einen Lebens aufdämmern sieht. Erst wenn diese im ersten Hauptteil als „religiös" qualifizierte Denk- und Lebensperspektive errreicht ist, kann der christliche Glaube sinnvoll ins Spiel gebracht werden[131]. Die Art und Weise dieses von allen erfahrungsorientiert arbeitenden Religionslehrern als besonders schwierig empfundenen „Überschritts" in die Welt der christlichen Überlieferung gilt es im folgenden näher ins Auge zu fassen.
Von Anfang an, seit sich der Religionsunterricht um einen situativen Ansatz bemüht, gibt es dabei drei Fehlformen dieser Vermittlung[132]:

[131] Von daher sind die „religionspädagogischen Konkretisierungen" L. Karrers (Glaube in Kurzformeln, a.a.O., S. 220–256) zu kritisieren. In diesen geht es fast ausschließlich um kongnitive Lernziele, die sich fertige *Produkte* einer situativ-existentiellen Glaubensverdichtung (eben „Kurzformeln des Glaubens") zum Inhalt und *Gegenstand* nehmen und analytisch mit ihnen operieren, während die „affektiven Zugänge" in den Bereich der außerschulischen Erziehung verwiesen werden (vgl. die Übersichtstabellen S. 236/237 und 250/251: Die dort aufgelisteten 58 Lernziele gehen bis auf drei Zielformulierungen alle von einer oder mehreren schon fertigen Formeln aus, die es dann fast ausschließlich kongnitiv zu behandeln, also zu „analysieren", zu gliedern, zu „klassifizieren", zu vergleichen, zu beurteilen usw. gilt. Sie leisten aber auch in dieser Verwendung nicht das, worum es im Religionsunterricht nach dem Synodenbeschluß geht: nämlich die Erschließung der religiösen Wirklichkeitsdimension, die dann ihrerseits den christlichen Glauben als eine sinnvolle und für das konkrete Leben wertvolle Denk- und Lebensmöglichkeit sichtbar macht). Ein bloß kognitiver, nicht auf Situationen rückbezogener Umgang mit Glaubensformeln führt immer, auch wenn es sich dabei nicht um herkömmliche dogmatische, sondern „moderne" Glaubensformeln handelt, zu Leerformeln.

[132] Vgl. zum folgenden G. Baudler, Wie sollen Lebenssituationen und Glaubensinhalte miteinander verbunden werden?, in: ders. (Hg.), Religionsunterricht im Primarbereich, a.a.O., S. 101–106.

Erstens können Lebenssituation und Glaubensinhalt nicht *additiv* miteinander verbunden werden, wie dies weitgehend im ersten erfahrungs- und situationsorientierten Lehrplan für den Religionsunterricht an Grundschulen „Erfahrung und Glaube" geschehen ist; der Sinn von christlicher Gemeinde und Gemeinschaft wird z. B. nicht erschlossen, wenn diese bloß additiv anderen Formen gemeinschaftlichen Lebens in Familie, Schule, Sportverein usw. gegenübergestellt wird[133]. Zweitens ist der Glaube als eine satzhaft und lehrhaft zu gebende „Auskunft" mißverstanden, wo er mythisch-überhöhend als *die* „Antwort" auf die Sinn- und Lebensfragen der Schüler formuliert wird. Ein Beispiel: Wenn Schüler – auch an sich selber – begreifen, daß alle sich nach einem Menschen sehnen, dem sie absolut vertrauen können und der „immer für sie da" ist, und ihnen dann gesagt wird: „Es gibt diesen Menschen ... Sein Name ist Jesus"[134], dann wird dadurch die transzendentale Frage- und Suchdynamik des Kindes durch eine vorformulierte Antwort „zugedeckt", er ist „bedient" und braucht selbst nicht mehr weiter zu fragen. Ein ähnlicher „Kurzschluß" liegt drittens dort vor, wo die Bibel als eine Art objektiv vorliegendes und bloß nachzuschlagendes „Problemlösungspotential" für sozialehtische Fragen genommen wird; etwa nach dem Muster: eine Freundschaft ist immer vom Scheitern bedroht, was tun, wenn der Freund einen im Stich läßt? – Jesus zeigt in seinem Verhalten gegenüber Petrus, wie man eine Freundschaft durchhält[135].

Kennzeichnend für diese hier nur angedeuteten Fehlformen einer Vermittlung von Situation und Überlieferung ist, daß in ihnen der menschliche Frage- und Denkprozeß an ein schon vorher festgelegtes fertiges Ende kommt, dem der einzelne Schüler, will er es nicht

133 D. Jansen (Hg.), Erfahrung und Glaube. Handreichungen zu einem Lehrplan für den katholischen Religionsunterricht an den Grundschulen, Zürich–Einsiedeln–Köln–Hannover 1971, S. 46/47. Die Themen sind durchgehend aufgeteilt in „A. Allgemeine Erfahrungen" und „B. Erfahrungen aus Glauben".

134 Vgl. G. Weber, Wie wir Menschen leben. Ein Religionsbuch für die Grundschule, Bd. 3, Freiburg–Basel–Wien 1972, S. 55.

135 So in dem Unterrichtsmodell S. Vierzig, Enttäuschte Freundschaft, in: „Informationen", Heft 3+4/1970, S. 18–20.

einfach „schlucken", allenfalls eine relativ diffuse Abwehr und Skepsis entgegensetzen kann (wobei er dann wieder dort steht, wo er vor Beginn des Lehrprozesses war). Die Vermittlung muß vielmehr so geschehen, daß die zur Sinnfrage hin zu vertiefende Ausgangssituation durch die Einbeziehung der christlichen Überlieferung noch weiter vorangetrieben, der Mut, nach dem Sinn und Grund zu fragen, noch weiter gestärkt, Phantasie und Kreativität des Schülers zur probeweisen Formulierung eigener Gedanken und Lösungen noch stärker angeregt wird[136]. Dies ist *dann* der Fall, wenn der Überschritt von der Lebenssituation zur christlichen Überlieferung folgende drei Kriterien erfüllt:

1. Die Ausgangssituation muß durch Impulse so weit vertieft und verdichtet sein, daß der Schüler reflektiert oder unreflektiert vor dem Ganzen seines Daseins und/oder der Welt steht (dies kann z. B. allein schon dadurch geschehen, daß ein Grundschulkind angesichts der unübersehbaren Vielfalt und Vielgestaltigkeit der Herbstblätter, von denen kein einziges genau dem anderen gleich ist, in das Staunen gerät und auf diese Weise von dem *Ganzen,* dem tragenden Grund der Natur, angerührt ist)[137].

2. Die christliche Überlieferung darf nicht *partiell* mit der Lebenssituation verbunden werden; vielmehr muß zu jeder (zur Sinndimension verdichteten) Lebenssituation das eine bleibende *Fundament* des Glaubens, wenn auch in einer je für die gegebene Situation spezifischen Blickrichtung und Entfaltung, in Beziehung gesetzt werden. (Wird z. B. in einer Schulklasse das Problem des Außenseiters vorgestellt und vertieft, dann ist der Überschritt nicht dadurch geleistet, daß ich Jesus als Beispiel dafür anführe, wie einer sich Außenseitern – zum Beispiel den „Sündern", Aussätzigen und Zöllnern – zuwendet und sie in seine Gemeinschaft aufnimmt; dies wäre Bibel als Problemlösungspotential. Richtig ist in diesem Beispiel der Über-

[136] Dies ist der Grundgedanke des Buches von G. Hilger, Der Religionsunterricht als offener Lernprozeß, München 1975.

[137] Vgl. M. Stembert, Unterrichtsbeispiel „Das Wachsen und Reifen einer Bohne", in: G. Baudler (Hg.), Religionsunterricht im Primarbereich, a.a.O., S. 178–189.

schritt vielmehr, wenn vom Lehrer und/oder einzelnen Schülern angesichts des Außenseiterproblems das *Ganze*, das Fundament der christlichen Botschaft ins Gespräch gebracht wird; dieses besteht darin, daß Jesus *als* von seinem Volk Verstoßener und Ausgelieferter und von den Römern am Schandgalgen Hingerichteter – also *als Außenseiter par excellence* – für die Erfahrung der Christen zur Offenbarung des alle Menschen umgreifenden, Sinn stiftenden und Vergebung gewährenden Daseinsgrundes, also zum „Christus", geworden ist).

3. Diese so situationsbezogen auf ihr Fundament hin konzentrierte und re-strukturierte christliche Überlieferung darf nicht als objektiv-neutrale Feststellung (etwa: „der als Außenseiter gekreuzigte Jesus ist der Christus") der verdichteten und vertieften Situation gegenübergestellt werden, sondern muß auf eine oder mehrere konkrete Personen innerhalb der weltanschaulich pluralen Gesprächssituation bezogen sein und als dessen, bzw. deren persönliches Bekenntnis artikuliert werden (etwa in unserem Beispiel indem der Lehrer sagt: „*Ich* kann die Erfahrung der ersten Christen nachvollziehen, daß sich im gekreuzigten Außenseiter Jesus der rettende und umgreifende Daseinsgrund menschlichen Lebens offenbart; dies ist meine persönliche Erfahrung und meine persönliche Überzeugung"); dann bleibt der Lernprozeß insgesamt offen, das religiöse Frage- und Suchpotential wird nicht abgeblockt sondern gestärkt[138].

Es ist unmittelbar deutlich, daß das Zusammenwirken dieser drei Kriterien in etwas abgewandelter Form das in den beiden vorausgegangenen Kapiteln beschriebene Prinzip der situativ-existentiellen Konzentration des Glaubens realisiert: In der Perspektive einer bestimmten Situation wird in der Form eines persönlichen Bekennt-

[138] Dieses Prinzip ist z. B. auch verwirklicht in der von H. K. Berg so genannten und entwickelten „wirkungsgeschichtlichen" Verknüpfung von gegenwärtiger Situation und Überlieferung. Vgl. z. B. das Unterrichtsmodell „Entwicklungshilfe" (RP-Modell 1/2 Frankfurt-München 1971), wo ein Entwicklungshelfer in einem Interview davon erzählt, wie er persönlich durch den christlichen Glauben in seinem Einsatz motiviert ist und damit in einer situativ-persönlichen Perspektive das Fundament des christlichen Glaubens artikuliert und erläutert; in: W. Langer (Hg.), Praxis des Bibelunterrichts, Stutgart-München 1975, S. 92–114.

nisses das Fundament des christlichen Glaubens neu artikuliert. Die Abwandlung besteht einmal darin, daß hier die Situation nicht unmittelbar durch die sich versammelnden Menschen selbst gesetzt und gegeben ist, sondern als *Lerninhalt* vorgestellt und durch inhaltsbezogene Impulse auf ihre Sinn-Dimension hin vertieft wird; ferner erarbeitet nicht wie in der Katechese die Lerngruppe *als ganze* die situative Erschließung des Glaubensfundaments; vielmehr wird dieses (in situativer Formulierung) durch den Lehrer und/oder einzelne im Glauben engagierte Schüler in das Gespräch eingebracht.
Diese beiden im Religionsunterricht notwendigen Abwandlungen des Prinzips der situativ-existentiellen Konzentration des Glaubens bringen es mit sich, daß der Ausdruck des Glaubensfundaments hier meist noch wesentlich konzentrierter, in einer noch stärkeren „Reduktion", im Extremfall vielleicht nur als Geste oder als bloßer Hinweis, formuliert ist. So kann z. B. im Religionsunterricht an der Sonderschule, wo Kinder und Jugendliche in behutsamer Therapie daran arbeiten, ihr Behindertsein anzunehmen und durch es hindurch Identität und Selbstbewußtsein aufzubauen, dieses christliche Glaubensfundament in der durch nichts abzuschreckenden und durch nichts zu verbitternden Zuwendung des Lehrers zum einzelnen behinderten Kind zum Ausdruck kommen. Auch *dieses* Bekenntnis (wenngleich nonverbal gegeben) ist *dann* keineswegs „stumm", sondern spricht eine vielleicht sehr beredte Sprache, wenn der Lehrer sich seines Tuns *als* eines christlichen Bekenntnisses bewußt ist und der Schüler aus anderen Äußerungen des Lehres weiß oder ahnt, woher dieser die Motivation zu seiner Art des Handelns, zu seiner unbeirrbaren Güte und Zuwendung, bezieht. In der urkirchlichen Verfolgungssituation war ja auch die nonverbale Weigerung, Opferkörner vor das römische Kaiserbild zu streuen, ein hinreichend deutlicher und fundamentaler Ausdruck des christlichen Glaubensbekenntnisses, der Verbannung und Tod nach sich zog.
Die Frage, wie weit und wie stark in einer weltanschaulich pluralen Lerngruppe das Glaubensfundament von der gegebenen Situation her ausformuliert und entfaltet werden kann, ist jedoch keineswegs bloß abhängig vom Intelligenzgrad der Schüler, sondern mehr vom Milieu, vom Elternhaus, von der Einstellung derjenigen, die in einer Klasse tonangebend sind, auch vom jeweiligen Thema usw. In einem

Aachener Gymnasium arbeitete z. B. eine Unterprima zur Situation „Partnerschaft". Diese Situation wurde durch eine Übertextung (d. h. eine Umformulierung entsprechend der eigenen Erfahrung und Anschauung) des sogenannten „Gestaltspruchs" Frederick Perls[139] vertieft; dabei wurde eindringlich bewußt, daß ein geglücktes Leben entscheidend vom Gelingen der Partnerschaft abhängt, daß dieses „Glücken der Partnerschaft" jedoch weitgehend der eigenen Verfügungsgewalt entzogen ist. Als dann die Lehrerin diejenigen in der Klasse, die erklärtermaßen dem christlichen Glauben positiv gegenüberstanden, dazu aufforderte, ihre Sicht und Erfahrung von Partnerschaft mit ihrem christlichen Glauben in Beziehung zu bringen und diese Beziehung mit in die Übertextung des Gestaltspruchs hineinzunehmen, weigerte sich die Klasse geschlossen, gegen diese „Zumutung". Fragen und Probleme der Partnerschaft wären ihre eigene Sache und hätten mit dem Glauben nichts zu tun, meinten sie. Offenbar konnten sie eine Beziehung zwischen dem Phänomen der Partnerschaft und dem Glauben nur unter dem Aspekt der kirchlichen Sexualethik denken, die ihnen von vornherein erstarrt, veraltert und eben nicht sinnvoll zu den vorher besprochenen wirklichen Problemen in Beziehung zu bringen schien.

Dabei wäre in der beschriebenen Situation die unmittelbare Einbeziehung dieser Normen auch religionspädagogisch falsch gewesen; sie hätte mindestens gegen das Kriterium 2 verstoßen, wonach die christliche Überlieferung nicht *partiell,* sondern nur als *Ganze,* von ihrem tragenden und einenden *Fundament* her, mit der zur Sinndemension hin vertieften Situation in Beziehung gebracht werden darf. Der Kurzschluß Partnerschaftsproblem – kirchliche Sexual- und Ehemoral hätte christliche Überlieferung als „Problemlösungspotential" (also nach der oben unter „3." genannten Fehlform) mit der Lebens-

[139] F. Perls ist der Begründer der sogenannten „Gestaltpsychologie". Sein Partnerschaftsspruch lautet:

„Ich tu das Meine, Du tust das Deine.
Ich bin nicht auf der Welt, um Deine Erwartungen zu erfüllen,
und Du nicht, um Dich den meinen anzupassen.
Du bist Du und ich bin ich
und wenn wir einander zufällig finden sollten, ist das wunderbar;
wenn nicht, kann man es nicht ändern".

situation vermittelt und dabei praktisch das religionspädagogisch sicher nicht erstrebenswerte Ziel erreicht, die Jugendlichen in ihren negativen Vorurteilen gegenüber Glaube und Kirche zu bestätigen (etwa nach dem Motto: „Da sieht man's wieder", „Habe ich mir doch gleich gedacht"). Sofern (was naheliegt) dabei die kirchliche Sexualethik als „objektiv geltende" kirchliche Norm vorgetragen worden wäre, ohne von der Lehrerin oder besser noch von einem Schüler als eigene persönliche Überzeugung situativ formuliert zu sein, hätte der Unterricht auch gegen das 3. Kriterium verstoßen; er hätte die durch die Beschäftigung mit dem Perls-Text in Gang gesetzte existentiell-ganzheitliche (religiöse) Frage- und Denkbewegung in Bezug auf Partnerschaft zugedeckt und weitgehend zum Ersticken gebracht.
Statt diese religionspädagogischen Fehler zu begehen, konnte in unserem Fall die Lehrerin angesichts der genannten Weigerung der Klasse auf eine Parallelklasse verweisen, in der diese Weigerung nicht erfolgt war und einige Schülerinnen Texte schufen, die eine echte, wenn auch (der weltanschaulich pluralen Sprechsituation entsprechende) knappe und rudimentäre situativ-existentielle Konzentration des Glaubens beinhalteten. So formte eine 18jährige Schülerin den oben zitierten Text von F. Perls folgendermaßen um:

„Ich versuche herauszufinden, wie ich bin, was ich bin,
damit ich das Meine tun kann.
Du versuchst herauszufinden, wie Du bist, was Du bist,
damit Du das Deine tun kannst.
Wenn wir uns dann finden würden, wäre das wunderbar,
denn dann weiß ich, daß ich nicht auf der Welt bin,
um Deine Erwarungen zu erfüllen.
Und Du nicht, um Dich den meinen anzupassen.
Du bist Du, und es wäre schön, wenn Du mir helfen würdest Dich zu verstehen.
Ich bin ich, und ich werde Dir helfen, mich zu verstehen.
So sind wir zwei und zugleich eins.
In meiner Liebe zu Dir kann ich alle Menschen lieben lernen,
genauso wie Du durch Deine Liebe zu mir alle Menschen lieben lernen kannst.
Wenn wir diesen Weg zu Ende gehen, werden wir Gott ähnlich, so wie Jesus auf diesem Wege als Gott offenbar geworden ist".

Der Text war geeignet, bei manchen Schülern Staunen zu erregen und eine Art „disclosure“ zu erwirken („Ah‘, so kann man das auch sehen“): Jesus erschien hier in einer persönlichen und situativ geprägten Stellungnahme als der, der radikal sich selbst treu blieb, unbeirrt stets das „Seine“ tat (das eins war mit seinem „abba“, seinem als Vater begriffenen Daseinsgrund: vgl. Joh. 10, 30 „Ich und der Vater sind eins“) bis hin zum Tod, ja bis zum grausamen Hinrichtungstod am Kreuzesgalgen – und dies nicht in Verbitterung und egozentrischem Starrsinn, sondern in Liebe und aus Liebe zu seinen Freunden und den ihn umgebenden Menschen. Dieser aus der Perspektive der Situation „Partnerschaft“ in dieser Weise gesehene Jesus konnte als „Gott“ und Christus, als letzte, absolute, maßgebende und nicht mehr überbietbare Offenbarung dessen, was im Menschenleben zählt, begriffen werden.

Erst wenn auf diese Weise der Blick auf das Glaubensfundament geöffnet und existentiell erschlossen ist, kann (sofern das die gerade in Arbeit befindliche Unterrichtsreihe zuläßt) dann nachträglich auch auf die christliche Sexualethik reflektiert werden; diese ist dann nicht mehr eine bloß blind hinzunehmende Norm, sondern kann daraufhin befragt werden, wie sie mit dem neu sichtbar gewordenen Glaubensfundament zusammenhängt, in welcher Nähe oder Ferne sie zu diesem Fundament steht und wie die Norm in einer gegebenen konkreten Situation vielleicht modifiziert werden muß, nicht mit dem vordergründigen Ziel, es den einzelnen „ein bißchen leichter zu machen“, sondern um *in* der gegebenen Situation eine noch engere und deutlicher greifbare Beziehung zu diesem einen und alles tragenden Fundament der christlichen Überlieferung herzustellen.

Je mehr diese Einbeziehung des Glaubensfundamts in eine Lebenssituation „von unten her“, also durch die Schüler geschieht, desto besser ist es. Wenn Lehrer und Schüler in diesem Prozeß einer situativ-existentiellen Konzentration des Glaubens eingeübt sind, gelingt dies öfter und leichter. In den Tagen der Entführung des Arbeitgeberpräsidenten Martin Schleyer durch deutsche Terroristen, eine Situation, die als existentiell angehend nicht nur im Religionsunterricht sondern auch in theologischen Seminaren angesprochen wurde, brachte einer von jenen Studenten, die als Tutoren an dem in Kapitel 2.2. dieses Hauptteils beschriebenen katechetischen Lernprozeß im

Priesterseminar in Essen-Werden mitgearbeitet hatten und dadurch eingeübt und sensibilisiert waren für solche „Totaleinblicke" in den christlichen Glauben, eines Tages einen Abschnitt aus der Zeitschrift „Pardon", den er als offenbar *ungewolltes* aber ebenso offenbar dennoch *wirkliches* situativ-existentielles christliches Glaubensbekenntnis des kommunistischen Liedersängers Wolf Biermann zur Situation der Schleyer-Entführung vorlegte[140]. Die Notiz lautete:

> Ich war wie verrückt, als ich plötzlich diesen Menschen Schleyer in den Zeitungen abgedruckt sah. Plötzlich sah ich ein Menschenantlitz, wo ich gewohnt war, in politischen Kategorien zu denken. Plötzlich war aus diesem symbolischen Kapitalistenkopf mit Specknacken, verfetteten Augen und Schmissen im Gesicht ein Mensch geworden, der einem Jesus Christus, dem Gekreuzigten, ähnlicher sah als den Wechslern, die er aus dem Tempel vertrieb".

Es ist in der Notiz sprachlich gut zu erkennen, wie dem kommunistischen Liedersänger das Bekenntnis, er habe im Gesicht Schleyers den gekreuzigten Christus erkannt, gleichsam wider Willen, von einer tieferen, vielleicht sonst verdrängten Schicht seiner Persönlichkeit abgerungen wird: Er versucht sich an dem „symbolischen Kapitalistenkopf" („Fettnacken", „verfetteten Augen" usw.) festzuklammern, kommt jedoch nicht umhin zu sagen, daß eben dieses Gesicht nichts mehr mit dem zu tun hat, wofür Biermann es bisher „verwendet" hatte: aus ihm spricht vielmehr plötzlich ein sinngebender und rettender Daseinsgrund („Jesus Christus"). Die Sätze bieten auf diese Weise tatsächlich einen zwar knappen, aber echten situativ-existentiellen Totaleinblick in das Fundament christlichen Glaubens: der gekreuzigte Jesus erscheint aufrüttelnd und erstarrte Positionen aufbrechend, die bisherigen Gewichte und Denkgewohnheiten verschiebend („Ich war wie verrückt"), im Antlitz des geschundenen Menschen; er schafft dadurch eine Situation, in der die klassenkämpferische Zweiteilung der Menschen in „Kapitalisten" („Wechsler") und gute Menschen aufgehoben ist und alle gleichermaßen und völlig gleichgestellt vor das „letzte Gericht", nämlich vor den Richterstuhl

[140] Zeitschrift „Pardon", Heft 3/1978, S. 10.

des im leidenden Menschen aufscheinenden Gekreuzigten gestellt sind: „Was ihr dem geringsten meiner Brüder getan habt, das habt ihr mir getan“ (Mt. 25,40). Ich glaube, daß grundsätzlich nicht nur Studenten, sondern nach entsprechender Einübung auch Schüler solche Beiträge in den Unterricht einbringen können.

In den meisten Unterrichtsprojekten wird freilich der Lehrer die Aufgabe übernehmen müssen, durch ein persönliches und situativ formuliertes Bekenntnis das christliche Glaubensfundament mit der vorgestellten und zur Sinndimension verdichteten Situation zu vermitteln und dadurch die Schüler zur Auseinandersetzung anzuregen. Auch dazu ein Beispiel: Im 9. Schuljahr einer Realschule behandelte der Lehrer das Thema „Einsamkeit“. Auf Tapeten und in Collagen trugen die Schüler in Gruppenarbeit Situationen zusammen, in denen sie sich selbst einsam fühlen oder einsam gefühlt hatten (Da stand z.B.: „In der Klasse fühle ich mich einsam“ – „wenn mich ein Lehrer anbrüllt“ – „als meine Eltern sich scheiden ließen“ – „wenn meine Mutter arbeiten ist und ich allein zu Hause bin“ usw.). Die Situation wurde dann vertieft durch den Kurzfilm „Ich war im Gefängnis“, der einen Jugendlichen zeigt, wie er in seinem Zimmer wie in einem Gefängnis lebt und kein Anruf von außen mehr (Anruf einer früheren Freundin, Einladung eines Zimmernachbarn) wirklich bis zu seinem Selbst hindurchdringt. Die Schüler identifizierten sich mit dem Jugendlichen und schrieben Briefe an ihn, in denen sie ihm gute Ratschläge gaben und ihm oft überraschend spontan und intensiv ihre eigene Freundschaft anboten.

Der Lehrer, der die Briefe zu Hause auswertete, übernahm zunächst die Rolle des im Film gezeigten Jugendlichen und antwortete auf die verschiedenen Briefe, indem er einen allgemeinen Antwortbrief verfaßte, worin sich der Jugendliche zwar für die guten Ratschläge und Angebote bedankt, aber zu erkennen gibt, daß er schon zu viele Enttäuschungen erlitten habe und keine Hoffnung mehr besitze, daß ein Kontakt zu einem anderen Menschen noch wirklich glücken könne. Er fragt in dem Brief die Schüler, die ihm „so nett“ geschrieben hatten, woher sie denn diese (in seinen Augen „dreiste“) Hoffnung und Zuversicht nähmen.

Wieder antworteten die Schüler in den Briefen, die nun aber eine Art Grundüberzeugung, eine Art „Lebensformel“, ein „Bekenntnis“ zu ihren tragenden Lebensmotivationen beinhalteten. Dabei hat jedoch in der beschriebenen Fallstudie keiner von den 26 Schülern der Klasse Gott, Jesus oder den christlichen Glauben als Grund seiner Hoffnung und seines Engagements für den einsamen Jugendlichen angegeben. Die meisten schrieben, sie empfänden es „einfach als ihre Pflicht", jemandem zu helfen, der so einsam ist wie er, der Jugendliche, in dem Film. Diese Verpflichtung trat als ein Letztes, nicht mehr Hinterfragbares, ‚Absolutes', in Erscheinung. Gewiß konnte man einige dieser Briefe als „Kurzformeln eines ‚anonymen christlichen Glaubens'" bezeichnen. In der hier angestrebten Vermittlung von Lebenssituation und christlicher Glaubensüberlieferung geht es aber gerade darum, diese anonyme christliche Lebenshaltung zur Erkenntnis ihrer selbst und damit zur möglichen Auseinandersetzung zu befreien.

Dazu bietet das vorgeschlagene didaktische Prinzip der situativ-existentiellen Konzentration des Glaubens dem *Lehrer* hier immer noch eine sprachlich „saubere" Möglichkeit. Er braucht nicht in einem mehr oder weniger stark gelenkten Unterrichtsgespräch den Schülern die Erkenntnis von der Christlichkeit ihrer Lebenshaltung gleichsam „aus der Nase zu ziehen" (was eine freie Auseinandersetzung nicht möglich gemacht und bei den Schülern deshalb überwiegend eine Abwehr bewirkt hätte), sondern er konnte sich nun selbst in die Reihe der Schüler stellen und *seinen* Brief an den einsamen Jugendlichen schreiben, in dem er sein eigenes christliches Glaubensfundament situativ und im direkten Kontext der Schülergespräche zu formulieren versuchte: Das Gesicht des einsamen Jugendlichen (das bewußt der Film nie direkt gezeigt hatte und das deshalb für Assoziationen und Identifikationen großen Spielraum ließ) spiegelte für ihn, den gläubigen Lehrer, das Antlitz dessen wider, der von seinem Volk verstoßen und von den Freunden verlassen am Kreuzesgalgen verblutete und der *als solcher,* als Gekreuzigter, den tragenden und sinngebenden Lebensgrund des Menschen zur Erscheinung brachte. Die Schüler erarbeiteten dann abschließend in Gruppen eine Stellungnahme zu dem Brief des Lehres, wobei einige sich mit dem Inhalt des Briefes identifizieren konnten (also aus dem anonymen in ein explizites Christentum heraustraten), während andere den Brief zu „fromm" fanden (eine Gruppe schreibt: „Er könnte von einem

Pastor sein") und die Lebenssituation Einsamkeit „ohne diesen Jesus" besser glaubten bewältigen zu können. Aber sofern der Lehrer in seinem Brief wirklich *authentisch* sprach (so wie die Schüler ihn sonst aus dem Umgang kannten), ist in diesem Lernprozeß das Fundament des christlichen Glaubens auf eine situativ-existentielle Weise, in einer situativ-existentiellen Konzentration, in das Gespräch gebracht und ohne sprachlichen und gedanklichen Bruch mit der Situation vermittelt worden.

In den meisten Fällen aber wird der Lehrer doch nicht wie hier mit seinem expliziten christlichen Bekenntnis völlig allein dastehen, sondern sich mit einer Reihe von Schülern identifizieren und deren Bekenntnis theologisch vertiefen können. Dies kam beispielhaft in einem fachübergreifenden Unterrichtsprojekt an einer Hauptschule zum Thema „Judenverfolgung unter dem Nationalsozialismus" zum Ausdruck. Der Lehrer unterrichtete auch in Deutsch und Geschichte in der Klasse. Es handelte sich in dem Projekt um eine Art „Gelegenheitsunterricht", bei dem die hier vorgeschlagene Verknüpfungsmethode der situativ-existentiellen Konzentration des Glaubens stets gut eingesetzt werden kann. Die im Februar 1979 in Deutschland gesendete dreiteilige Fernsehserie „Holocaust", in der die Geschichte einer jüdischen Familie im Dritten Reich erzählt wird, ließ das Thema „Judenverfolgung in Deutschland" aus einem bloß historischen Phänomen für viele zu einer existentiellen Frage werden. Die Schüler wurden vom Lehrer aufgefordert, sich alle zu Hause die Sendung anzusehen. Dann wurde der Film zuerst unter historischen Gesichtspunkten besprochen.

Die Vertiefung der Situation in die religiöse Dimension hinein erfolgt durch einen literarischen Impuls: Der Lehrer erzählte zuerst den Inhalt des Romans „Der Verdacht" vom Friedrich Dürrenmatt. Dieser handelt von einem ehemaligen KZ-Arzt, der in einem Vernichtungslager, um seinen Sadismus zu befriedigen, an Juden Vivisektionen durchgeführt hatte und nun von dem Kriminalkommissar Bärlach verfolgt wird. Dabei gerät Bärlach in eine als Klinik getarnte Folterwerkstatt, in welcher der Arzt seine grausamen Verbrechen nun an anderen Menschen verübt. Auch Bärlach soll unter seinem Operationsmesser sterben. Vorher aber legt der unmenschliche Arzt eine Art „teuflisches Glaubensbekenntnis" ab; er glaube, sagt er, nicht wie die Christen an drei, sondern nur an zwei Größen, die *auch* eins seien: an die Materie und an sein Ich, seine Freiheit, die er als „Mut zum Verbrechen" definiert und die in der Ausführung seiner Verbrechen an den ohnehin nur als Zufallsprodukt zu betrachtenden Menschen ihre höchste Vervollkommnung erreicht. Dieses „Credo" des KZ-Arztes legte der Lehrer seinen Schülern vor (S. 109/110 d. Romans), erklärte die etwas schwierige Sprache, erörterte die einzelnen Punkte des Bekenntnisses, bis allen die Ungeheuerlichkeit eines solchen Lebenskonzepts aufging.

Darauf forderte der Lehrer die Schüler auf, ihr eigenes Lebensbekenntnis dem des KZ-Arztes gegenüberzustellen. In diesen ihren Bekenntnissen wiesen die Schüler engagiert die Ansicht des Arztes zurück, der Mensch sei ein vollkommen austauschbares, rein zufällig entstandenes und unwesentliches Stück Materie, „wie der Schaum auf den Wellen des Meeres". Sie bekannten sich zur Einmaligkeit, zur Nicht-Austauschbarkeit, zum absoluten Wert eines jeden menschlichen Lebens. Viele begründeten dies ausdrücklich mit dem Glauben, daß der Mensch nicht ein Produkt des Zufalls, sondern das Geschöpf eines persönlich zu denkenden, gütigen Gottes ist: „Ich glaube an Gott, denn er ist meiner Ansicht nach der, der alles geschaffen hat, somit auch mich", schreibt ein Junge; und ein Mädchen führt den Gedanken noch weiter aus: „Ich glaube an Gott, daß er die Menschen erschaffen hat, die Pflanzen und Tiere und alles, was es auf der Welt gibt, und ich glaube, daß es auch kein Zufall ist, daß es das gibt, wo wir drauf leben. Mir ist der Mensch deshalb nicht gleichgültig ...", oder: „Für mich gibt es einen Gott, der nur für das Gute verantwortlich ist, z. B. für die Freude, die Freundschaft und das Glück ..., er ist überall, wo einer verzweifelt ist, traurig oder Sehnsucht hat, er ist auch da, wo Freude und Glück ist ... Er hilft einem, sich eine schöne Welt aufzubauen, eine Welt, die nur einem selbst gehört, er läßt mich träumen, er schenkt mir Phantasie ... Er ist ein Gott, der für die Freude, die Freundschaft und das Glück kämpft ..."

Beim Austausch dieser Bekenntnisse wurde der Lehrer von den Schülern aufgefordert, nun auch *sein* Credo, sein Bekenntnis, dem des Arztes gegenüberzustellen. Dies ist ein wichtiges Element in der religionsunterrichtlichen Anwendung des Prinzips der situativ-existentiellen Konzentration des Glaubens. Denn jetzt kann der Lehrer seinen Glauben einbringen, ohne ihn von außen her oder von oben herab dozieren zu müssen. Er hat dabei die Aufgabe, aus seinem größeren und tieferen Glaubensverständnis heraus sich an die Seite der gläubigen Schüler zu stellen, ihre Bekenntniselemente, die ja auch in seinem Glauben enthalten sind, aufzugreifen und auf das eine und einende Fundament des christlichen Glaubens hin zu vertiefen und zu öffnen, damit die Bekenntnisse jene „christologische Struktur“ bekommen, in der Karl Rahner vom Inhaltlichen her ein notwendiges Kriterium für eine geglückte ‚Kurzformel des Glaubens‘ sieht (vgl. vorne die Anm. 89).

Sehr wichtig ist dabei, daß der Lehrer sich nicht nur inhaltlich, sondern auch *sprachlich* an die von den Schülern gegebenen Formulierungen anlehnt und sie in der Sprache der Schüler sprechend weiterführt und vertieft. Die Fähigkeit, adressatenbezogen, also schülernah und doch *authentisch* (so daß der Schüler merkt, hier spricht unverwechselbar Herr X. Y. aus seiner eigenen Überzeugung heraus), von theologischen Inhalten zu sprechen, ist die Grundfähigkeit, die ein Religionslehrer in seiner Ausbildung erwerben müßte. Diese schülernahe und doch eigenständig-persönliche Konzeption und Formulierung seines Beitrags ist z. B. in unserem Falle wichtiger als möglichst viele bedeutsame Theologoumina anzusprechen. Theologisch ist nur das eine gefordert, daß ein echter, richtiger („orthodoxer“) Zugang zu jenem Fundament des Glaubens erschlossen wird, von dem die Konzilserklärung über die „Hierarchie der Wahrheiten“ spricht.

Das nach diesen Kriterien meiner Ansicht nach gelungene Bekenntnis des Lehrers vor einer ziemlich durchschnittlichen, dem christlichen Glauben gegenüber sonst ziemlich gleichgültig eingestellten 9. Hauptschulklasse lautete:

> „Für mich ist Gott kein Fabelwesen, das über den Wolken thront mit der Aufgabe, mein Tun argwöhnisch zu überwachen und Minuspunkte in eine Liste einzutragen. Diesen Gott gibt es nicht. Deshalb hat ihn noch kein Astronaut gesehen. Gott ist auch nicht der, der Eltern hilft, einem einen Schrecken einzujagen, wenn man sich anders verhalten hat, als sie erwarteten.
>
> Ich glaube an den Gott, von dem der Jesus aus Nazareth spricht, den er als seinen und unseren Vater bezeichnet. Er ist ein Gott, der sich in mir und

meinen Mitmenschen zeigt, sei es in der Liebe, die ich erfahre oder die ich weitergebe. Ein Gott, der meinem Handeln einen Sinn gibt, der mir sagt, daß nicht alles aus ist, wenn ich sterbe. Deshalb gibt er mir Trost, wenn nichts mehr funktioniert, wenn meine Freunde weg sind und ich das Gefühl habe, keiner mag mich".

Der Lehrer, von dem ich berichte, erzählte mir, daß in der sonst sehr unruhigen Klasse eine Totenstille herrschte, als er in freier mündlicher Rede dieses sein Bekenntnis vorlegte.

Alle bisher angeführten Beispiele stammen aus der Sekundarstufe. Dies ist kein Zufall. Denn um ein persönliches Bekenntnis von den eigenen Grundüberzeugungen des Lebens abgeben zu können, bedarf es, auch wenn dieses Bekenntnis noch so schlicht und einfach ist, einer gewissen „Mündigkeit" und Selbständigkeit. Der Jugendliche gewinnt diese durch die in verschiedenen Schritten vor sich gehende Ablösung von den Eltern. Es ist dabei nicht möglich, genau anzugeben, welcher Grad von Mündigkeit und Selbständigkeit erreicht sein muß, damit ein Schüler zu einem persönlichen Glaubensbekenntnis (ausdrücklich christlicher Art oder nicht) fähig ist; im allgemeinen dürfte diese Fähigkeit im Alter von 14 Jahren, in welchem der Jugendliche auch nach staatlichem Recht als religionsmündig gilt, erreicht sein.

Im Grundschulalter aber ist sie sicher noch nicht gegeben. Dennoch können auch dort erste Schritte nach dem Prinzip der situativ-existentiellen Konzentration des Glaubens gegangen werden. Der Lernprozeß führt eben hier die Lerngruppe nicht zu einer Auseinandersetzung mit den in einem persönlichen Bekenntnis offengelegten Fundament des christlichen Glaubens, sondern geht nur ein je nach Alter und Lernfähigkeit der Gruppe größeres oder kleineres Stück des *Weges* zu diesem Ziel. Solche kleinen und wenigen Schritte auf diesem Wege zu gehen, ist durchaus sinnvoll, weil das Entscheidende an der situativ-existentiellen Konzentration des Glaubens, wie im ersten grundsätzlichen Abschnitt dieses Kapitels (Pkt. 2.1.) ausgeführt, nicht so sehr das fertige *Produkt,* als vielmehr der *Prozeß* ist, der sich im jungen Menschen auf dem Wege zu diesem Bekenntnis abspielt. Denn jedes „Produkt", jede „Kurzformel des Glaubens", gilt ja nur für eine bestimmte Lebenssituation und eine bestimmte Lebensphase und ist deshalb *notwendig* stets zu *überholen,* von jeder

Lebenssituation und Lebensphase aus immer wieder *neu* zu gewinnen. Dieser für den Glauben in einer weltanschaulich pluralen Gesellschaft charakteristische Prozeß beginnt mit den Fragen der vier- bis fünfjährigen Kinder nach dem „Ort", wo die verstorbene Großmutter nun lebt und endet mit jenem „Totaleinblick" in den tragenden Daseinsgrund und Lebenssinn, den nach christlicher Überzeugung erst das Sterben abschließend und endgültig gewährt.
Die entscheidende Aufgabe der religiösen Erziehung in einer weltanschaulich pluralen Gesellschaft – eine Aufgabe, die gar nicht früh genug in Angriff genommen werden kann – besteht deshalb darin, Kinder und junge Menschen auf diesen Weg zu führen, ihnen immer wieder und immer neu mögliche Einstiege zu eröffnen und ein kleineres oder größeres Stück weit mit ihnen zu gehen. Diese Aufgabe wird grundsätzlich immer dadurch geleistet, daß ich entweder Überlieferung in die vorgegebene Situation hineinerzähle (Kap. 1 dieses Hauptteils) oder aus der Situation heraus auf die Überlieferung blicke, um mich an ihr zu orientieren (Kap. 2 dieses Hauptteils). Diese letztgenannte Möglichkeit, um die es in diesem Abschnitt geht, ist dem Prinzip nach auch schon dort angebahnt und ein Stück weit verwirklicht, wo Kinder dafür sensibilisiert werden, daß hinter dem vordergründig Feststellbaren und Handhabbaren noch etwas anderes liegt, das man nicht so leicht greifen und ansehen kann, das aber für den Menschen und seine Welt wichtig, ja sinngebend ist[141]. Diese „Sensibilisierung" für die religiöse Wirklichkeitsdimension setzt z.B. dort ein, wo Kinder über die Vielfalt der Herbstblätter, über das Wachsen einer Bohne oder über die Tatsache des eigenen Pulsschlages zu staunen beginnen[142]. Sie setzt sich fort, wo die Umwelt

[141] Vgl. die Definition des Ziels einer religiösen Erziehung in der säkularisierten, weltanschaulich pluralen Gesellschaft, die A. Exeler gegeben hat: „... Sensibilisierung für das, was hinter dem vordergründig Feststellbaren und Handhabbaren liegt und was für den Menschen und seine Welt sinngebend ist; und Anleitung zu gemäßen Ausdrucksformen für die Beziehung des Menschen zum sinngebenden Grund seines Daseins" (Religiöse Erziehung in einer säkularisierten Gesellschaft; a.a.O., S. 717; vgl. Anm. 33, erster Hauptteil)

[142] Vgl. dazu die Unterrichtsbeispiele und Reflexionen in dem Band G. Baudler (Hg.), Religionsunterricht im Primarbereich, a.a.O., S. 171–192 unter dem Stichwort „Staunen erwecken".

des Kindes in einer sprachlich verdichteten Form vor die Augen kommt und dadurch die Frage nach dem Woher und Wohin und nach dem „Sinn des Ganzen“ provoziert wird[143]; sie kann ansetzen bei Situationen, in denen sich das auch noch in der säkularisierten Gesellschaft vorhandene religiöse Brauchtum oder andere religiöse Lebensformen ausprägen (z. B. beim Nikolausbesuch[144], zu Weihnachten, in Kirchen und Moscheen usw.) oder einfach in der Schulklasse selbst gegebene Situationen aufgreifen und durch bestimmte Impulse (Bilder, Collagen, Rollenspiele) auf die religiöse Wirklichkeitsdimension hin vertiefen[145].

An diesen sehr verschiedenartigen und vielfältigen Situationen kann auch schon in der Grundschule ein Lernprozeß ansetzen, der Schülern auf der Basis und im Vorverständnis christlicher Tradition eine Sensibilität für den sinngebenden Daseinsgrund vermittelt und sie Schritt für Schritt zum sprachlichen Umgang mit ihm und dadurch auch zum sinnvollen Umgang mit religiöser, speziell auch christlicher Überlieferung befähigt. Dabei erfolgt in den oben genannten Beispielen immer auch ein kleinerer oder größerer, stärker zentral oder mehr peripher ansetzender Ausblick auf die christliche Glaubensüberlieferung, wenn sich auch freilich dieser nicht zu einem persönlichen und existentiellen Bekenntnis verdichtet, sofern Grundschüler noch nicht in der Lage sind, sich mit einem solchen Bekenntnis (auch wenn es nur der Lehrer geben würde) in freier Weise auseinanderzusetzen.

Wichtig ist dabei, daß auch bei diesen schon in der Grundschule möglichen Ausblicken auf den christlichen Glauben die eingangs dargestellten Kriterien der situativ-existentiellen Konzentration des Glaubens Berücksichtigung finden. Der Christliche Glaube darf auch hier nicht „objektiv-neutral“, formuliert sein, sondern muß als die

143 Vgl. dazu das Unterrichtsbeispiel ebenda S. 143–149 unter dem Stichwort „Einbeziehung der Wirklichkeit in eine dichterisch-prälogische Sprachdynamik“.

144 Vgl. dazu das Unterrichtsbeispiel ebenda S. 164–170 unter dem Stichwort „Erschließen (profanisierter) religiöser Tradition aus der Erfahrungswelt der Kinder“.

145 Vgl. dazu das Unterrichtsbeispiel ebenda S. 116–130 unter dem Stichwort „Deuten und Erhellen religiös relevanter Lebenssituationen“.

persönliche Glaubensüberzeugung des Lehrers (und evtl. einiger religiös geprägter Schüler) artikuliert sein; er darf nicht kurzschlüssig als „Problemlösung“ auf eine Situation aufgesetzt werden. Auch wenn, wie in dem oben angeführten Beispiel vom Pulsschlag[146] nur ein einzelnes Element des christlichen Glaubensfundamentes angesprochen ist (hier z. B. der Schöpfungsgedanke), darf dieses Element nicht als Einzelauskunft auf eine bestimmte Fragesituation eingebracht werden, sondern muß eine Art „Fenster“ bilden, das den Blick auf das christologische Glaubensfundament wenigstens grundsätzlich freigibt. Wenn diese Kriterien erfüllt sind, dann verläuft auch hier der Lernprozeß nach den Grundlinien, die das didaktische Prinzip der situativ-existentiellen Konzentration des Glaubens weist. Er hilft dann entscheidend mit, daß sich dieser Prozeß später, nach der religiösen Mündigwerdung des Schülers, innerhalb bestimmter, lebensphasen-spezifischer Situationen voll entfalten kann und den Jugendlichen auf einen Weg bringt, auf dem er lebenslang und in jeder Lebensphase neu ansetzend die Verbindung zum christlichen Glauben suchen kann, um die Sinndimensionen seines Lebens zu bewältigen und diese möglicherweise in katechetischen Lernprozessen als den biblischen Gott zu identifizieren.

2.4. *Die situativ-existentielle Konzentration des Glaubens und das religionspädagogische Modell der mehrdimensionalen Wirklichkeit (x-y-z).*

Die Beziehung zwischen dem Prinzip der situativ-existentiellen Konzentration des Glaubens und dem religionspädagogischen Modell der mehrdimensionalen Wirklichkeit ist offenkundig. In beiden didaktischen Prinzipien geht es darum, den Glauben nicht als „Überbau“ und „Sonderwelt“, sondern als eine, wenn auch charakteristische und absolut eigenartige Dimension und Sichtweise der einen Wirklichkeit, in der wir leben, zu begreifen und ihn dadurch neu in

[146] Vgl. das in Kap. 1.3.2. des ersten Hauptteils beschriebene Unterrichtsbeispiel vom Pulsschlag.

diese Lebenswirklichkeit zu integrieren. In weltanschaulich pluralen Lerngruppen (z. B. im Religionsunterricht) erfolgt dies mit dem Ziel, die ganzheitliche, „religiöse“ Wirklichkeitsdimension auf der Basis christlicher Überlieferung zu erschließen und dadurch zur immer neuen (katechetischen) Aneignung und Assimilation dieser Überlieferung anzuregen und einzuladen; in weltanschaulich homogenen Lerngruppen, in der sich die Teilnehmer treffen, um Lebensorientierung und Lebenssinn im christlichen Glauben zu suchen (Gemeindekatechese), ist es das Ziel der Integration des Glaubens in die Lebenswirklichkeit, in gemeinsamer Suche den im engagierten gruppendynamischen Austausch offengelegten Daseinsgrund des eigenen Lebens als den Gott Israels und den Gott und Vater Jesu, geoffenbart im Gekreuzigten, zu identifizieren und dadurch aus der Überlieferung befreiende und Halt gebende Impulse und Orientierungen in einer bestimmten Lebensphase und Lebenssituation zu finden.

Die genauere Differenzierung und Korrelation dieser beiden Lernprozesse im Hinblick auf das Modell der mehrdimensionalen Wirklichkeit ist in Kapitel 2.2. des ersten Hauptteils näher erläutert. Hier kann es nur noch darum gehen, aufzuzeigen, daß das dort erörterte Verhältnis der beiden Lernprozesse zueinander auch für die hier (in den beiden vorausgegangenen Kapiteln) gegebenen Beispiele zutrifft und daraus einige weiterführende allgemeine Einsichten für die Planung und Strukturierung der Lernprozesse zu gewinnen.

Für die in Kapitel 2.2. dieses Hauptteils als Beispiel gewählte *katechetische* situativ-existentielle Konzentration des Glaubens ist, bezogen auf das Modell der mehrdimensionalen Wirklichkeit, folgende Struktur auszumachen: Die Teilnehmer des Lernprozesses waren Studenten, die sich für den Beruf eines Religionslehres an Grund- und Hauptschulen ausbildeten und dem Lebensalter des jungen Erwachsenen (23–30 Jahre) angehörten; außer der beruflichen Situation brachten sie deshalb auch alle ähnlich gelagerte Probleme und Lebenssituationen mit in den Kreis (Probleme, die meist um das Gelingen oder Mißlingen von Partnerschaft kreisten), wobei viele von ihnen ein gutes Stück Lebenserfahrung mitbrachten, weil sie über den zweiten Bildungsweg an die Pädagogische Hochschule gekommen waren (einige waren verheiratet, eine geschieden). Dies

war die Ausgangslage, in der sich die Gruppe versammelte. Sie lag offen, jedem bekannt vor Augen als ein Stück jener Alltagswelt, die „empirisch", stückhaft auseinandergereiht, flächenhaft daliegt und vom einzelnen täglich durchschritten werden muß: nach unserem Modell war dies die x-hafte Ausgangssituation des Lernprozesses.
Jedem der Teilnehmer der Gruppe war jedoch bewußt, daß die Elemente dieser „empirischen" Ausgangssituation sich nicht dadurch erschöpfend und befriedigend bewältigen ließen, daß sie gesammelt, in bestimmte Kategorien eingeordnet und in einer zu erlernenden Technik angegangen werden. Allen war vielmehr klar, daß etwa die Aufgabe, später Religionsunterricht zu erteilen oder Partnerschaft zu leben in jene Tiefendimension des menschlichen Lebens hinabreicht, in der sich der Sinn oder Unsinn eines Lebens entscheidet und daß deshalb die Suche und Identifikation eines Sinngrundes dieser Alltagswirklichkeit die *erste* und *letzte* Voraussetzung dafür war, Situationen dieser Art wirklich bewältigen zu können. Die religiöse Dimension, die y-hafte Sichtweise der Wirklichkeit war als das zu betretende Arbeitsfeld allen von Anfang an bewußt, auch wenn diese Dimension anfangs nicht aktuell in der Gruppe gegeben war.
Es bleibt als typisch für die *katechetische* situativ-existentielle Konzentration des Glaubens festzuhalten: Die Ausgangssituation (x) wurde nicht von irgendwo draußen hereingeholt, vorgestellt und erläutert, sie war vielmehr mit den sich versammelnden Menschen gegeben, war in ihnen und ihrer beruflichen wie privaten Lebenssituation verkörpert. Die Erschließung und Aktualisierung der Tiefendimension dieser Situation (y) erfolgte in dieser Lage nicht durch Impulse, die primär auf eine inhaltlich-thematisch bestimmte Situation bezogen sind und diese als solche vertiefen, sondern durch Impulse, die zu allererst den gruppendynamischen Austausch in der Lerngruppe fördern und dann allenfalls sekundär auch noch direkt oder indirekt ein gegebenes Thema ansprechen und vertiefen. Durch diesen Austausch entsteht ein Beziehungsgeflecht zwischen den Personen, in welchem die Ausgangssituation (x) aufgehoben und ausgedrückt ist und das, indem es *die Situation* in die Beziehungen einflicht, bei genügender Dichte unmittelbar die *Tiefendimension* dieser in Beziehungen verwobenen Situation aufscheinen läßt. Der

Lernprozeß gewinnt hier seine entscheidenden und vorwärtsdrängenden Impulse aus der Beziehungsebene.
Dies gilt besonders auch für das Vordringen in die Welt des überlieferten Glaubens (z). Diese Wirklichkeitsdimension ist ebenso wie die y-Dimension schon grundsätzlich für jeden der Teilnehmer als mögliche und hilfreiche Sichtweise der Wirklichkeit vorgegeben; es kommt jetzt darauf an, sie für die gegebene Situation neu anzueignen. Dabei ist wiederum der Austausch zwischen den Mitgliedern der Gruppe, also das Beziehungsgeflecht, der entscheidende Impuls: Indem jeder Teilnehmer versucht, entsprechend seiner individuell noch einmal verschiedenen Ausgangssituation das Glaubensfundament, so wie er es sieht, zu artikulieren und mit den anderen auszutauschen, formt sich ein gemeinsamer „Totaleinblick" in das eine und einende Zentrum der christlichen Botschaft. Zusammen mit der Ausgangssituation und im Dialog mit ihr leuchtet in diesem Austausch der Gruppenmitglieder auf, was es, auf die gegenwärtige Situation bezogen, bedeutet, wenn der gekreuzigte Jesus als Retter und „Christus" angerufen und gepriesen wird. Dementsprechend entsteht Einheit (Gemeinde), die in Liturgie und Feier ihren Ausdruck findet: Der Lernprozeß findet in der z-Dimension seinen für alle gemeinsamen Höhepunkt und Abschluß.
Anders in der *weltanschaulich-pluralen* Lerngruppe. Nehmen wir (als vielleicht am meisten typisch) das Beispiel vom fächerübergreifenden Unterrichtsprojekt zur Fernsehserie „Holocaust" in der neunten Hauptschulklasse (vgl. oben Kapitel 2.3.): Zunächst einmal sind die Menschen hier nicht zusammengekommen, um sich über die Fragen und Probleme der Judenverfolgung in der Nazi-Zeit auszutauschen und diese Vergangenheit ihrer Eltern und Großeltern zu bewältigen; vielmehr kommen sie zusammen, um einen Schulabschluß zu erreichen und nachher zu einer Berufsausbildung zu finden. Durch den Fernsehfilm und durch die ergänzenden geschichtlichen Materialien, die der Lehrer in den Unterricht einbrachte, wurde die historisch und „empirisch" zu dokumentierende Situation „Judenverfolgung im Dritten Reich" *vorgestellt,* in den Unterricht, in das Klassenzimmer hereingeholt (x-Dimension). Der Impuls, der diese historisch dokumentierte Situation auf die religiöse Dimension hin vertiefte, konnte hier nicht bloß darin bestehen, die Gesprächsteilnehmer zu einem

möglichst intensiven gruppendynamischen Austausch anzuregen. Wohl könnten dadurch vielleicht existentielle Haltungen der Gesprächsteilnehmer aufgedeckt werden, die aber sehr bald nur noch ganz peripher mit der Situation „Judenverfolgung" zu tun haben würden, vielmehr lediglich die gegenseitige Sympathie bzw. Apathie der Gesprächsteilnehmer zum Ausdruck brächten.

Der Vertiefungsimpuls mußte deshalb hier, wo die Situation „hereingeholt" und nicht in den Gesprächsteilnehmern selbst *verkörpert* ist, primär auf die thematisch vorgestellte Ausgangssituation bezogen sein (obwohl er natürlich sekundär auch das Gespräch und den Austausch anregt). Der Impuls bestand in unserem Beispiel aus dem literarischen Text aus Friedrich Dürrenmatts Roman „Der Verdacht". In der Auseinandersetzung mit diesem Text wurde die religiöse Dimension der Situation ‚Judenverfolgung im Dritten Reich' erschlossen (y). Dabei wurde von einigen Schülern die Auseinandersetzung in einer Weise geführt, daß dadurch wichtiges Gedankengut der christlichen Überlieferung ausdrücklich ins Spiel kam (Elemente von z, vermischt mit y). Diese etwas verstreuten und in ihrem Stellenwert den Schülern oft nicht klaren Elemente aus der christlichen Überlieferung griff dann der Lehrer in seiner eigenen Antwort auf den Vertiefungsimpuls auf, fügte sie zusammen und vertiefte sie so, daß durch sie hindurch das tragende und einende Fundament des christlichen Glaubens in schülergemäßer und situationsbezogener Form mit in das Gespräch der weltanschaulich pluralen Lerngruppe hineingenommen werden konnte und jedem zur Auseinandersetzung offenstand (Auseinandersetzung mit z).

Der Lernprozeß machte allen Schülern „deutlich, daß man die Welt im Glauben sehen und von daher seine Verantwortung in ihr begründen kann ... Dem gläubigen Schüler half er, sich bewußter für diesen Glauben zu entscheiden und damit der Gefahr religiöser Unreife oder Gleichgültigkeit zu entgehen. Dem suchenden oder im Glauben angefochteten Schüler bot er die Möglichkeit, die Antworten der Kirche auf seine Fragen kennenzulernen und sich mit ihnen auseinanderzusetzen ... Dem sich als ungläubig betrachtenden Schüler wurde Gelegenheit gegeben, durch die Auseinandersetzung mit der Gegenposition den eigenen Standort klarer zu erkennen oder auch zu revi-

dieren“[147]. Der Religionsunterricht geht also aus von einer weitgehend unbewußten und unstrukturierten Pluralität in der x-Dimension und geht den Weg über eine gewisse Gemeinsamkeit in der y-Dimension (alle, Gläubige wie Ungläubige stehen gleichermaßen fragend vor dem sinngebenden Daseinsgrund), um von da zu einer neuen Pluralität in der z-Dimension zu kommen, die aber jetzt im Vergleich zur Ausgangssituation bewußter, deutlicher, stärker konturiert und strukturiert gegeben ist.
Demgegenüber geht die Katechese in der x-Dimension von einer noch weitgehend unstrukturierten Einheit aus: Jeder bringt seine lebensphasenspezifisch gleiche, aber individuell gefärbte Situation mit und sucht für diese Halt, Sinn und Lebensorientierung in der christlichen Überlieferung. Durch einen gruppendynamischen Austausch vertieft dann der Lernprozeß dieses Geflecht von lebensphasenspezifisch gleichen Lebenssituationen zur y-Dimension, in der sich hier die je verschiedenen lebensgeschichtlich geprägten Grundhaltungen weitgehend verschiedenartig, ja zum Teil konträr gegenüberstehen. Aus dieser Pluralität in der y-Dimension heraus, die durch ein starkes Beziehungsgeflecht gehalten und geeint ist, sucht im weiteren Verlauf die Lerngruppe eine neue Einheit durch einen zwar von verschiedenene Standpunkten aus erfolgenden, aber doch auf das gleiche Situationsgeflecht bezogenen „Totaleinblick“ in das einende Fundament des christlichen Glaubens; dadurch steht am Ende des Lernprozesses der noch weitgehend diffusen und unstrukturierten Einheit des Anfangs eine strukturierte und konturierte, gesprächs- und austauschfähige Einheit (Gemeinde) gegenüber. Hier zeigt sich nochmals die Verschiedenartigkeit der beiden Lernpro-

[147] Vgl. den Synodenbeschluß „Der Religionsunterricht an der Schule“, a.a.O., Pkt. 2.5.1., S. 65; es handelt sich hier um eine zentrale Stelle zur Zielsetzung des Religionsunterrichts, die von der Synode aus der Erklärung der Deutschen Bischofskonferenz vom 22./23. 11. 1972 zum Religionsunterricht übernommen wurde. Es ist in diesem zentralen Passus sehr deutlich, wie Bischöfe und Synode entsprechend der weltanschaulich pluralen Lernsituation nicht ein einheitliches, sondern ein in sich noch einmal plurales und verschiedenartig sich auf die einzelnen Teilnehmer der Lerngruppe auswirkendes Zielspektrum als „Globalziel“ dieses Unterrichts fordern.

zesse, wie dies in Kapitel 2 (bes. in 2.2.) des ersten Hauptteils beschrieben wurde. Gleichzeitig ist auch nochmals unter anderem Gesichtspunkt die dort herausgearbeitete Korrelation beider Lernprozesse deutlich zu sehen. Die Einheit der Katechese muß zur sektenartigen Abkapselung führen, wenn sich Christen nicht *auch* in weltanschaulich pluralen Gesprächssituationen engagieren und sich dort der Auseinandersetzung mit Nicht-Christen und anders geprägten Lebensanschauungen stellen; und der christliche Glaube verliert in den Auseinandersetzungen der weltanschaulich pluralen Gesprächssituationen seinen einenden, verbindenden, Frieden und Geborgenheit stiftenden Charaker und damit seine Anziehungskraft, wenn er nicht in katechetischen Lernprozessen diese seine ihm spezifische Qualität entfalten kann.
Alle Beispiele, sowohl die aus der Gemeindekatechese wie die aus dem Religionsunterricht, wurden bisher unter dem Gesichtspunkt vorgebracht, die Struktur und spezifische Eigenart dieser beiden Lernprozesse zu erhellen und zu verdeutlichen. Alle Beipsiel sind deshalb in gewisser Weise idealtypisch (wenn auch wirklichem Geschehen nacherzählt). Von vornherein ist wohl deutlich, daß alle Beispiele nicht etwa Unterrichtsstunden bzw. einzelne katechetische Zusammenkünfte beschreiben, sondern *Projekte,* die eine Vielzahl von Unterrichtsstunden, bzw. Zusammenkünften beinhalten. Dabei sind relativ kleine und nur geringe Zeit in Anspruch nehmende Projekte gewählt worden, um den Lernprozeß übersichtlich zu haben und dadurch seine Struktur besser erhellen zu können. Es lassen sich weitaus größere Projekte denken, in denen je nach Thema, Situation und Lerngruppe einmal die Arbeit in der x-Dimension, ein andermal die in der y-Dimension oder auch die Beschäftigung mit der z-Dimension einen weitaus breiteren zeitlichen Raum einnimmt. In dem Beispiel des Projekts „Partnerschaft" aus der Unterprima eines Aachener Gymnasiums (vgl. vorne Kap. 2.3.) wurde z.B. angedeutet, daß anschließend an den situativ-existentiellen Einblick in das christliche Glaubensfundament nun noch eine Erörterung der spezifisch christlichen Sexual- und Ehemoral anschließen könnte (die hier durch die vorausgegangene situativ-existentielle Konzentration des Glaubens in der z-Dimension gehalten werden könnte). In ähnlicher Weise könnten – hier sowohl in der x- wie in der z-Dimension –

lehrgangsartige Teile, etwa über das Leben der Menschen und die politischen Verhältnisse in Palästina zur Zeit Jesu, in ein übergreifendes Projekt eingefügt werden. Dasselbe gilt für Informationen über fremde Religionen oder über die Entstehung und den Aufbau der biblischen Schriften.

Solche Lehrgänge sollten aber möglichst nicht für sich allein stehen, sondern in ein übergreifendes religiöses Lernprojekt eingeflochten sein, das insgesamt entweder durch analytisch-assoziative Übertragung oder durch situativ-existentielle Konzentration des Glaubens Überlieferung und Lebenssituation verbindet und dabei den Weg von x über y nach z zu gehen sucht. Auch sollten solche Lehrgänge nicht allzu lange ausgeweitet werden. Andernfalls besteht die Gefahr, daß der Schüler eine oft notwendige und unumgängliche Information über religiöse Sachverhalte mit jener Religion und jenem Glauben selbst, wie er ihn existentiell für sein Dasein braucht, verwechselt und dadurch die Lust und das Interesse an beidem verliert.

Schlußteil

Religiöses Lernen in der weltanschaulich pluralen Gesellschaft durch wechselseitige Verflechtung von überliefertem Glauben und gegenwärtiger Lebenssituation im Lichte des theologischen Verständnisses von Gnade und Offenbarung[1a]

Unsere Überlegungen haben ergeben, daß der Umgang mit religiöser Überlieferung in einer weltanschaulich pluralen Gesellschaft diese Überlieferung nicht mehr als in sich geschlossenes System ordnen und artikulieren und auf diese Weise weitervermitteln kann, sondern darauf angewiesen ist, die einzelnen zum Umgang anstehenden Elemente der Überlieferung je für sich so mit konkreten gegenwärtigen Lebenssituationen zu verbinden, daß unmittelbar die orientierende und dadurch befreiende Kraft dieser Überlieferung in den angesprochenen Lebenssituationen zur Geltung kommt. Im vorliegenden Schlußkapitel der Arbeit geht es nun darum, diese als notwendig aufgezeigte und in ihre Grundelemente entfaltete Didaktik der Korrelation von überliefertem Glauben und gegenwärtiger Lebenssituation aus theologischer Blickrichtung zu reflektieren. Dabei steht die heute viel erörterte Frage im Mittelpunkt, ob und wie eine solche Didaktik der Korrelation, in der biblische Überlieferung und gegenwärtige Lebenssituation als grundsätzlich gleichgeordnete Größen nebeneinander stehen und miteinander verknüpft werden, von einem genuin theologischen Denken her zu verantworten ist: Bedeutet eine solche Gleichordnung nicht, den absoluten Gnadencharakter und die Transzendenz, die Offenbarungsqualität, der biblischen Überlieferung aufzugeben? Kann und darf der gegenwärtig lebende Mensch diese Überlieferung assoziativ mit seinen Lebensproblemen und Lebenssituationen verflechten? Ist dabei die Transzendenz

[1a] Im folgenden sind die in anderer Zielrichtung entwickelten Grundgedanken meines Beitrags zur Rahner-Festschrift: H. Vorgrimler (Hg.), Wagnis Theologie, Freiburg–Basel–Wien 1979, S. 35–50, auf das Anliegen einer Korrelations-Didaktik hin entfaltet.

Gottes, der unendliche Abgrund zwischen dem Schöpfer und seinem Geschöpf, noch ernstgenommen? Kann und darf der Mensch je mehr und anderes sein als ein bloßes und möglichst leeres und offenes Gefäß, das die göttliche Offenbarung in sich aufnimmt?

Um diese wichtigen Fragen zu klären, soll in den folgenden Überlegungen die Entwicklung des Offenbarungsbegriffs und der Gnadentheologie seit dem I. Vatikanischen Konzil in seinen jeweiligen Auswirkungen auf die Religionspädagogik und Pastoral verfolgt und in seinem Ablauf reflektiert werden. Dadurch wird zwar die oben gestellte Frage nicht einfachhin „gelöst"; die Frage wird vielmehr in geschichtliche Perspektiven hineingestellt, aus denen heraus jeder selbstverantwortlich überlegen und entscheiden kann, in welcher Richtung die Lösung, bzw. die Weiterentwicklung dieser Fragestellung gesucht werden muß. Wichtig ist dabei, zu bedenken, daß die Theologie ihre Arbeit niemals in einem luftleeren Raum betreiben darf, um deduktiv für Pastoral und Religionspädagogik etwas zu fordern, was sich erwiesenermaßen als faktisch nicht leistbar herausgestellt hat. Vielmehr – das soll unser geschichtlicher Überblick zeigen – ist die pastorale und religionspädagogische Praxis *auch selbst* eine Quelle theologischer Erkenntnis: Nicht zuletzt wird auch von ihr her entschieden, wie theologisches Denken sich weiterentwickeln muß.

1. Das Offenbarungsverständnis des I. Vatikanischen Konzils und seine Widerspiegelung in Pastoral und Religionspädagogik.

Unter religionspädagogisch-katechetischen Gesichtspunkten sind zwei Elemente des Offenbarungsbegriffs des I. Vatikanischen Konzils besonders wichtig. Einmal wird Offenbarung wesentlich als Mitteilung satzhafter Wahrheiten und „Dekrete" von seiten Gottes an den Menschen verstanden: „Doch es hat seiner Weisheit und Güte gefallen, auf einem anderen, und zwar übernatürlichen Weg sich selbst und die ewigen Dekrete seines Willens dem Menschengeschlecht zu offenbaren"[1]. Zum anderen wurde sehr stark betont, daß diese „übernatürlichen Wahrheiten" nur zum ganz geringen Teil auch der menschlichen Vernunft zugänglich sind, ihrem eigentlichen Charakter nach aber „göttliche Güter" darstellen, „die die Einsicht des menschlichen Geistes ganz und gar überragen"[2], Der Mensch hat diesen „göttlichen Gütern" und „übernatürlichen Wahrheiten" nichts Eigenes gegenüberzustellen. Seine „Natur" ist durch eine Unendlichkeit vom Göttlichen getrennt. Was dem Menschen in dieser Situation der Offenbarung gegenüber bleibt , ist nichts anderes als der Gehorsam des Verstandes und des Willens: „Da der Mensch von Gott, seinem Schöpfer und Herrn, ganz abhängig und der geschaffene Verstand der unerschaffenen Wahrheit völlig unterworfen ist, sind wir verpflichtet, dem offenbarenden Gott im Glauben vollen Gehorsamsdienst des Verstandes und Willens zu leisten"[3],

Aus der neuscholastischen Überbetonung dieser zwei Prinzipien des Natur-Gnade-Verhältnisses ergaben sich die kennzeichnenden Eigenheiten der neuscholastischen Pastoral und Katechese. Diese ist vor allem geprägt durch ihre Stofforientiertheit: Es ging im wesentlichen darum, die „göttlichen Güter" und „übernatürlichen Wahrheiten" ohne Verkürzung und in genauer Vollzähligkeit dem Kinde und dem Jugendlichen mitzuteilen. Um diese Vollständigkeit zu gewährleisten, wurden systematisch geordnete Katechismen erarbeitet, die

[1] Vgl. Neuner/Roos, Der Glaube der Kirche in den Urkunden der Lehrverkündigung, Regensburg, 5. Aufl. 1958, S. 43f., Nr. 32.

[2] Ebenda, Nr. 34f.

[3] Ebenda, Nr. 35.

im Mittelpunkt des Religionsunterrichts (dieser war praktisch gleichbedeutend mit Katechese) standen[4]. Diese Katechismen enthielten in einer etwas vereinfachten Form das vollständige System der katholischen Dogmatik. Biblische Inhalte dienten fast ausschließlich der bloßen Veranschaulichung und Untermalung solcher dogmatischer Katechismussätze[5]. Da diese Wahrheiten der menschlichen Natur gegenüber streng transzendent waren, konnte sich darüberhinaus methodisch die Vermittlung dieser Inhalte nur darauf beschränken, sie dem Gedächtnis des Kindes und des Jugendlichen einzuprägen. Zu diesem Zweck wurden die für den Katechismus typischen Frage- und Antwortspiele entwickelt, die den Menschen vorschreiben, nicht nur welche Antwort er entgegenzunehmen, sondern auch, welche Frage er zu stellen hat und stellen darf. Es entwickelte sich eine streng monologische, einbahnige, rein auf Rezeption bedachte Unterrichtsform; das Kind und der Jugendliche hatte ja nichts Eigenes, womit er diese „übernatürlichen Wahrheiten" wirklich hätte assimilieren können. In ihrer strengen Abgehobenheit und Transzendenz gegenüber dem Verständnis und Denkvermögen der menschlichen Natur und des menschlichen Geistes gab es keinen anderen Weg der Vermittlung dieser Wahrheiten, als sie im Gedächtnis zu speichern und sie als dem Selbst des Menschen äußerlich bleibende Regulatorien des Verhaltens einzuüben.

An dieser grundsätzlichen Ausrichtung der Didaktik religiösen Lernens in der Zeit der Neuscholastik vermochte auch die Ausarbeitung der sogenannten „Münchner Methode" nichts zu ändern: Diese entstand unter dem Druck der Praxis, die besonders im großstädtischen Milieu (z. B. in München) zunehmend schwieriger wurde, und versuchte, die in der Pädagogik (Herbarth, Ziller) entwickelten allgemeinen Lerntheorien zur Lösung der praktischen Schwierigkei-

[4] Vgl. die Katechismen der Jesuiten Deharbe (1847) und Mönnich (Deutscher Einheitskatechismus 1924).

[5] Vgl. H. Stieglitz, Ausgeführte Katechesen über die katholische Glaubenslehre, Kempten/München [6]1900, S. 50–80, wo die Geschichte von der Jahwe-Offenbarung am brennenden Dornbusch z. B. zur Veranschaulichung der zwei Katechismus-Lehrsätze dient: 1) Gott ist ein Geist und 2) Gott ist allgegenwärtig. Weitere Beispiele bei W. Nastainczyk, Das alte Credo und die Glaubensunterweisung heute, Freiburg 1970.

ten einzusetzen, ohne jedoch die grundsätzliche Stofforientierung und monologische Struktur dieser Religionspädagogik vom Ansatz her zu durchbrechen[6]. Das Kind und der Jugendliche standen in dieser katechetischen Methode dem zu vermittelnden Stoff nicht als freie und eigenständige Partner gegenüber, um sich von ihren eigenen Lebenssituationen aus in freier Weise mit der Überlieferung auseinanderzusetzen, sondern sie waren bloße *Empfänger,* die durch psychologische Lernmethoden zu einer möglichst großen Aufnahmebereitschaft geführt werden sollten.

Dies ist der religionspädagogische Aspekt des neuscholastischen Natur-Gnade-Verhältnisses, das Karl Rahner „Extrinsecismus" genannt hat[7] und das zu überwinden das Grundanliegen seiner Offenbarungs- und Gnadentheologie ist. Bezeichnend ist dabei, daß der Systematiker Rahner die erste und wichtigste Kritik gegenüber diesem „Extrinsecismus" nicht auf ontologische und dogmatische Bedenken stützt, sondern in dieser ersten Kritik auf die Problematik und die Gefahr hinweist, die sich aus diesem Offenbarungsverständnis für den *praktischen* Umgang des Menschen mit dem Glauben ergeben: Er kritisiert, daß in einem solchen Verständnis der Mensch „den Ruf Gottes über diesen menschlichen Kreis hinaus eigentlich nur als *Störung* empfinden kann, die ihm etwas – und mag dieses Etwas an sich noch so erhaben sein – *aufzwingen* will, wozu er nicht gemacht ist"[8]. Dieses göttliche „Etwas" muß ihm nach dieser Konzeption zeit seines Lebens *fremd* bleiben und als eine ihm fremde Macht sein Verhalten bestimmen, also ihn lebenslang sich selbst entfremden.

[6] Wenn auch einzelne Ansätze in diese Richtung vorhanden waren (vgl. E. Paul, Das Ende einer theorielosen Religionspädagogik, in: G. Stachel/W. Esser (Hg.), Was ist Religionspädagogik?, Zürich–Einsiedeln–Köln 1971, S. 10), so ist im ganzen gesehen die „Münchener Methode" darauf ausgerichtet, einen vorgegebenen und im wesentlichen *fertigen* Stoff auf bestmögliche Art und Weise an das Kind heranzutragen und ihm nahezubringen.

[7] Vgl. K. Rahner, Schriften zur Theologie Bd. I, Einsiedeln–Zürich–Köln ^{3}1958, S. 324ff.

[8] Ebenda, S. 326 (Hervorhebung von mir).

2. Die materialkerygmatische Wende in Pastoral und Religionspädagogik und das ihr zugrunde liegende Offenbarungs- und Gnadenverständnis.

Die neuscholastische Katechismus-Orientierung in der religiösen Erziehung wurde durchbrochen durch das bahnbrechende Werk von J. A. Jungmann „Die Frohbotschaft und unsere Glaubensverkündigung“[9]. In diesem Buch weist Jungmann darauf hin, daß Gott in der Offenbarung nicht in erster Linie *„etwas“* von sich, nämlich Wahrheiten und Dekrete, sondern primär *sich selbst* den Menschen mitteilt und ihnen als er selbst nahezukommen sucht. Der wesentliche Inhalt der Glaubensverkündigung und der religiösen Erziehung darf deshalb nicht aus einem System von satzhaften Wahrheiten bestehen, sondern er besteht in den geschichtlichen Offenbarungsereignissen, in denen sich nach dem Zeugnis der Bibel Gott dem Menschen geoffenbart hat. Der Glaube wird vermittelt, indem diese geschichtlichen Ereignisse im bezeugenden und verkündenden Wort gegenwärtig gesetzt werden. Religionsunterricht ist dann „nur noch äußerlich“ schulischer Unterricht; seinem Wesen nach ist er darüber „unendlich erhaben“; das autoritative Wort des Religionslehrers und Katecheten setzt ja das vor langer Zeit geschehene Offenbarungs- und Heilsereignis je gegenwärtig: „Während der Katechet spricht, wirkt Christus“[10]. Lehrer und Schüler stehen in solchem Unterricht nicht mehr eigentlich im Raum der Schule, sondern im Raum der Kirche. Religionsunterricht ist „Kirche in der Schule“ und im Mittelpunkt dieses kirchlichen Lebens steht nicht ein gedankliches System sondern die „Frohbotschaft“ der Bibel, daß sich der unendliche Gott in Ereignissen dem Menschen mitteilt, die durch die Weitergabe des biblischen Wortes in jeder Situation je neu gegenwärtig gesetzt werden können.

In dieser religionspädagogischen und katechetischen Neubesinnung wird das oben genannte erste Element im Offenbarungsverständnis des I. Vatikanischen Konzils, wonach Offenbarung wesentlich in der

[9] Regensburg 1936.

[10] K. Tilmann, Das Werden der neuen katechetischen Methode, missionarisch gesehen, in: J. J. Hofinger, Katechetik heute, Freiburg–Basel–Wien 1961, S. 105.

Mitteilung von „übernatürlichen Gütern“ und „Dekreten“ besteht, überwunden. Gnade und Offenbarung bestehen in dieser Konzeption vielmehr in der *Selbstmitteilung* Gottes. Dieses Offenbarungs- und Gnadenverständnis wird später von Karl Rahner aufgegriffen und zieht sich als zentrale Kategorie durch alle seine Schriften und Aufsätze bis hin zum „Grundkurs des Glaubens“[11]. Möglicherweise ist diese zentrale Kategorie des Rahnerschen Offenbarungs- und Gnadenverständnisses durch Jungmanns Buch angeregt worden[12]. In diesem Falle würde hier ein Beispiel dafür vorliegen, daß nicht nur die Systematische Theologie auf die Religionspädagogik und Katechetik, sondern umgekehrt auch die Praxis des Umgangs mit theologischer Überlieferung auf die theoretisch-theologische Durchdringung dieser Überlieferung in der Systematischen Theologie zurückwirkt.

In der materialkerygmatischen Wende ändert sich zwar das Verständnis von Gnade und Offenbarung, nicht jedoch das Verständnis des Menschen und seiner Situation, die der Adressat dieser Selbstmitteilung Gottes sind. Der Mensch und seine Situation sind weiterhin durch die Transzendenz Gottes vom Bereich des Göttlichen getrennt und können deshalb dieser Selbstmitteilung Gottes lediglich aufnehmend und empfangend gegenüberstehen. Die Gegenwärtigsetzung der Offenbarung als Selbstmitteilung Gottes geschieht nicht durch eine assoziative und/oder gedankliche Verflechtung der je

[11] Vgl. H. Neufeld/R. Bleistein, Rahner-Register, Zürich–Einsiedeln–Köln 1974, S. 155. Im „Grundkurs des Glaubens“, Freiburg–Basel–Wien 1976, vgl. bes. den „4. Gang“: „Der Mensch als das Ereignis der freien, vergebenden Selbstmitteilung Gottes“, S. 122–142.

[12] Jungmanns Buch erschien 1936. Die Salzburger Hochschulwochen, in denen Rahner seine Überlegungen zu „Hörer des Wortes“ erstmals vortrug, fanden 1937 statt. Während diese Vorträge noch weitgehend mit einem satzhaften Offenbarungsverständnis arbeiten, gibt es aus derselben Zeit kleinere Veröffentlichungen Rahners, die schon auf ein dynamisch-personales Offenbarungsverständnis hinweisen (Vgl. P. Eicher, Offenbarung, München 1977, S. 371). Es wäre denkbar, daß Rahner in diesem frühen Stadium Jungmanns katechetisch-pastoralen Ansatz sporadisch schon aufgreift, während er im allgemeinen noch mit dem inhaltlichen Offenbarungsbegriff des Ersten Vatikanum arbeitet.

gegenwärtigen Lebenssituation mit dem biblischen Offenbarungswort, sondern vielmehr dadurch, daß dieses Wort autoritativ von seiten der Kirche verkündet wird. Deshalb liegt, mindestens religionspädagogisch-katechetisch gesehen, auch in dieser Form des Natur-Gnade-Verhältnisses noch ein „Extrensecismus“[13]. Was geschieht, ist ja lediglich eine Neubesinnung auf die *Art* und innere Struktur der katechetischen Inhalte. Diese *steigen* dabei eher noch in ihrer theologischen Bedeutsamkeit und lassen noch weniger den Blick frei werden für die konkrete Lebenssituation des Menschen, auf den diese Offenbarung Gottes zukommt. Seine je eigenen Fragen, Nöte, Bedürfnisse, seine von daher gegebenen Assimilationsmöglichkeiten gegenüber der biblischen Offenbarung sind nicht gefragt. Offenbarung ist und bleibt ein Ereignis der Geschichte, das lediglich durch das autoritative Wort des kirchlichen Verkünders gegenwärtig gesetzt wird, ohne in einen wirklichen Dialog mit dem suchenden und fragenden Menschen zu treten. Der Mensch ist auch hier kein eigenständiger Partner der Überlieferung. Seine eigene, von ihm mitgebrachte Lebensgeschichte bleibt stumm und hat zurückzutreten gegenüber der biblischen Offenbarungsgeschichte, die seinem Leben vorgesetzt wird. So ist auch diese Katechese und Religionspädagogik einseitig am Inhalt des Lernprozesses orientiert und von ihrer Struktur her monologisch.

[13] Vgl. E. Paul, Das Ende einer theorielosen Religionspädagogik, a.a.O., S. 12f.

3. Die Öffnung der Theologie für die Heilsbedeutsamkeit der gegenwärtig-konkreten Lebenssituation des Menschen (Die „anthropologische Wende“ der Theologie).

Seit Mitte der fünfziger Jahre laufen in der Systematischen Theologie einerseits und in der Religionspädagogik und Katechetik andererseits zwei Entwicklungen parallel nebeneinander, die kaum je ausdrücklich aufeinander Bezug nehmen, jedoch von ihrer inneren Struktur her aufeinander bezogen sind[14]. Auf theologischer Seite ist dies eine Entwicklung, die mit dem Stichwort „anthropologische Wende der Theologie“ umschrieben wird und im Zweiten Vatikanischen Konzil einen sehr starken Einfluß gewinnt. Im deutschsprachigen Raum steht Karl Rahners Werk „Hörer des Wortes“ als eine Art Markstein am Anfang dieser theologischen Denkrichtung[15]. In dieser „Grundlegung einer Religionsphilosophie“ geht es entscheidend darum, den „Extrinsecismus“ im Natur-Gnade-Verhältnis des I. Vatikanischen Konzils zu überwinden. Es ist K. Rahners Anliegen, gründend auf Thomas von Aquin, d. h. ohne grundsätzlichen Bruch mit der bisherigen theologischen Tradition in der katholischen Kirche, ein Verständnis des Menschen als sowohl theologisch wie philosophisch begründet zu entwickeln, wonach der Mensch „im Grunde nichts ist als die Hörigkeit auf die Botschaft Gottes“[16]. Diese „Hörigkeit“ ist bei Rahner jedoch nicht passivisch verstanden. Vielmehr liegt sie in der Geistigkeit des Menschen als seiner Grundverfassung, die darin besteht, daß er „sein Leben in einem dauernden Sichausstrecken nach dem Absoluten, in einer Offenheit zu Gott hin lebt“[17].

[14] Auf diese Beziehung ist reflektioniert bei W. G. Esser, Religionsunterricht, Positionenanalyse – Grundlegung – Grundrißentwurf, Düsseldorf 1973, S. 114ff.; bes. auch bei G. Hilger, Religionsunterricht als offener Lernprozeß, München 1975, S. 83ff. sowie bei G. Baudler, Die anthropologische Wende der Theologie und ihre Bedeutung für den gegenwärtigen Religionsunterricht, in „Diakonia“, Heft 2/1973, S. 87–98; im allgemeinen erschienen jedoch damals solche direkten Bezugnahmen nur selten.

[15] K. Rahner, Hörer des Wortes, zuerst erschienen 1941, dann neu bearbeitet von J. B. Metz, München 1963, zuletzt erschienen Freiburg–Basel–Wien 5. Auflage 1971.

[16] Ebenda, S. 44.

Im Verständnis Karl Rahners ist der Mensch „immer schon", „ob er es ausdrücklich weiß oder nicht, ob er es will oder nicht, auf dem Weg zu Gott, denn er ist immer die unendliche Geöffnetheit des Endlichen für Gott[18]. Der Mensch ist im tiefsten Grund seines Wesens eine Dynamik, die von innen her auf jenes Göttliche hingerichtet ist, das in der biblischen Offenbarung auf den Menschen zukommt.

Während indes hier, anders als bei Jungmann und doch fast zur gleichen Zeit entwickelt, der Mensch aus seiner Abgeschlossenheit in der bloßen, vom Transzendenten radikal getrennten Natur heraustritt und der Offenbarung als aktiver „Hörer", d. h. als Partner , gegenübertritt, ist andererseits Begriff und Wesen der Offenbarung in dieser ersten Fassung von „Hörer des Wortes" noch weitgehend von einem satzhaft-gegenständlichen Verständnis geprägt[19]. Es liegt also hier ein gegenüber Jungmann genau umgekehrtes Natur-Gnade-Verhältnis vor: während bei Jungmann Gnade und Offenbarung zentral als Selbstmitteilung des lebendigen Gottes in den geschichtlichen Offenbarungsereignissen gedacht wird, dagegen der Mensch als durch die Transzendenz vom Göttlichen getrennt dieser Offenbarung nur passiv hörend gegenübersteht, ist hier, in der ersten Fassung von „Hörer des Wortes", Gnade und Offenbarung noch als Mitteilung von übernatürlichen Wahrheiten gedacht, während der Mensch, auf den diese Mitteilung trifft, dieser nicht bloß passiv aufnehmend gegenübersteht, sondern vom tiefsten Grund seiner Existenz her immer schon aktiv auf diese einmal an ihn ergehende Offenbarung hin ausgreift.

Mit dieser Überwindung des neuscholastischen „Extrinsecismus" von seiten der menschlichen Existenz und ihrer Dynamik her stellt sich

[17] Ebenda, S. 76.

[18] Ebenda.

[19] Vgl. P. Eicher, Offenbarung. Prinzip neuzeitlicher Theologie, München 1977, S. 370; dieser nennt als weitere ähnlich interpretierende Autoren: H. Fries, G. Ferretti, E. Simons, H. Waldenfels u. K. P. Fischer. J. B. Metz weist in seiner Neubearbeitung von „Hörer des Wortes" 1963 auf dieses dem Buch zugrunde liegende noch satzhafte Offenbarungsverständnis hin in seiner Anm. 2 auf S. 187: „... eine Summe von einzelnen, durch Gottes Autorität garantierte Sätze über Sachverhalte, die der menschlichen Erfahrung im Welthorizont von diesem selbst her nicht zugänglich sind".

theologisch das Problem, ob eine Offenbarung, die so aktiv und notwendig, so von innen heraus, von der Existenz des Menschen als zu ihrer Erfüllung, zu ihrem Zu-sich-selber-Kommen, gefordert ist, noch „ungeschuldet“, noch „Gnade“ sein kann. Diese grundlegende theologische Frage löst Karl Rahner Mitte der fünfziger Jahre durch sein Theologoumenon von dem der menschlichen Existenz eingesenkten „übernatürlichen Existential“[20]. Dieses Theologoumenon besagt, daß der gnadenhaft auf alle Menschen aller Zeiten sich erstreckende übernatürliche Heilswille Gottes nicht letztlich wirkungslos über der menschlichen Natur und der menschlichen Existenz schweben bleibt, sondern diese menschliche Existenz von innen her ergreift und gnadenhaft auf sich hinrichtet. Damit ist die in „Hörer des Wortes“ entfaltete aktive Hingerichtetheit des Menschen auf Gott, die sein Leben in allen Daseinsbezügen prägt, nicht mehr „bloße Natur“, sondern selbst von der übernatürlichen Gnade gewirkt und getragen.

Dieses „übernatürliche Existential“ ist keineswegs, wie manche Kritiker Rahners dies darstellen, eine bloße theologische Konstruktion, die in einer Art verbalen Trick eine dogmatische Schwierigkeit zu lösen sucht[21]. Vielmehr *erfährt* der Mensch, wie Rahner besonders in seinem „Grundkurs des Glaubens“ herausarbeitet, diese sein Leben tragende und umgreifende Dynamik als frei vergebende und in diesem Sinne ungeschuldet-gnadenhafte Nähe und Zuwendung seines geheimnisvollen Lebensgrundes[22]. Karl Rahner macht, angeregt durch die Ignatianischen Exerzitien[23], die Erfahrung, daß die von ihm erlebte und aktiv gelebte Hingerichtetheit auf den Gott der Offenbarung als ungeschuldet-gnadenhafte Selbsterschließung seines Daseinsgrundes in ihm wirkt. Dadurch gewinnt die konkrete

[20] Vgl. K. Rahner, Über das Verhältnis von Natur und Gnade, in: Schriften zur Theologie Bd. 1, a.a.O., S. 323–345.

[21] Vgl. P. Eicher, Offenbarung, a.a.O., S. 396; Eicher zählt zu diesen Kritikern des „übernatürlichen Existentials“.

[22] Vgl. Grundkurs des Glaubens, a.a.O., bes. S. 54–95.

[23] Vgl. K. P. Fischer, Der Mensch als Geheimnis. Die Anthropologie Karl Rahners, Freiburg–Basel–Wien 1974, S. 31ff., 49ff., 52ff., 75ff. u. a. Die Bedeutung dieser Ursprungserfahrung Rahnerscher Theologie wird von P. Eicher unterschätzt (Offenbarung, a.a.O., S. 396).

gegenwärtige Lebenssituation des Menschen eine übernatürliche Heilsbedeutung und wird dazu fähig, gleichgeordnet in einen echten Dialog mit der biblischen Überlieferung zu treten.
Gleichzeitig denkt Rahner in diesen Arbeiten über das Verhältnis von Natur und Gnade die Offenbarung nicht mehr satzhaft-gegenständlich, wie noch in der ersten Fassung von „Hörer des Wortes", sondern ebenso wie schon vor ihm die materialkerygmatische Wende der Religionspädagogik als „Selbstmitteilung Gottes". Dieser Ausdruck wird kennzeichnend für den Rahnerschen Begriff von Gnade. So stehen sich in dieser anthropologisch gewendeten Theologie Offenbarung als aktive und persönliche Selbsterschließung Gottes und der Mensch als aktiv und gnadenhaft auf diese Selbstmitteilung Gottes hingeordnet gegenüber. Die konkrete menschliche Daseinssituation ist ein echter und freier Partner der biblischen Offenbarung geworden:

> „Wenn die Selbstmitteilung Gottes eine bis zum letzten radikalisierende Modifikation unserer Transzendentalität als solcher ist, durch die wir Subjekt sind, und wenn wir als solche Subjekte von transzendentaler Unbegrenztheit in der banalsten Alltäglichkeit unseres Daseins, im profanen Umgang mit irgendwelchen Wirklichkeiten einzelner Art sind, dann ist prinzipiell gegeben, daß die ursprüngliche Erfahrung Gottes auch in seiner Selbstmitteilung so allgemein, so unthematisch, so ‚unreligiös' sein kann, daß sie überall vorkommt – namenlos, aber wirklich – wo wir überhaupt unser Dasein treiben. Wo der Mensch, theoretisch oder praktisch, erkennend oder subjekthaft handelnd, in den Abgrund seines Daseins fällt, der allein allem Grund gibt, und wo dieser Mensch dabei den Mut hat, in sich selbst hineinzublicken und in seiner Tiefe seine letzte Wahrheit zu finden, da kann er auch die Erfahrung machen, daß dieser Abgrund als die wahre vergebende Bergung ihn annimmt und die Legitimierung und den Mut für den Glauben gibt, daß die Deutung dieser Erfahrung durch die Heils- und Offenbarungsgeschichte der Menschheit (d. h. die Deutung dieser Erfahrung als des Ereignisses der radikalen Selbstmitteilung Gottes) die letzte Tiefe, die letzte Wahrheit eben dieser scheinbar so banalen Erfahrung ist. Natürlich hat eine solche Erfahrung auch ihre ausgezeichneten Momente: in der Erfahrung des Todes, einer radikalen Gültigkeit der Liebe usw. Da merkt ja der Mensch deutlicher als sonst, daß er über das einzelne hinausgreifend, vor sich und das heilige Gehimnis Gottes kommt, ..."[24].

[24] Grundkurs des Glaubens, a.a.O., S. 138.

Das II. Vatikanische Konzil greift diese anthropologisch gewendete Theologie auf und bestätigt das neu gewonnene Offenbarungsverständnis. In der „dogmatischen Konstitution über die göttliche Offenbarung" des II. Vatikanums ist der Ausdruck „Dekrete seines Willens" durch den Ausdruck „Geheimnis seines Willens" ersetzt[25]. Es geht nicht mehr in erster Linie darum, daß dem Menschen satzhaft-gegenständliche Wahrheiten übernatürlicher Art mitgeteilt werden, vielmehr redet in dieser Offenbarung „der unsichtbare Gott aus überströmender Liebe die Menschen an wie Freunde und verkehrt mit ihnen, um sie in seine Gemeinschaft einzuladen und aufzunehmen[26]. Der Mensch steht als freier Partner dem sich mitteilenden und zu sich einladenden Gott gegenüber. Allerdings bleiben die Dokumente des II. Vatikanischen Konzils gegenüber der Rahnerschen Theologie insofern unbestimmter, als das Theologoumenon des „übernatürlichen Existentials" nirgends ausdrücklich genannt wird und deshalb diese spezifisch Rahnersche Art, die Gnadenhaftigkeit und radikale Ungeschuldetheit einer auf solche Weise dialogisch verstandenen Offenbarung zu wahren, nicht ausdrücklich übernommen wird. Das dynamisch-übernatürlich heilsbedeutsame konkrete Existenzverständis des Menschen wird nicht mit derselben Deutlichkeit ausgezogen als das Verständnis von Offenbarung als einer personalen Selbstmitteilung Gottes.

Durch diese hier nur äußerst kurz und global referierte theologiegeschichtliche Entfaltung des Offenbarungsbegriffs seit dem I. Vatikanum wurde der Weg bereitet für die parallel und offenbar unverbunden nebenher laufende religionspädagogische Entwicklung. Diese hat ihren Höhepunkt im Beschluß der Gemeinsamen Synode der Bistümer Deutschlands zum schulischen Religionsunterricht in der Schule, der die religiöse Erziehung in der weltanschaulich pluralen Gesellschaft konsequent als Korrelations- und „Konvergenz-Modell" konzipiert, d. h. Theologie einerseits und Pädagogik andererseits, also christliche Glaubensüberlieferung und menschliche Lebenssituation, gleichberechtigt und gleichgeordnet zueinander in

[25] Vgl. K. Rahner/H. Vorgrimler, Kleines Konzilskompendium, Freiburg–Basel–Wien ^{2}1967, S. 367.

[26] Ebenda, S. 368.

Beziehung setzt. Eine solche, von kirchenamtlicher Seite her voll unterstütze Entwicklung religionspädagogischen Denkens innerhalb des katholischen Raumes ist meiner Ansicht nach undenkbar, ohne die Wegbereitung durch die Neubestimmung des Natur-Gnade-Verhältnisses in der anthropologisch gewendeten Theologie Karl Rahners und des II. Vatikanums. Zwar ist, wie gleich zu zeigen sein wird, die religionspädagogische Theoriebildung keineswegs aus der systematischen Theologie abgeleitet worden, sondern erfolgte nach eigenen Gesetzen und unter dem Durck einer immer schwieriger werdenden Praxis, aber die Lösungen, die für diese Schwierigkeiten gesucht und gefunden wurden, konnten so nur innerhalb des theologischen Denkraumes, des „Klimas", gefunden werden, wie es das anthropologisch orientierte Offenbarungsverständnis geschaffen hat.

4. Erste Ansätze einer Didaktik der Korrelation in der religiösen Erziehung.

Die im vorausgehenden Kapitel beschriebene anthropologische Öffnung der Theologie war nicht der unmittelbare Anlaß für jene grundsätzliche Neubesinnung der Religionspädagogik, die von einer stofforientiert-monologischen zu einer schülerorientiert-dialogischen und korrelativen Didaktik religiösen Lernens führt. Diese religionspädagogische Entwicklung läuft vielmehr von Anfang an der theologischen parallel. Schon in den sechziger Jahren war es der Leidensdruck der Praxis, der stumme, dafür aber umso deutlicher vernehmbare Protest der Schüler, die sich vom Religionsunterricht abmeldeten, und die Schwierigkeit des Lehrers, beim Schüler Aufmerksamkeit und Interesse für seinen Unterrichtsgegenstand zu wecken, die eine Neuorientierung der Religionspädagogik erzwangen.
Zuerst suchte man dabei das Heil einfach in einer Umkehrung der material-kerygmatischen Konzeption: Anstelle von „Verkündigung", d. h. autoritativer Gegenwärtigsetzung der biblischen Heils- und Offenbarungsereignisse, setzte man nun das Stichwort *„Information"*. Religionsunterricht verstand sich als schulisches Fach, das ähnlich wie Geographie und Geschichte die Schüler über die verschiedenen Religionen der Erde, besonders über die Religion des eigenen Kulturraums, informiert und aufklärt[27]. Die Frage, ob eine solche Konzeption mit dem Selbstverständnis gerade der christlichen Religion als einer Offenbarungsreligion vereinbar ist und ob und wieweit es nach den Grundsätzen einer allgemeinen religiösen Hermeneutik überhaupt möglich ist, durch neutrale religionswissenschaftliche, „objektive" Information den spezifischen Gehalt religiöser Phänomene und religiöser Inhalte zu erschließen, wurde von vielen anfangs kaum gestellt. Trotzdem konnte sich die Konzeption nicht durchsetzen, vor allem weil sich in der Praxis der Schulstunden

[27] Eine große Wirkung in diese Richtung hatte damals ein Rundfunkvortrag von H. Halbfas am 7. 7. 1968 im Westdeutschen Rundfunk unter dem Titel „Religionsunterricht als Information und Aufklärung", der damals im Manuskript unter den Religionslehrern weit verbreitet war und später mehrfach in Zeitschriften und Sammelwerken nachgedruckt wurde (zuletzt in H. Halbfas, Aufklärung und Widerstand, Stuttgart–Düsseldorf 1971, S. 50ff.).

bald herausstellte, daß auch diese der materialkerygmatischen entgegengesetzte Konzeption des Religionsunterrichts keine wirkliche Besserung der Situation brachte. Religion als bloße „Information" war noch langweiliger als das ins Leere laufende Engagement des religiösen Verkündigers. Auch hier blieb ja die Stoffzentriertheit und die monologische Unterrichtsstruktur im religiösen Lernprozeß erhalten und wirkte noch frustrierender als vorher.

Die wirkliche Erneuerung kam vielmehr aus einer Entwicklung der Schulpädagogik. Denn die Stofforientierung erstreckte sich damals ja nicht nur auf das Fach Religionsunterricht, sondern auf alle Schulfächer. In allen Fächern war durch das sprunghafte Anwachsen der Erkenntnisse in den verschiedenen Wissenschaftsgebieten eine solche Stoffülle eingetreten, daß Lehrer und Schüler davon erstickt zu werden drohten. In dieser Situation hat die Schulpädagogik die sogenannte „Curriculum-Theorie" entwickelt[28]. Danach wurde bei der Erstellung der Unterrichtsentwürfe nicht zuerst nach dem zu vermittelnden Inhalt gefragt, sondern nach den Lebenssituationen, die der Schüler gegenwärtig und in Zukunft zu bewältigen hat. Sind diese Situationen identifiziert, gilt es weiter zu fragen, welche Qualifikationen und Fähigkeiten der Schüler besitzen muß, damit er diese gegenwärtigen und zukünftigen Lebenssituationen bewältigen kann. Von daher sind dann unterrichtlich anstrebbare und möglichst auch evaluierbare Ziele zu suchen, die, sofern sie erreicht werden, dem Schüler diese Fähigkeiten und Qualifikationen vermitteln. Erst wenn auf diese Weise die Unterrichtsziele feststehen, gilt es zu fragen, welche Inhalte möglich und nützlich sind, um den Schüler zu diesem Ziel des Lernprozesses zu führen. Freilich hat man schon früh eingesehen, daß sich manche Ziele auch aus den in einer bestimmten Kultur tradierten Inhalten als notwendig ergeben können, aber kennzeichnend für den curricularen Unterricht blieb doch seine Ausrichtung auf Lebenssituationen und der Vorrang der Ziele vor den Inhalten.

[28] In Deutschland ist die Curriculum-Theorie vor allem mit den Namen S. B. Robinsohn und D. Knab verknüpft (vgl. F. Achtenhagen/H. L. Meyer (Hg.), Curriculumrevision. Möglichkeiten und Grenzen, München 1971.

Im Zusammenhang dieser Curriculum-Revision gewann auch der Religionsunterricht seinen entscheidenden Neuansatz. Die Religionspädagogik identifizierte Lebenssituationen, zu deren Bewältigung der Schüler gelernt haben muß, die Sinnfrage zu stellen und sie auf der Denk- und Erfahrungsbasis, die ihm die tradierte Religion und Weltanschauung seines Kulturraumes zur Verfügung stellt, in sein Leben zu integrieren. Situationen, in denen sich das Leben so verdichtet, daß der Mensch vor die Sinnfrage gestellt ist, verlangen vom Menschen, um bewältigt werden zu können, die Fähigkeit, Religion und Religiosität als Lebensphänomene zu verstehen und sinnvoll in sein Leben einzufügen. Diese Fähigkeit erreicht ein Schüler vor allem dann, wenn es im Unterricht gelingt, ihm die Frage nach Gott als dem umgreifenden Daseins- und Lebensgrund zu erschließen. Die Inhalte der christlichen Tradition sind geeignet, dieses globale Lernziel schulischen religiösen Lernens zu erreichen. Diese Inhalte stehen aber jetzt nicht mehr als „heilige Überlieferung“ in einem sakralen Raum oder Kontext, sondern sind, wie aufgezeigt, auf gegenwärtig-konkrete, profane Lebenssituationen bezogen. Diese Lebenssituationen stehen in unmittelbarer Korrelation zu den christlichen Überlieferungsgehalten. Der Synodenbeschluß zum Religionsunterricht in der Schule führt einen ganzen Katalog solcher Situationen ausdrücklich auf:

> „Zeugung – Geburt – Tod – Hoffnung – Liebe – Freundschaft – Angst – Glück – Schuld – Vergebung – Leid – Zufall – Vertrauen – Verantwortung – Sorge – Scheitern – Spiel – Ekstase – Rausch – Fest – Gottesdienst – Gebet ..., (oder im sozialen und politischen Bereich): Unterprivilegierung – Armut – Hunger – Krieg – Frieden – Gerechtigkeit – Fortschritt – Zukunft – Entwicklung der Gesellschaft mit neuen Freiheiten und Zwängen“[29].

Wenn die Synode dann fortfährt: „die ganze Tagesordnung der Welt kann in diesem Sinne ‚unbedingt angehen‘ und bedingungslos herausfordern“[30], dann ist hier zwar ausdrücklich auf den in Kapitel

[29] Synodenbeschluß „Der Religionsunterricht in der Schule“, in: „Synode“, Heft 1/1975, S. 61.

[30] Ebenda.

1.1 des ersten Hauptteils erörterten Religionsbegriff Paul Tillichs Bezug genommen, aber im ganzen wird doch unmittelbar deutlich, in welch enger Beziehung diese Religionspädagogik zu dem von Karl Rahner entworfenen anthropologisch orientierten Natur-Gnade-Verhältnis steht: Der hier zitierte Abschnitt des Synodenbeschlusses ist inhaltlich gleichbedeutend mit dem oben zitierten Abschnitt aus Rahners „Grundkurs des Glaubens", in dem er die Heilsbedeutsamkeit der konkreten Lebenssituationen, gerade derer, in denen sich das Leben „verdichtet", hervorhebt. Ohne ausdrückliche Bezugnahme auf Rahner anerkennt hier auch die Synode den Schüler und seine Lebenssituation als gleichwertigen und gleichwichtigen Partner zur biblischen Überlieferung und Offenbarung. Ja, es ist das Grundanliegen dieser Konzeption des Synodenbeschlusses, den Religionsunterricht im Schnittpunkt anthropologisch-pädagogischer und theologisch-kirchlicher Begründungszusammenhänge anzusiedeln. Die Konvergenz anthropologischer und theologischer Zielsetzungen ist das Spezifische dieses Unterrichts. Es gelingt zwar der Synode noch nicht, Grundprinzipien und Grundlinien einer Didaktik der Korrelation von Überlieferung und Lebenssituation zu entwerfen, aber vom Ansatz her ist hier ein Umgang mit christlicher Überlieferung konzipiert, der nicht mehr einseitig am überlieferten Stoff orientiert ist, sondern ebenso stark am lernenden Menschen und seiner Situation. Es handelt sich um eine Konzeption religiösen Lernens, die vom Ansatz her die monologische Sprechsituation durchbricht und Raum schafft für eine Didaktik religiösen Lernens, die auf eine gleichgewichtige, dialogische Korrelation und gegenseitige Verflechtung von biblischer Überlieferung und gegenwärtiger Lebenssituation abzielt.

Einen ersten wichtigen Schritt in diese Richtung geht der Zielfelderplan für die Primarstufe[31]. Anders als in dem schon früher entworfenen „Zielfelderplan für die Sekundarstufe I" ist hier das Feld der möglichen Ziele und Inhalte in folgende zwei korrelativ aufeinander bezogene Felder gegliedert:

[31] Vgl. den Zielfelderplan für den katholischen RU in der Grundschule, hg. von der Zentralstelle für Bildung der Deutschen Bischofskonferenz (Auslieferung: DKV München) 1977.

I. „Ich und die anderen“
II. „Ich und der Glaube der Kirche“

Damit sind Lebenssituationen und überlieferter Glaube einander gegenübergestellt. Die Auswahl der Ziele und Inhalte innerhalb des anthropologisch-situativen Feldes erfolgt nun dadurch, daß die Lebenssituationen der Schüler durch den überlieferten Glauben wie durch eine Art Filter hindurchgehen und *jene* Situationen als Inhalte in das Themen- und Zielfeld eingehen, die (als „verdichtete“ Lebenssituationen) zu diesem Glauben in einer signifikanten Beziehung stehen. Andererseits wird das Feld „Ich und der Glaube der Kirche“ dadurch ausgefüllt, daß der überlieferte Glaube durch das Filter der Lebenssituationen der Schüler hindurchgeht und nur *das* an überlieferten Glaubensgehalten in den Plan eingeht, was zu den Lebenssituationen der Schüler in einer feststellbaren Beziehung steht und von diesen her in ihrer Bedeutung einsichtig gemacht werden kann. Dies kommt im folgenden Auswahlschema des Zielfelderplans für die Primarstufe gut zum Ausdruck[32]:

Auswahl der Ziele und Inhalte im neuen Grundschulplan:

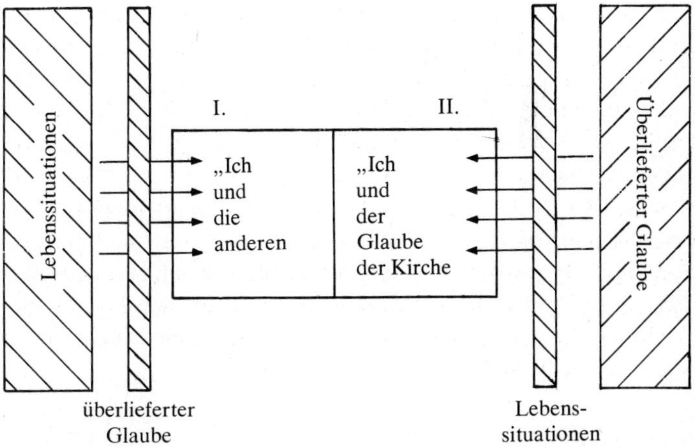

[32] Ebenda, S. 54. (Grundlegung).

Die zu diesem Plan erstellten Themenfeldskizzen sind in ihrer didaktischen Struktur nach den in Kap. 1.3. des ersten Hauptteils erörterten Wirklichkeitsdimensionen („empirische“, „religiöse“ Dimension der Wirklichkeit und „Dimension des christlichen Glaubens“) strukturiert und weisen das Feld der religiösen, d. h. ganzmenschlichen Frage, also die Sinndimension, als das Medium aus, in dem sich überlieferter Glaube und Situation des Lernenden adäquat begegnen und miteinander in Korrelation treten können.
Als Plan für die Auswahl von Zielen und Inhalten entwirft freilich auch dieses religionspädagogische Werk noch nicht einzelne Elemente einer Didaktik der Korrelation, etwa (wie im zweiten Hauptteil dieses Bandes entfaltet) Grundprinzipien der Vermittlung einerseits von Überlieferung zu Situation und andererseits von Situation zu Überlieferung. In dieser Richtung ist – auch unter Einbeziehung der hier erarbeiteten „Grundelemente“ einer solchen korrelativen Didaktik – noch ein weites Feld zu bearbeiten.
In der Pastoral, besonders in der kirchlichen Jugendarbeit, versuchte ein Schüler Karl Rahners, Roman Bleistein, die praktisch-theologischen Impulse, die im anthropologischen Verständnis von Gnade und Offenbarung liegen, wie es Rahner entwickelt hat, praktisch zu verwirklichen. Er griff das von Rahner öfters verwendete Stichwort der „Mystagogie“ auf, und entwarf „Hinwege zum Glauben“[33], in denen er den jungen Menschen auf jene Grunderfahrungen aufmerksam zu machen sucht, die einerseits konkret sein Leben bestimmen (Liebe, Spiel, Staunen, Glück, Schuld, Langeweile, Angst, Freiheit usw.) und die andererseits in eins damit in ihrer zum Absoluten hindrängenden Dynamik die gnadenhaft-übernatürliche Hingerichtetheit des Menschen auf den Gott der biblischen Offenbarung zum Ausdruck bringen. In meditativen Bildern und Texten versucht er die religiöse und christlich zu deutende Tiefe dieser Erfahrungen aufzudecken und dadurch den jungen Menschen für den Glauben zu öffnen.
Es scheint jedoch fraglich, ob in einer solchen Pastoral der durch die anthropologische Wende der Theologie ermöglichte Korrelationsge-

[33] R. Bleistein, Hinwege zum Glauben, Würzburg 1973

danke wirklich zum Tragen kommt. Denn eine solche Pastoral übersieht meines Erachtens, daß solche den Glauben möglicherweise erschließende Grunderfahrungen des Menschen das Eigenste, *Persönlichste* und Individuellste im menschlichen Leben sind. Wenn ein anderer über diese *meine* Erfahrungen redet und sie mir als von mir selbst unreflektiert schon gemacht und notwendig – auch wenn von mir noch nicht gesehen – mit dem christlichen Glauben in Verbindung stehend nahezubringen und aufzuschließen versucht, dann sperrt sich etwas im Adressaten dieses Lernprozesses. Sind das überhaupt noch *meine* Erfahrungen, von denen der andere schon so viel weiß und bin ich in diesem Lernvorgang mit *meinen* Erfahrungen wirklich ernst genommen? Erscheinen die in den meditativen Texten angezogenen Grunderfahrungen, auch und gerade wenn ich ähnliches selbst erlebt habe, nicht in einer eigentümlichen Totenblässe und Totenstarre, wie Schmetterlinge, die zwar alle äußerlichen Kennzeichen von lebendigen Schmetterlingen haben, aber, in einer Sammlung aufgespießt und tot, einfach keine „Schmetterlinge" mehr sind. Wie zu einem „Schmetterling" konstitutiv das lebendige Schweben und Flattern in der Luft gehört, so gehört zu den Grunderfahrungen des Menschen die persönliche, durch die unverwechselbare Lebensgeschichte geprägte *Färbung,* die ein anderer niemals adäquat erfassen, vorauswissen und mir „anpredigen" kann.

Ähnliches gilt auch für die Konzeption einer Predigt, die versucht, *meine* je einmalige und individuelle Grunderfahrung anzusprechen und christlich auszulegen. Wer gibt einem fremden Prediger überhaupt das Recht, von diesen meinen ureigensten Erfahrungen reden zu wollen, als hätte er, der Prediger, sie gemacht und verstünde sie besser und tiefer als ich selbst? Diese Grunderfahrungen des Menschen, die es zu wecken gilt, können im allgemeinen – von besonderen Bekehrungserlebnissen abgesehen – nur dann lebendig sein, lebendig bleiben und mich als mich selbst vor das vergebende und tragende Geheimnis meines Lebens führen, wenn ich sie in der Begegnung mit der christlichen Überlieferung *selbst* entdecke und langsam, im vertrauensvollen Austausch mit anderen, die bei sich ähnliche Erfahrungen und Entdeckungen machen, in sie hineinwachse und mit ihnen vertraut werde.

5. Weiterführende religionspädagogische, pastorale und theologische Perspektiven einer Didaktik religiösen Lernens durch Korrelation von Glaubensüberlieferung und gegenwärtiger Lebenssituation.

Die Richtung, in die sich ein korrelativer Umgang mit christlicher Überlieferung weiter entwickeln kann, wird deutlich, wenn wir uns das theologische und pastorale Wirken Karl Rahners vor Augen führen. Vor allem K. P. Fischer[34] hat klargemacht, wie sehr Rahners Theologie in seiner vor allem durch die Ignatianischen Exerzitien angestoßenen eigenen Lebenserfahrung verwurzelt ist. In einem Brief Rahners an Fischer, den dieser am Ende seines Buches abgedruckt hat[35] sagt Rahner selbst, daß er in seiner lebenslangen theologischen Arbeit immer nur das eine versucht habe, sich selbst und anderen „mein Christentum etwas deutlicher und assimilierbarer zu machen (und sonst eigentlich nichts)"[36].
Entscheidend ist dabei, daß er in diesem Brief ausdrücklich hervorhebt, er habe diesen Versuch einer Assimilation des Christentums in seine menschliche Existenz eben als *der* unternommen, der er durch seine Lebensgeschichte geworden war: als Christ, als Priester, als Jesuit, als Theologieprofessor. Damit wird deutlich, wie die je individuelle Lebensgeschichte prägend und konstitutiv für den Vorgang der Assimilation, der Verflechtung von gegenwärtigem Leben und überliefertem Glauben, ist. Hier wird noch einmal sichtbar, daß die Rahnersche These von der Ungeschuldetheit und absoluten Gnadenhaftigkeit der den Menschen auf Gott hinrichtenden Dynamik nicht bloß ein theologisches Konstrukt, sondern erfahrene Wirklichkeit ist: So sehr sie grundsätzlich allen Menschen in gleicher Weise zukommt, so wenig ist mit ihr als einer festen Größe, einer bei allen Menschen gleichbleibenden Struktur, eben einer in der Natur des Menschen angelegten Gegebenheit zu rechnen, an die ich in Pastoral und religiöser Erziehung nur zu appellieren und die ich nur auszulegen bräuchte. Der Heilswille Gottes ruft eben nicht die abstrakte Gattung

[34] K. P. Fischer, Der Mensch als Geheimnis, a.a.O.
[35] Ebenda, S. 400ff.
[36] Ebenda, S. 402.

„Mensch" zur Teilnahme an seinem eigenen Leben, sondern jeden einzelnen Menschen, wie er durch Anlagen, Milieu und Lebensgeschichte geprägt ist; deshalb gehören Individualität, Spontaneität und persönliche Gestimmtheit konstitutiv zu diesen Grunderfahrungen des Menschen.

Deshalb ist es nicht möglich, dem Menschen heute das Christentum auf *dieselbe* Art und Weise verstehbar und assimilierbar zu machen, wie dies Karl Rahner in seiner Lebensgeschichte, entscheidend für die Fortentwicklung der katholischen Theologie, gelungen ist. Denn die Menschen, die im Religionsunterricht, in der Katechese und in der Patoral den Umgang mit christlicher Überlieferung suchen, verstehen sich weder als „Priester", noch als „Jesuit", noch als „Theologieprofessor", sondern in der Katechese als Menschen, die auf je ihre Weise ein Christsein zu verwirklichen suchen und im Religionsunterricht als Kinder und Jugendliche, die lernen müssen, mit der durch ein endliches Leben mitgesetzten Sinnfrage umzugehen. Es sind in der Grundschule Kinder, die nicht wissen, ob sie katholisch oder evangelisch getauft sind, in den weiterführenden Schulen und Berufsschulen Schlager- und Motorrad- begeisterte Jugendliche, kaufmännische Lehrlinge und in Ausbildung befindliche Friseusen, Angestellte und hoffentlich auch Arbeiter, die je auf ihre Weise und entsprechend ihren je eigenen Grunderfahrungen aus der christlichen Überlieferung Hilfe und Orientierungsmöglichkeiten für ihr Leben erhoffen.

Eine Pastoral, die für diese vielfältig und je verschieden vorgeprägten Menschen korrelativ in den Umgang mit christlicher Überlieferung einführen will, vertrauend darauf, daß diese Überlieferung wirklich dem einzelnen Hilfe und Orintierung geben kann, muß sich darauf konzentrieren, Räume, Gelegenheiten und „Freizeiten" anzubieten, in denen die äußeren Umstände geeignet sind, daß Menschen sich ihrer je eigenen Grunderfahrungen bewußt werden und diese im vertrauensvollen Austausch mit anderen mit Hilfe der Bilder, Geschichten und Hoffnungen, wie sie das Christentum überliefert, in eigenen Worten zu artikulieren versuchen. Dies kann im allgemeinen nicht in einer Massenveranstaltung geschehen, wo einer redet und alle anderen bloß zuhören und genormte Antworten geben, sondern verlangt das freie und spontane Gespräch einzelner untereinander in einer Atmosphäre des Vertrauens. Erst in einem solchen Gespräch können einerseits biblische Texte assoziativ mit dem je eigenen Leben und seinen Erfahrungen verflochten werden (wie dies in Kapitel 1 des zweiten Hauptteils vorgestellt wurde) und nur in einer solchen Form der Kommunikation kann eine gegebene und von den anderen miterlebte Lebenssituation durch ein neuformuliertes, auf diese Situation bezogenes Urbekenntnis christlichen Glaubens aufgehellt und als vom Gott und Vater Jesu und vom Jahwe des Volkes Israel umgriffen und getragen erfahren und geglaubt werden (Prinzip der situativ-existentiellen Konzentration, entfaltet in Kapitel 2 des zweiten Hauptteils). Nur wenn auf solche Weise das in der christlichen Überlieferung liegende Heil, die aus ihr zu gewinnende befreiende Lebensorientierung, im Gespräch selbst entdeckt und gefunden wird, kann sie vom heutigen Menschen authentisch ergriffen und in sein Leben integriert werden.

Eine solche ernstgenommene Pastoral und Religionspädagogik der Korrelation von überliefertem Glauben und gegenwärtiger Lebenssituation beinhaltet wichtige Rückfragen an die Systematische Theologie und deren mögliche Weiterentwicklung des Offenbarungsverständnisses. Der seit einiger Zeit auch in Deutschland beachtete amerikanische Religionspädagoge Gabriel Moran hat solche Anfragen ausformuliert[37]. Er fragt, ob die Systematische Theologie nicht deutlicher als bisher zwischen Offenbarung im historischen Sinne (also einem vergangenen geschichtlichen Ereignis) und Offenbarung

[37] Vgl. G. Stachel/W. G. Esser (Hg.), Was ist Religionspädagogik, Zürich–Einsiedeln–Köln 1971, S. 303–327, wo ein Auszug aus Gabriel Moran unter dem Titel „Ein Ansatz zu einer neuen theologischen Grundlegung des Religionsunterrichts", abgedruckt ist; E. Rolinck, Offenbarung-Erfahrung-Gemeinschaft. Die religionspädagogische Konzeption Gabriel Morans, in: Kat. Bl. Heft 8/1978, S. 646–652. Die Hauptwerke von Gabriel Moran unter unserem Gesichtspunkt sind: „Catechesis of Revelation, New York ²1973 und „Theology of Revelation, New York 1966. Kennzeichnend für seinen von der Praxis des pastoralen Arbeitens her geforderten Begriff von Offenbarung als einem gegenwärtigen Geschehen sind folgende Sätze: „In der individuellen konkreten Existenz ereignet sich Gottes Offenbarung" (Catechesis of Revelation, S., 122) oder „Es gibt keinen anderen Weg zur Offenbarung als den, sie als im eigenen Leben gegeben zu entdecken" (ebenda, S. 141).

als einem lebendigen, auch gegenwärtig erfahrbaren Geschehen unterscheiden müsse. Für den heutigen Menschen, der eine befreiende Lebensorientierung in der christlichen Überlieferung sucht, ist diese einmal in ferner Zeit ergangene geschichtliche Offenbarung, die in den biblischen Erzählungen, Hymnen, Bekenntnissen und Weisheitstexten ihren Ausdruck gefunden hat, die notwendige, in der biblischen Heilsgeschichte gewirkte, reale *Bedingung für die Möglichkeit*, daß ihm, dem heute lebenden und suchenden Menschen, in seiner gegenwärtigen Lebenssituation „ein Licht aufgeht", und sich sein Denk-, Sprech- und Erfahrungshorizont in spezifisch christlicher Weise aufhellt und erweitert[38]. Ebenso ist auch das „übernatürliche Existential", die gnadenhaft-übernatürliche Hingeordnetheit des Menschen auf den Gott der Bibel, die Karl Rahner im Unterschied zur geschichtlich-kategorialen oft auch „transzendentale" Offenbarung nennt, im Hinblick auf dieses in der Pastoral anzustrebende Ereignis der „disclosure", in dem sich Offenbarung als gegenwärtiges Geschehen ereignet, eben die reale, durch Gottes Heilswillen übernatürlich gewirkte *Möglichkeit* des Menschen, den Gott der Bibel auch im eigenen Leben und in den Geschichten, die das eigene Leben schreibt, zu entdecken und zu identifizieren. Dort, wo sich diese beiden realen Möglichkeiten so einander begegnen, daß sie sich wirklich treffen und eine Aufhellung des je gegenwärtigen Lebens geschieht, erfahren sie ihre je neue Verwirklichung; und dort wird Offenbarung als lebendiges gegenwärtiges Geschehen lebendig. Die „Gnadenhaftigkeit" dieses Geschehens kann dann von niemandem mehr als bloß konstruierte theologische Forderung verdächtigt werden, denn eine gelingende Verflechtung von Überlieferung und Lebenssituation wird von jedem, der an dem Vorgang beteiligt ist, unmittelbar als absolut unberechenbares, als radikal ungeschuldetes Geschenk der Stunde und des in dieser Stunde sich mitteilenden Gottes *erfahren*.

Man sollte diesen von der Praxis pastoralen Arbeitens herkommenden systematisch-theologischen Perspektiven nicht vorschnell unter-

[38] Vgl. dazu den oben S. 75 erwähnten Begriff der „disclosure" des angelsächsischen Sprachtheologen I. T. Ramseys, der sich dem im Sinne Gabriel Morans verstandenen Begriff von „Offenbarung" stark annähert.

stellen, sie würden der Gefahr erliegen, daß sich Glaube und Offenbarung in ein unstrukturiertes und unverbindliches menschliches Fühlen und Erleben hinein auflösen[39]. Diese Gefahr, die heute tatsächlich vielfältig gegeben ist, wird vielmehr durch eine Didaktik der Korrelation gerade überwunden: die Verflechtung der gegenwärtigen Lebenssituation mit der biblischen Überlieferung soll ja gerade bewirken, daß durch sie, durch diese Begegnung, das Angsterregende, Unstrukturierte, Verschwimmende, nicht auf ein Ziel hin Durchschaubare des menschlichen Fühlens und Erlebens aufgearbeitet und zu einer Zukunft eröffnenden und in der Erinnerung festhaltbaren Struktur aufgehellt und gefestigt wird. Wer in einer weltanschaulich pluralen Gesellschaft diese Didaktik der Korrelation grundsätzlich, wenn auch vielleicht aus wichtigen dogmatischen Bedenken heraus, ablehnt, hat, ob er es will oder nicht, die christliche Überlieferung dazu verurteilt, in unserer Zeit und Gesellschaft zu einer Museumsangelegenheit zu werden. Eine Didaktik der Korrelation im religiösen Lernprozeß kann den Weg weisen, der zwischen der Skylla einer Auflösung christlicher Offenbarung in menschliches Fühlen und Erleben hinein und der Charybdis einer Erstarrung dieser Überlieferung zur Museumsangelegenheit hindurchführt. Deshalb sollte die Systematische Theologie diese aus der pastoralen und religionspädagogischen Praxis herkommenden Anfragen in ihre Überlegungen einbeziehen, sie prüfen, validieren, weiter differenzieren und wohl auch variieren. Dann wäre jenes Zusammenwirken von Theorie und Praxis gegeben, das beide weiterführt und der christlichen Überlieferung eine wirkliche (zum Heil der Menschen *wirksame*) Lebensmöglichkeit auch in der weltanschaulich pluralen Gesellschaft gibt.

[39] Vgl. die Kritik E. Rolincks an G. Moran in: Offenbarung-Erfahrung-Gemeinschaft, a.a.O., S. 651, Anm. 23.

Zusammenfassende Übersicht über die Entfaltung des Offenbarungsbegriffs seit dem I. Vatikanischen Konzil und seine Widerspiegelung in Religionspädagogik und Katechetik.

Historischer Einschnitt	Gott, Offenbarung, Gnade	Mensch, gegenw. Sit.	Symbol. Darstellg.	Problem	Rel.-Päd. Konzeption
Vat. I	Mitteilung von „Dekreten“ u. „übernat. Gütern“	Vom Göttlichen streng getrennte „Natur“	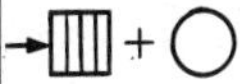	„Extrinsecismus“	neuscholast. Katechese
Jungmann (1936) „Frohbotschaft u. Glaubensverkündigg.	Selbstmitteilung	vom Göttlichen streng getrennte „Natur“		„Extrinsecismus“	material-kerygmatische Katechese
Rahner I (1937–40) „Hörer des Wortes“	Mitteilung von übernat. Sätzen u. Wahrheiten	positiv auf das Göttliche hingerichtet	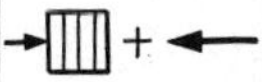	Offenbarg. noch Gnade?	(theol. Wegbereitung des erfahrungsorient. RU)
Rahner II (ca. ab 1954) „Übernat. Existential“	Selbstmitteilung	positiv auf das Göttliche hingerichtet *als Gnade*	übernat. Exist. 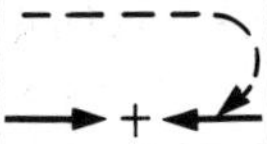	„übernat. Exist.“ eine theol. Konstruktion?	(erfahrungsor. RU nach dem Konvergenzmodell: Synode)
Vat. II	Selbstmitteilung	indirekt auf d. Göttl. hingerichtet (unentschieden)	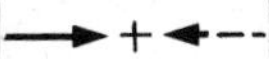	ungeklärtes Verständnis der Adressaten-Situation	(Schwanken zw. kerygmat. u. erfahrungsorient. RU)
Gabriel Moran ab 1966	Selbstmitteilung als reale, geschichtl. gewirkte Möglichkeit	Gott begegnen als reale, durch Natur und Gnade gegebene Möglichkeit	Zusammentreffen 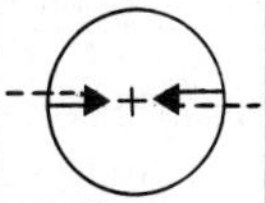 als übernat. Gnade	Offenbarung als gegenwärtiges Geschehen?	RU und Katechese nach dem Modell d. Korrelation

Mehrfach zitierte Literatur

Achtenhagen, F./Meyer, H. L. (Hg.), Curriculumrevision. Möglichkeiten und Grenzen, München 1971.

Arbeitspapier der Sachkommission I der Gemeinsamen Synode der Bistümer in der BRD „Das katechetische Wirken der Kirche" (Sonderdruck aus „Synode", Heft 3/1974).

Barth, H./Schramm, T., Selbsterfahrung mit der Bibel, München 1977.

Baudler, G., Wahrer Gott ALS wahrer Mensch, Entwürfe zu einer narrativen Christologie, München 1977.

Baudler, G. (Hg.), Erneuerung der Kirche durch Katechese. Zum Synodenpapier „Das katechetische Wirken der Kirche", Düsseldorf 1975.

Baudler, G., Glaube aufgrund von Erfahrung; in: Baudler/Beinert/Kretzer, Den Glauben bekennen – Formel oder Leben, Freiburg–Basel–Wien 1975, S. 92–127.

Baudler, G., Religionsunterricht im Primarbereich, Zürich–Einsiedeln–Köln 1973.

Baudler, G. (Hg.), Schulischer Religionsunterricht und kirchliche Katechese, Düsseldorf 1973.

Baudler, G., Der Religionsunterricht an der deutschen Schule, München 1971.

Bitter, G., Leben suchen und Leben erproben. Der Holländische Katechismus als „Zeugnis einer Theologie des Volkes", in: A. Exeler/N. Mette, Theologie des Volkes, Mainz 1978, S. 64ff.

Bleistein, R., Kurzformel des Glaubens. Prinzip einer modernen Religionspädagogik, Würzburg 1971, Bd. I (Grundlegung) Bd. II (Texte).

Bless, W./Emeis, D., Befreiender Glaube. Ein Angebot für die Glaubensbildung im Anschluß an den Holländischen Katechismus, Freiburg–Basel–Wien 1971.

Esser, W. G., Religionsunterricht. Positionsanalyse – Grundlegung – Grundrißentwurf, Düsseldorf 1973.

Exeler, A./Mette, N. (Hg.), Theologie des Volkes, Mainz 1978.

Exeler, A., Religiöse Erziehung in der säkularisierten Gesellschaft, in: Kat. Bl. Heft 12/1973, S. 717–732.

Fischer, P., Der Mensch als Geheimnis. Die Anthropologie Karl Rahners, Freiburg–Basel–Wien 1974.